POCH

DU MÊME AUTEUR
aux éditions Odile Jacob

Geneviève Delaisi de Parseval, avec Pierre Verdier,
Enfant de personne, 1994.
Geneviève Delaisi de Parseval, *La Part de la mère,* 1997.

GENEVIÈVE DELAISI DE PARSEVAL
SUZANNE LALLEMAND

L'ART D'ACCOMMODER LES BÉBÉS

Cent ans de recettes françaises
de puériculture

Odile Jacob

poches

© Éditions du Seuil, 1980
Pour la présente édition :
© Odile Jacob, 1988 (postface), février 2001
15, rue Soufflot, 75005 Paris

www.odilejacob.fr

ISBN : 978-2-7381-0939-2
ISSN : 1621-0654

À nos filles, Émilie et Charlotte,
à l'origine de ce livre.

Introduction

Concevoir un enfant, le porter, accoucher, s'occuper de lui pendant les premiers mois, c'est une aventure personnelle ou de couple, un itinéraire intérieur. L'on est pourtant loin d'être seul sur ce chemin : la maternité est devenue, dans les sociétés industrielles, un lieu public, un Temple où s'affairent officiants et marchands.

Qui sont-ils ? Gourous de l'obstétrique, ministres et prêtresses de l'accouchement et de la puériculture, enfin Sa Majesté Le Livre. Inévitable et insinuant, il s'insère dès le début de l'histoire personnelle de chacun : sitôt la déclaration de grossesse faite à la Sécurité sociale, la femme enceinte reçoit en viatique, lors de la première consultation à la maternité, son premier livre de puéricultrice, sous forme d'une brochure : *Happy Baby* (sous-titre : *Porter la vie*), baptisé : *Guide pratique de la femme enceinte*[1]. Cette brochure est donnée avec une valise remplie d'échantillons publicitaires (allant des mouchoirs en papier aux couches, en passant par le savon et le dentifrice, des publicités pour un livret de Caisse d'Épargne, le café soluble, sans compter les inévitables « bons » pour des

---

1. Ce guide, traduit de l'américain *(Happy Biry)*, est édité par Thas bv-4701 Roosendaal en 1997. Il est écrit, peut-on lire sur la première page, par une équipe de spécialistes en gynécologie, pédiatrie, psychologie, diététique. Spécialistes qui restent cependant anonymes.

cadeaux gratuits[2]). La future mère et son bébé sont, bien sûr, des consommateurs en puissance.

Pendant sa grossesse, la mère est évidemment largement sollicitée pour l'achat d'un ou de plusieurs des innombrables livres disponibles. Puis, à la déclaration de l'enfant à la mairie, les parents reçoivent, avec le papier légal, deux autres brochures distribuées, encore une fois, par les circuits officiels : *Spécial Naissance*, autre œuvre de puériculture officielle, et *Premier sourire* — celui-ci depuis 1979 seulement —, ouvrage de puériculture ouvertement commercial, mais néanmoins écrit en grande partie par des médecins.

Puis ce sont les rituels cadeaux de naissance dont une bonne partie est constituée par... ces manuels de puériculture. Et ainsi de suite.

Bref, on ne peut plus procréer sans livres, et quels livres ! Si cette « carte forcée » — puisque toute femme enceinte reçoit, de la Sécurité sociale, une brochure représentant la puériculture officielle du moment — est déjà en soi inadmissible, le contenu des livres ne l'est pas moins. Plût au ciel encore qu'il fût constant !... Ce n'est pas le cas.

Si d'aventure, ce qui s'est produit pour les auteurs de cet ouvrage, l'on accouche à quelques années de distance (une bonne décennie par exemple), on a en outre la surprise de constater que cette littérature sur l'enfant et sa mère se modifie, voire, se contredit complètement au fil des ans : la règle d'un moment devient l'aberration dans la décennie suivante et inversement. Ainsi, dans les années soixante, nos premiers bébés, lorsqu'ils criaient la nuit, ne devaient ni être consolés, ni alimentés en lait et en eau ; les satisfaire eût été entrer dans le double cercle infernal : esclavage de la mère et détérioration du tube digestif de l'enfant. Par ailleurs, nos journées se passaient à surveiller la pendule afin d'observer à la lettre le sacro-saint intervalle de trois heures entre les biberons.

En revanche, nos autres enfants, qui virent le jour à la fin des années soixante-dix, eurent droit à un tout autre traitement. Plus question de les laisser à jeun s'ils criaient famine pendant les premiers mois ; il était à l'époque expressément ordonné de les alimenter à la demande. Plus question non plus de ne pas les prendre quand ils criaient, et de

---

2. Redondance constante et significative du langage publicitaire qui distingue bien les cadeaux gratuits de ceux qui ne le sont pas.

feindre de croire que seuls les bébés mal réglés sur le plan horaire se manifestaient par des cris. Ceux-ci n'étaient plus seulement considérés comme des manifestations de faim ou comme des « caprices », mais comme une demande affective à prendre en compte.

Mais, dans tous les cas et quelle que fût la solution utilisée, nous avons très mal dormi les premiers mois, coupables de surcroît, soit vis-à-vis de l'enfant, soit au regard des normes puéricultrices.

Il en fut de même pour le passage des bouillies des aînés à la mode de la viande et du jaune d'œuf pour les cadets ; et le lange, si fortement préconisé au moins la nuit, a été détrôné par la culotte. Or, si ces changements nous ont quelque peu surprises, que dire de nos mères qui en ont connu bien d'autres...

Malgré une certaine distanciation vis-à-vis de ces injonctions rigides, leurs teneurs contradictoires nous ont quelque peu embarrassées : fallait-il à tout prix suivre les directives médicales du moment, ou convenait-il plutôt de prendre des initiatives personnelles ? Faut-il vraiment en effet un blanc-seing médical pour donner à boire à un bébé ? Ce n'est certes pas le cas des populations non occidentales chez lesquelles nous avons effectué des recherches et où étancher la soif d'un bébé ou le prendre dans ses bras quand il le demande est habituel.

Ainsi ces livres, à cause de leurs revirements et de leur dogmatisme permanent, constituent, à notre sens, plutôt des entraves que des aides aux mères et à l'enfance.

Mais qu'est-ce que l'enfance ?

L'Enfance existe-t-elle ?

Où s'arrête l'enfance, où commence l'adolescence, quand devient-on adulte[3] ? La réponse ne peut se donner en termes d'âge. Il suffit, pour s'en convaincre, de considérer les variations inter- et intra-culturelles de l'âge de la majorité légale, de celui de la maturité, du troisième âge (et maintenant la création du qua-

---

3. Où commence l'enfance ? pourrait-on aussi se demander. Certaines cultures comptent en effet l'âge du bébé, non à partir de sa naissance, mais à partir de sa conception, d'autres à partir de l'âge des premiers mouvements *in utero*.

trième...), les appréciations divergentes de l'état de vieillesse selon le sexe, etc.

Les âges réels sont d'autant moins pertinents qu'au niveau psychologique la part d'enfant qui est en tout adulte ne cesse jamais d'exister. Il y a toujours dans l'adulte un enfant qui répète[4] des situations et des expériences qu'il a vécues ou imaginées dans son enfance avec d'autres protagonistes, et qu'il fait revivre ou rejouer — à son insu, bien souvent — à ses partenaires actuels. C'est ainsi, par exemple, qu'un homme peut rechercher dans sa compagne une image de sa propre mère, ou qu'une femme retrouve dans son conjoint des réactions ou des expériences qu'elle a vécues avec son père (ou son frère), ou encore qu'un couple a tendance à se faire jouer l'un à l'autre des façons d'être qu'ils ont connues enfant.

L'enfant et l'adulte sont donc plus proches l'un de l'autre qu'ils ne le croient. Le problème majeur de l'enfance est peut-être qu'elle n'existe pas, ou plutôt qu'elle n'existe qu'en tant que vision de l'esprit adulte.

Comment comprendre autrement les tentatives quasi universelles de « bornage », et les variations temporelles que celui-ci connaît d'une société à l'autre et à l'intérieur d'une même société[5], ainsi que les nombreux rites de passage que les cultures ont institués entre l'état d'enfance et l'état adulte, comme s'il fallait absolument créer un clivage, une cloison étanche — franchissable seulement par un sas — entre ces deux phases de la vie ? Ce découpage n'est-il pas, au fond, très arbitraire ? Et l'état de bébé ne serait-il pas seul, mais dans des limites elles-mêmes élastiques, à constituer un moment irréductible[6] ?

---

4. Il s'agit d'une « répétition », au sens psychanalytique du terme, c'est-à-dire d'un revécu d'expériences anciennes, dans un contexte actuel, alors que la personne a l'impression qu'il s'agit d'expériences nouvelles.

5. N'oublions pas qu'il y a quelques années encore l'individu de dix-huit ans était un enfant au regard de la loi.

6. J. de Ajuriaguerra décrit parfaitement cet état spécifique et très bref de la vie d'un individu : l'état de bébé. « D'une manière paradoxale, nous pourrions dire que l'enfant n'est lui-même que lorsqu'il est incapable de le savoir, lorsqu'au cours des premières semaines de sa vie il exige que l'on réponde à sa demande [...] lorsque, dans son

Rien d'étonnant, dans ces conditions, à ce que l'enfance soit un domaine que l'on mobilise si facilement dans une problématique idéologique et fantasmatique. Si elle n'existe que dans l'esprit des adultes, quand chacun parle de l'*Enfance*, c'est plus ou moins à sa propre enfance qu'il se réfère.

Au plan d'analyse où nous nous situons, nous n'entrerons pas dans la polémique, reprise notamment par Philippe Ariès, sur « l'enfance-invention récente[7] ». Seul nous intéresse le fait que l'adulte *se défend* contre la part d'enfant qui est en lui.

C'est là où interviennent les manuels de puériculture — culture (au sens propre) du *puer* — qui prétendent cultiver l'enfant, l'empêcher de rester inculte, le faire passer de l'état de nature à l'état de culture. Ce faisant, ils le domestiquent, le rendent plus proche et ont, pourrait-on dire, « barre sur lui », lui enlevant ainsi son aspect potentiellement dangereux pour l'adulte-puériculteur.

Aussi allons-nous envisager maintenant l'articulation de la culture et de la puériculture, puis celle de la puériculture et des puériculteurs.

Culture et puériculture

Au même titre que toute institution sociale ou culturelle, le mariage par exemple, la puériculture ne relève qu'incidemment de la biologie ou de la physiologie. Il ne s'agit pas seulement d'un arrangement social visant à intégrer les phases évolutives de l'enfant : c'est cela certes — mais non d'abord, et non surtout cela. La puériculture ne peut se comprendre qu'insérée dans la culture d'un groupe social donné, et l'item « éducation des enfants » s'évalue sur l'échelle des thèmes qui apparaissent dans le comportement collectif et se nomment tantôt coutumes, tantôt croyances, jeux, rituels ou mythes.

---

omnipotence, il est repu de lui-même, lorsqu'il assimile l'autre non connu, lorsqu'il dévore sa génitrice, non incestueusement puisqu'il n'est encore fils de personne, lorsque cette mère, qui n'est encore nommée par lui, n'est autre que lui-même » (in *Psychiatrie de l'enfant*, 1979, fasc. 2, p. 123).

7. Ph. Ariès, *L'Enfant et la vie familiale sous l'Ancien Régime*, Paris, Éd. du Seuil, 1973 (préface à la 2e éd.).

Rien de moins naturel donc que la puériculture. Comme le remarque l'ethnopsychanalyste G. Devereux : « Chaque culture possède une manière distinctive de "masculiniser" ses hommes, de rendre ses femmes "efféminées" — ce qui est tout autre chose que véritablement "féminines" et ses enfants "puérils"[8]. »

La composante idéologique est donc fondamentale dans tout système de maternage. Et nul n'a mieux que Geza Roheim, l'un des pionniers de l'anthropologie psychanalytique, fait ressortir cette vérité première : « ... l'éducation, ou le conditionnement de l'enfant, est fondée sur des motifs inconscients. D'une façon générale, les procédés éducatifs constituent un mélange d'identification, de libido et d'agressivité, compliqué de formations réactionnelles[9]. »

Rien de plus nécessaire aussi que la puériculture. Puisque chaque société se compose d'individus qui passent de l'état d'enfant à l'état de parent, la société, pour assurer la continuité de la tradition, se doit de préparer de bonne heure ses enfants à être des parents. Or, lorsqu'on élève des enfants — ou qu'on entend apprendre aux autres à les élever —, il y a des vicissitudes, tels les restes d'infantilisme des adultes, auxquelles on ne peut échapper ; c'est ainsi qu'éduquer un enfant ramène à la surface, chez l'adulte-parent, ses identifications et ses conflits avec ses propres ascendants. Parents et puériculteurs sont donc renvoyés à leur enfance.

Parmi tous les problèmes biologiques, le champ de la reproduction humaine semble bien être en effet le lieu d'élection d'une masse d'affects conscients et inconscients, source de fantasmes propres à angoisser l'adulte. C'est précisément à ce point qu'intervient la puériculture : en tant qu'institution sociale, elle canalise ces fantasmes et leur fournit une expression que l'on pourrait qualifier d'officielle en neutralisant leur ambivalence.

Geza Roheim a bien montré que névrose individuelle et coutume

8. In Essais d'ethnopsychiatrie générale, Paris, Gallimard, 1970, p. 92.

9. Libido : énergie pulsionnelle, selon la terminologie psychanalytique ; formation réactionnelle : attitude ou comportement opposé à la pulsion refoulée. In Psychanalyse et anthropologie, Paris, Gallimard, coll. « Tel », 1967, p. 488.

avaient pour origine les mêmes mécanismes névrotiques : « Les systèmes de défense contre l'angoisse sont l'étoffe même dont la culture est faite et [...] par conséquent les différentes cultures sont structurellement similaires aux différentes névroses [10]. » Ces défenses, dans leur grande variété, facilitent à la fois la résolution des conflits individuels et les conflits collectifs. La culture — dont fait partie la puériculture — possède, en ce sens, une dimension thérapeutique.

Psychanalystes et ethnologues se rejoignent ici pour faire apparaître, avec leurs moyens propres, l'arsenal défensif — ce terme guerrier n'est pas de trop — offert par les différentes cultures.

Tout se passe en effet comme si, aux prises avec des puissances psychiques qu'il ne peut maîtriser, l'individu s'en défendait par de solides édifices protecteurs, ou tentait d'en venir à bout en les satisfaisant par des moyens de substitution, soit au niveau individuel (comme dans les rêves, les névroses et les psychoses, qui sont des aménagements — ou des échecs — défensifs personnels), soit au niveau collectif (comme dans les croyances, les coutumes ou les rites, qui sont des systèmes de défense à l'échelle d'une société).

Face au couple parent/enfant, toute puériculture offre, pourrait-on dire, une batterie standardisée de défenses dont nous verrons plus loin que la palette est, dans les sociétés industrielles que nous étudions, bien moins riche et diversifiée que celle des cultures dites primitives.

Un dernier point théorique doit être ici indiqué : si les différences entre cultures se situent, comme nous le suggérons, dans les mécanismes de défense qu'elles utilisent, il ne faut pas perdre de vue que l'*inconscient, lui, reste le même pour toutes les cultures.* Aussi les interprétations du contenu inconscient que nous proposerons seront-elles « subculturelles », pour reprendre une expression de Geza Roheim. Faute de quoi, c'est-à-dire si l'on se borne à interpréter une culture dans ses propres termes, l'on en reste au niveau superficiel, c'est-à-dire en deçà de la barrière défensive culturelle.

Aussi l'hypothèse, à la fois métapsychologique [11] et ethnologique

---

10. *In Origine et fonction de la culture*, Paris, Gallimard, coll. « Idées », 1972, chap. III.

11. La métapsychologie est le terme, créé par Freud, qui désigne l'équipement théorique de la psychanalyse.

de cet ouvrage, consiste à envisager les détails des pratiques éducatives données par la puériculture comme ayant une relation significative avec l'image du monde de la société qui les propose.
Comme le dit le psychanalyste Erikson : « L'éducation des enfants
reste l'instrument révélateur d'une synthèse culturelle jusqu'à ce
qu'une nouvelle se démontre convaincante et inéluctable [12]. »

À un autre niveau d'analyse, le sociologue considère le contenu
de la puériculture non pas comme un ensemble de conseils ou
d'impératifs objectifs, et proprement médicaux, mais comme l'expression d'un système de valeurs sociales qu'il convient d'invento-
rier. En effet, la pseudo-neutralité éducative de ces textes, leur
pseudo-universalité, dissimulent mal la charge idéologique de
leurs concepts, propres à certains courants de la société française ;
nous nous proposons de montrer que c'est moins un « savoir » qui
s'y exprime, qu'un « vouloir », et que ce qui est en cause dans ces
livres est moins la santé ou le développement de l'enfant, que l'insertion sociale d'un futur citoyen et de sa mère : « Deviens ce que
tu dois être », semblent dire, sous des formes variées et souvent
contradictoires, ces manuels à leurs destinataires.

Prenons-en pour exemple la philosophie ouvertement nataliste de
la puériculture française : loin d'être une « science » neutre, elle a toujours marché dans le sens des intérêts supérieurs de la nation qui
étaient, en 1954 [13], la repopulation : « Grâce à Dieu, elles sont encore
nombreuses aujourd'hui, les jeunes Françaises qui veulent être, en
même temps que de vraies chrétiennes, des Filles de France [...]. C'est
par elles que notre pays recouvre sa belle natalité d'autrefois [14]. »

Antienne connue et que les puériculteurs entonnent après toutes
les guerres où ces « merveilleux bébés » se sont comportés en
héros — et pas, comme nous le verrons plus loin, au sens allégo-
rique du terme... — puisque leur chair douce et tendre s'est trans-
formée en chair à canon ! Citons un des classiques de l'époque, le

---

12. In *Enfance et société*, Delachaux et Niestlé, 1966, p. 106 (trad.
de l'américain).

13. Francisque Gay et L. Cousin, *Comment j'élève mon enfant*, Paris,
Bloud et Gay, 1924 (Ire éd.) ; rééd. 1954 et 1960.

14. *Ibid.* (1954), p. 526.

Dr Pouliot : « Qu'aurait-on dû vous apprendre à la mairie ? Que la France, avant la guerre, marchait droit à l'abîme faute d'enfants ; que, maintenant, le sacrifice des innombrables morts dont certains vous étaient chers, les pertes matérielles immenses que nous avons subies [...] [15], tout cela, continue l'auteur, sera anéanti si les Françaises (des années vingt) ne procréent pas aussi abondamment que leurs homologues d'outre-Rhin ! »

La puériculture contemporaine est plus hypocrite en la matière mais son souci est identique : il faut promouvoir le deuxième et le troisième enfant, non plus pour faire la guerre, mais pour financer les retraites de la génération plus âgée [16]. Aussi, magnifie-t-on l'enfant et célèbre-t-on, comme nous le verrons, sa naissance comme un événement inoubliable. C'est un fait que les brochures officielles (distribuées par la Sécurité sociale) crient haro sur l'enfant unique : « Votre enfant [...] a sans doute la chance d'avoir à côté de lui plusieurs frères ou sœurs plus âgés qui constituent son premier champ d'expérience et de relations [17]. » Il faut le lui souhaiter, disent les auteurs, car : « Aucune personnalité ne peut se constituer seule, sauf à créer un monstre [18]. » À bon entendeur, salut !

Enfin, l'ethnologue peut trouver comique, à la lecture des manuels français, moins le caractère absurde ou désuet de telle ou telle pratique de puériculture, que leur emphatique prétention à

---

15. Dr Pouliot, *Hygiène de maman et de bébé. Grossesse, accouchement, allaitement*, Paris, Nouvelle Librairie nationale, 1921, p. 4.

16. C'est aussi vrai en 1998 que vingt ans plus tôt : les mesures fiscales sont favorables aux familles nombreuses (une demi-part par enfant au premier et au deuxième, puis une part à compter du troisième enfant). Quant à la déclaration des emplois familiaux (la fameuse AGED), elle est revenue, en 1997, au niveau de ce qui avait été décidé sous le gouvernement Bérégovoy en 1992, par la même Martine Aubry. Quelle que soit la couleur des gouvernements, cohabitation ou pas, crise économique, un gouvernement ne peut pas ne pas se préoccuper, au moins *a minima*, d'inciter les électeurs-citoyens à procréer.

17. Fédération nationale des organismes de Sécurité sociale (FNOSS), *L'Enfant du premier âge, de la conception à la naissance et les deux premières années de la vie*, Paris, 1977, p. 90 ; cette brochure, publiée pour la première fois en 1952, a été rééditée plusieurs fois ; les dates des éditions citées sont indiquées dans les notes.

18. *Ibid.*

l'universalité, et leur certitude de détenir des vérités pédagogiques immuables. On sent parfois, en effet, derrière cette parole sans réplique, se profiler le spectre de l'ethnocentrisme [19] ; et le fossé est si grand entre l'assurance de ses auteurs et l'éphémère usage de leurs préceptes, qu'il incite légitimement ses destinataires à douter que les méthodes de maternage proposées soient les meilleures possibles et les seules pensables ; on peut donc avec fruit les confronter à d'autres discours pédagogiques, fussent-ils extra-continentaux et issus d'autres types de sociétés.

Ainsi, celui de la matrone africaine — dont aucun pédiatre français n'a encore démontré la nocivité — qui tend à maintenir le sevrage tardif pour l'allaitement au sein [20], le contact corporel continu avec la mère, la relative indifférence à la propreté sphinc-térienne et l'alimentation à la demande. À ces spécificités des techniques de soins aux nourrissons s'ajoutent des différences profondes, entre cette civilisation et la nôtre, dans la conception du statut de la mère ; il n'y a pas rupture, incompatibilité (sinon durant peu de jours) entre la fonction de génitrice et celle de pro-ductrice ; le groupe enjoint aux femmes de concilier l'ensemble des tâches requises par le bébé (qui impliquent toujours l'allaitement et le portage continu) avec leurs activités ordinaires d'agricul-trices, d'artisanes ou de commerçantes.

On peut donc opposer, à l'ensemble des préceptes français, dont les vertus cardinales ne sont ni la continuité ni la tolérance, une attitude « contre-ethnocentrique » qui, prenant en considération d'autres méthodes éducatives, décentrerait et relativiserait ce point de vue initial.

---

19. L'ethnocentrisme est la démarche qui consiste à juger de l'uni-vers à partir de son nombril. Bien entendu, ces textes ignorent les sys-tèmes de maternage étrangers ; mais certains d'entre eux opposent leur méthode, celle des spécialistes, aux traditions populaires campa-gnardes qu'ils combattent vivement (voir notamment Dr Oria et J. Raf-fin, *Puériculture, classe de 3ᵉ classique et moderne, cours complémentaire*, Paris, Hatier, 1946).

20. Bien que les jeunes générations des mères d'Afrique de l'Ouest tendent à effectuer le sevrage vers un an, leurs aînées estiment qu'il doit avoir lieu à deux, trois, et même quatre ans, selon les populations (naturellement, les nourrissons prennent aussi des repas solides).

Mais il nous faut prévenir quelques critiques : nous ne cherchons pas à opposer les préceptes des sociétés industrielles à ceux, que nous valoriserions, des groupements de « bons sauvages » ; car le système de maternage africain est tout aussi élaboré, « artificiel », que le nôtre, et tout aussi lié aux orientations socio-économiques des communautés dans lesquelles il se déploie. Il a simplement à nos yeux l'avantage d'être différent, et, par rapport aux sociétés rurales chez lesquelles il s'est développé, de paraître un peu plus stable et plus « harmonique » : il présente une forte cohérence interne — la plupart des traits qui l'opposent aux systèmes français de puériculture tendent à une satisfaction plus grande du bébé (port dans le dos de la mère, sommeil nocturne contre elle, libre manipulation de ses seins, etc.) — et une compatibilité évidente avec les objectifs familiaux et sociaux, les représentations religieuses des populations qui le perpétuent. Il ne s'agit pas non plus d'examiner des faits éducatifs, mais de comparer des discours issus d'univers sociaux distincts. D'ailleurs, en Afrique, c'est plutôt à la connaissance du discours qu'accède l'ethnologue d'origine étrangère, celle de la pratique effective étant plus longue et plus malaisée à obtenir. De même, en France, on ne sait trop comment sont appliquées les consignes de puériculture — qui sait combien de mères se sont pliées aux réglementations horaires d'hier, et combien aujourd'hui acceptent d'alimenter à la demande ?

Nous examinerons donc, grâce au recours au modèle africain et à d'autres qui nous serviront de cadre de référence, quelques traits du discours de la puériculture française, et particulièrement le rapport entre certaines parties de ce discours et certains aspects de la société dont il provient.

Mais, entre ce discours et cette société, il y a des intermédiaires : les puériculteurs. Qui sont donc ces spécialistes ès enfance ? Comment devient-on puériculteur ?

Puériculture et puériculteurs

Tout au long de cet ouvrage, nous aurons l'occasion de montrer à quel point est fondamentale la part personnelle et culturelle de chacun des auteurs dans leurs écrits. La réflexion de l'ethnopsychanalyste G. Devereux ne saurait mieux résumer ce fait : « L'enfant est objet de trouble pour l'adulte parce qu'il a prise sur son propre inconscient [...]. Aussi le chercheur, en tant qu'adulte, élabore-t-il ce qu'il considère complaisamment comme une authentique "psychologie infantile", et qui, trop souvent, n'est qu'une codification de ce que lui, en tant qu'adulte, *désire* croire au sujet des enfants, conformément à la maxime de Jules César selon laquelle les hommes n'accordent foi qu'à ce qu'ils désirent tenir pour vrai. Plus précisément, nombre de découvertes objectives faites par les experts sur les *enfants* se révèlent des découvertes scientifiques portant sur certains traits *puérils* que notre culture *inculque* et même *impose* aux enfants. Les adultes enseignent aux enfants à être *puérils* selon un modèle spécifique, culturellement déterminé, et décorent ensuite du nom de "psychologie infantile" l'étude des *produits* de ce puérilisme artificiellement suscité [21]. » Ce n'est donc pas par hasard que l'on devient spécialiste en puériculture...

Ces auteurs, que par commodité d'écriture nous appellerons puériculteurs, bien qu'ils ne correspondent guère à ce que, professionnellement, on entend par ce terme [22], qui sont-ils ?

Au début du siècle, nous trouvons deux individus différents : l'enseignante et le médecin. La première se propose de former les jeunes filles à leurs futures tâches de mères de famille. La puériculture constitue ainsi, pour A. Moll-Weiss, une partie importante du savoir domestique de la femme, et tantôt elle l'intègre dans un manuel consacré aux connaissances variées de l'épouse au foyer [23], tantôt elle l'isole en un livre ne traitant que de la grossesse et des soins aux nourrissons [24]. Ces deux formules se perpétueront durant un demi-siècle, dûment officialisées, puisque l'Éducation nationale prend en charge les cours d'enseignement ménager ; ceux-ci, destinés aux fillettes de l'enseignement primaire et secondaire,

---

21. *Op. cit.*, p. 183.

22. C'est-à-dire qu'ils ne sont pas des praticiens de la puériculture au sens strict du terme.

23. Mme Moll-Weiss, *Le Foyer domestique*, Paris, Hachette, 1902.

24. Mme Moll-Weiss, *La Femme, la Mère, l'Enfant. Guide pratique à l'usage des jeunes mères*, Paris, Maloine, 1917.

comportent un programme de puériculture. L'auteur, toujours féminin, généralement pédagogue, souvent directrice d'un établissement scolaire, est aidé dans son travail de rédaction ou de relecture par un discret personnage, en général auteur de la préface ; celui-ci garantit, par sa qualité de médecin, la teneur scientifique du texte concernant la prime éducation.

Mais, toujours au début de ce siècle, quelques médecins entreprennent de décrire, pour un public de femmes, les différentes phases de la grossesse, de l'accouchement, et indiquent les premiers soins à donner aux nouveau-nés : tel est le cas du Dr Pouliot[25]. D'autres dressent l'inventaire des maladies susceptibles d'affecter le nourrisson, proposent quelques remèdes à la portée de leur public et expliquent aussi, chemin faisant, l'art et la manière d'habiller, de baigner et de nourrir le très jeune enfant ; ainsi procède le Dr Genest[26].

Tels sont donc les grands courants qui tantôt font voisiner la puériculture avec l'enseignement ménager, l'inscrivant entre le bœuf miroton et l'alimentation du poulet de basse-cour, tantôt l'associent à une information physiologique sur le processus de fécondation, tantôt la rapportent à une vulgarisation des données pédiatriques sur la nosologie des troubles infantiles. Ces raccords variés témoignent concrètement des incertitudes du statut de la puériculture, et ils attestent de ses aspects multiformes, mal limités que nous avions évoqués en tentant de la définir.

Ces articulations flottantes, nous les retrouvons durant de longues périodes. Ainsi, les manuels scolaires ne sont pas les seuls à proposer des consignes de maternage associées aux besognes du foyer : le *Larousse ménager*, le *Conseiller de la femme*, le *Guide des jeunes ménages* fournissent, dans les années cinquante et soixante, des rudiments de puériculture intercalés entre des chapitres sur l'ameublement et les soins de beauté féminins. De leur côté, les médecins continuent à faire figurer, après les parties consacrées aux méthodes de manipulation du nourrisson, l'impressionnante liste de maladies qu'il risque de contracter.

---

25. *Op. cit.*
26. *Les Maladies des enfants*, Paris, Drouin, 1922.

Sur le plan quantitatif, il semble cependant que durant plusieurs décennies — notamment celles qui précèdent la Seconde Guerre — les médecins préfèrent relire et cautionner les ouvrages rédigés par des enseignantes, ou des femmes dont les spécialités professionnelles ne sont pas toujours indiquées, plutôt que de produire eux-mêmes des manuels.

Cependant, à partir des années cinquante, les services de la Sécurité sociale font appel au corps médical pour consigner dans des brochures, quelquefois anonymes, l'arsenal des préceptes recommandés à toute Française sur le point d'accoucher, tel *L'Enfant du premier âge*. Le tirage de cet opuscule, dans lequel la publicité abonde, s'élève, entre 1956 et 1977, à plusieurs centaines de milliers d'exemplaires par an — autant que de grossesses déclarées.

Puis le livre de puériculture devient travail d'équipe, à dominante médicale, vers la fin des années soixante. Souvent, le médecin signataire n'est que le chef d'orchestre d'un groupe important : c'est le cas, par exemple, des ouvrages de R. Gilly ou de J. Ratel. Ou bien il tente l'expérience de la pluridisciplinarité ; mais celle-ci ressemble plus à un amalgame où l'on ne peut guère identifier la part de chacun. Dans *Notre enfant et nous*[27], par exemple, psychologues, travailleurs sociaux, mères de famille, médecins constituent un ensemble de trente auteurs !

Pourtant, curieusement, les tirages les plus fabuleux reviennent à des livres de femmes qui ne s'autorisent à écrire qu'en tant que mères expérimentées. La première, Francisque Gay (secondée par l'obscur L. Cousin), a écrit un ouvrage intitulé *Comment j'élève mon enfant*[28], qui a régné pendant trente-six années consécutives, de 1924 à 1960. La deuxième, Laurence Pernoud, est l'auteur de deux livres : *J'attends un enfant* et *J'élève mon enfant*[29] — préfacé par le Pr Debré — (traduits en douze langues) qui ont pris le relais

---

27. Sous la direction de M. Cendrars, Paris, Hachette, 1977.
28. *Op. cit.* (1954).
29. Paris, Horay, premières éditions 1956 et 1965 ; l'auteur remet ces ouvrages à jour tous les ans : les dates des éditions citées sont indiquées dans les notes.

du précédent. À l'heure actuelle ils demeurent des best-sellers. Leur hégémonie, totale jusque vers 1970, est désormais partagée entre de nombreux rivaux qui apparaissent sur le marché du fait d'une demande sans cesse croissante. Toute maison d'édition qui se respecte possède maintenant son ouvrage de puériculture, même celles qui ne nous avaient guère habitués à ce genre de produit.

Quelle est donc cette denrée dont les parents sont des consommateurs si friands ? De quoi traitent ces ouvrages autant lus que des livres de cuisine et dont chaque famille française possède au moins un exemplaire ?

Puériculture : science, vulgarisation, éducation ?

D'après le Dr Lelong, le terme de puériculture a été admis officiellement pour désigner une branche spécialisée de la médecine, la médecine préventive de l'enfance : « Alors que la pédiatrie n'envisage traditionnellement que l'enfant déjà malade et les soins à lui donner, la puériculture prend comme objet l'enfant normal. Elle se propose de le faire naître sain, d'assurer la progression régulière de sa croissance, et son plein épanouissement somatique et psychique[30] », écrit-il.

L'auteur mentionne également que les sciences de base de la puériculture sont nombreuses (génétique, diététique, physiologie et psychologie médicale, etc., et même la sociologie). En outre, plusieurs moments du processus de la naissance déterminent des catégories distinctes de puériculture : anténatale, natale et postnatale, dite du premier âge, qui va jusqu'à trois ans.

Notons aussi que c'est une science qui s'enseigne, et qui vise à former des puéricultrices, « personnes spécialisées dans les soins à donner aux enfants du premier âge[31] ». C'est enfin un domaine qui fait l'objet d'une vulgarisation et d'une diffusion massive auprès des parents, par le biais de nombreux manuels.

Il est clair que les thèmes que la puériculture recouvre sont à la

---

30. Dr Lelong, *La Puériculture*, Paris, PUF, 1966, p. 5.
31. *Nouveau Larousse ménager*, Paris, Larousse, 1955, p. 939.

fois plus diversifiés et plus éloignés de l'objectif initial que la médecine se fixe à elle-même : non pas guérir, mais prévenir la maladie. C'est dire que si l'effet d'une thérapeutique, en pédiatrie, est souvent aisément constatable, la sanction des faits, en puériculture, est infiniment moins perceptible : les conséquences d'une pratique ne peuvent, alors, s'évaluer qu'à long terme. En outre, les règles conseillées sont si nombreuses, elles touchent à des domaines si divers, que leurs résultats sont souvent difficiles à apprécier (on ne peut généralement ni les isoler du contexte représenté par les autres pratiques, ni les quantifier) et leur impact sur l'enfant, malaisé à vérifier.

À ce premier inconvénient il faut en ajouter un second, inhérent au concept même de prévention, qui tend à faire investir par le corps médical des domaines qui sortent de son savoir spécifique, voire de sa compétence : la normalité n'est pas que l'inverse de la maladie, elle constitue un tout autre champ d'investigations. Aussi, insidieusement, cette notion tend à faire dévier l'expérience clinique vers une pratique sociale globale pour laquelle les directives du thérapeute s'avèrent insuffisantes si l'on s'en tient au type de formation qu'il a reçue. Sur ce terrain mouvant, il n'est, *a priori*, pas plus qualifié que d'autres pour dispenser une information — il le serait plutôt moins que des psychologues ou des sociologues. En effet, tout précepte, dès lors qu'il ne sert plus à restituer à un individu malade un état de santé initial, tend à se situer dans un ensemble normatif, qui, débordant le cadre du savoir médical, est déterminé par la nature de la société à un moment de son devenir et associe à ses aspects matériels des éléments relevant du politique, de l'économique, voire du religieux. Aussi, à partir de l'élément curatif (qui ne fait pas abstraction de ces dimensions sociologiques) jusqu'à la prévention qui se déploie très largement en leur sein, s'effectue un glissement net, d'un système de soins localisable et momentané, vers une prise en charge permanente et massive, impliquant des choix et des objectifs sociaux : la puériculture n'a pas pour but de guérir l'enfant malade mais elle prétend élever, éduquer, le jeune individu bien portant.

Il semble d'ailleurs que, depuis les débuts de ce genre hybride qu'est la puériculture, ses auteurs aient eu conscience de l'ampleur de leur sujet et assumé les risques de débordement du cadre médical. Dès 1921, le Dr Pouliot écrivait, dans l'introduction de son ouvrage : « ... il nous a semblé que l'hygiène, pour être une science éminemment utilitaire, n'excluait pas forcément les hautes préoccupations morales et sociales[32]. » Et d'autres revendiquent, de manière plus explicite, le droit d'associer à la puériculture des domaines qu'ils estiment connexes. En témoigne, en couverture, le titre du célèbre manuel de Francisque Gay et L. Cousin : *Puériculture, éducation, enseignement, législation. Comment j'élève mon enfant*[33]. D'autres encore se définissent ainsi : « Les travaux des sociologues, des psychologues, des pédiatres du monde entier apportent aux questions de l'éducation un éclairage nouveau, mieux adapté aux réalités quotidiennes. Cet ouvrage prend le parti d'exposer clairement ces informations nouvelles, et envisage les problèmes d'éducation sous toutes leurs facettes[34]. »

On constate donc que les domaines respectifs des nombreuses sciences ainsi associées tendent à se chevaucher, à s'entremêler de manière inextricable au point que la distinction initiale, effectuée notamment par M. Lelong, entre pédiatrie et puériculture tend à perdre de sa pertinence du fait des buts poursuivis par les auteurs. Que l'on en juge par la déclaration de l'un des plus récents : « Avec l'amélioration des conditions de vie, les découvertes de la science médicale et leur application à la prévention, beaucoup de maladies sévères ont disparu du champ d'action des pédiatres dans les pays développés. Des problèmes différents ont pris leur place, en particulier d'ordre psychologique... Aussi la pédiatrie a-t-elle en partie changé d'objet d'étude[35]. »

La démarche des spécialistes apparaît donc mobile, et mal limitée. Mais si, du côté des auteurs, l'ambition semble totalisante, du côté des lecteurs, la demande est fort complexe, comme le prouve le succès de ces ouvrages. Dans le livre, comme dans le cabinet du

32. *Op. cit.*
33. *Op. cit.*
34. *Notre enfant et nous, op. cit.*
35. Dr Cohen-Solal, *Comprendre et soigner son enfant*, Paris, Laffont, 1975, p. 22.

médecin, les réponses aux parents ne sont pas suscitées par des interrogations d'ordre exclusivement médical. Aussi la dynamique du rapport géniteurs-médecin génère-t-elle le manuel, sans qu'il soit possible de bien démêler ce qui provient des uns et de l'autre : sont-ce les exigences parentales qui motivent, chez le praticien, des tentatives de réponses tous azimuts ? Est-ce de son propre chef qu'il propose sa philosophie de l'éducation ? Et quels sont les décalages, les déplacements opérés entre la question et les solutions proposées ? Toujours est-il que le questionnement des parents, dès lors qu'il ne se cantonne pas au strict domaine clinique, ouvre la brèche par laquelle peut s'engouffrer le discours idéologique de leur interlocuteur.

Pourtant, ce domaine ambigu, du fait de son extension, comporte un noyau dur de connaissances scientifiques indéniables : le principe de la stérilisation, par exemple. En 1920 comme en 1979, les schémas montrant comment faire bouillir les biberons n'ont pratiquement pas varié. De même, le principe de propreté corporelle du nourrisson. Et certains progrès ont été réalisés, notamment dans la mise au point des laits, durant ces dernières décennies.

Mais, si l'on isole ces éléments, et un certain nombre d'autres qui ont permis une diminution spectaculaire de la mortalité infantile, que de changements, de retours en arrière, de directives vite considérées comme désuètes, voire nuisibles par le corps même des spécialistes qui les émirent !

Et pour les lecteurs que nous sommes, que de brutalités à subir, dont nous ne pouvons démêler, du fait du caractère tronqué des explications liées au mode de vulgarisation, si elles correspondent à des revirements justifiés ou à des partis pris purement idéologiques de la part des praticiens. Car, peu démocratique dans ses procédés, la vulgarisation tend le plus souvent à diriger le vulgaire : elle dédaigne le débat, l'analyse détaillée, l'exposé mettant en lumière les avantages et les inconvénients d'une formule conseillée. Dans ce domaine de la puériculture, elle maintient le public dans l'incertitude concernant les motifs qui ont conduit à l'adoption d'un précepte : a-t-il été validé scientifiquement ou ne reflète-t-il que les conceptions d'éthique sociale de son propagateur ?

Aussi est-ce sur un ton délibérément provocateur que nous soulignerons ces revirements dont les ressorts nous restent partiellement cachés, et que nous en dénoncerons les aspects ostensiblement extra-médicaux. Aux intéressés de nous dire, lorsqu'ils conseillent les parents que nous sommes, dans quel registre particulier ils se situent : celui du citoyen, du consommateur, ou du médecin. À eux aussi de nous restituer l'histoire et le développement de leur science, et de nous faire part de leurs controverses techniques dont nous ne pouvons saisir la lettre, certes, mais dont, en les soumettant à une lecture tantôt psychanalytique tantôt ethnologique, nous voulons comprendre l'enjeu.

CHAPITRE PREMIER

L'éternel trio

Le trio de ce chapitre n'est pas tout à fait celui du vaudeville : le mari, la femme et l'amant. Il n'en est pourtant pas très éloigné, comme nous le verrons.

Ce trio se compose de trois personnages : la femme-mère, le mari-père et le médecin, auteur du livre de puériculture. On en trouve souvent une variante, qui enrichit l'image du troisième protagoniste, celle du médecin-caution, lorsque le rédacteur de l'ouvrage est une femme.

Ce dernier est de toute façon omniprésent dans les manuels puisqu'il est à la fois acteur et metteur en scène.

Avant de suivre les vicissitudes que ces différents personnages ont pu connaître, situons la scène du théâtre, c'est-à-dire le décor dans lequel les petits drames et les hauts faits de la puériculture vont se dérouler.

LE DÉCOR FAMILIAL

Le couple et l'enfant

Les ascendants du bébé en préparation sont toujours unis par les liens du mariage ; les auteurs de manuels ne s'adressent jamais à un couple non officialisé, à un parent célibataire. La femme, lectrice élective, est inévitablement, comme le dit emphatiquement un préfacier de 1917 : « épouse et compagne de l'homme, gardienne de son foyer, éducatrice matérielle et intellectuelle des jeunes générations qui seront l'avenir[1] ».

La future mère, cinquante ou soixante ans plus tard, est toujours censée avoir le même statut social, même si la phraséologie pompeuse a fait place à un discours intimiste : « Pour l'instant ce n'est encore qu'un espoir. À mesure que les jours passent, cet espoir va devenir une certitude : vous allez être maman ! Faut-il annoncer la grande nouvelle tout de suite à votre mari ? Vous hésitez : si vous vous étiez trompée, il serait déçu[2]. »

Solennel ou douillet, le cadre familial comprend toujours deux personnages, légitimement rassemblés par leur désir de reproduction. Mais ce désir, que les auteurs souhaitaient omniprésent, vacille parfois ; ils le consolident alors ou le suscitent, grâce à des discours patriotiques. On croit ainsi nécessaire, après la guerre de 1914-1918, de citer en exemple aux Françaises leurs rivales d'Allemagne : « ... Les fruits mêmes de notre glorieuse victoire, tout cela serait perdu si vous ne donnez pas d'enfants à la France, votre mère. Vous ne serez pas moins patriotes que les femmes boches[3]. »

Et après celle de 1939-1945, on rappelle encore au peuple ses obligations à l'égard de l'État : « Les enfants constituent le plus précieux trésor de la famille et de la patrie. Leur naissance est donc toujours un bienfait, et la conservation de leur existence est le plus légitime souci d'une famille qui veut prospérer et d'une nation qui veut vivre[4]. »

Mais les temps changent, les fantômes des guerres sur le territoire national s'estompent, et le citoyen moyen ne semble plus vouloir lier sa fécondité à son civisme. Les arguments en faveur de la natalité vont aussi se modifier. La morale empruntera les traits de la psychologie et, loin de chercher dans un ailleurs social, dans un espace extérieur aux géniteurs potentiels les raisons de la procréa-

1. Mme Moll-Weiss, *op. cit.* (1917), p. IV.
2. Dr Gilly, *Guide pratique de mon enfant*, Paris, Laffont, 1970, p. 17.
3. Dr Pouliot, *op. cit.*, p. 10.
4. Mme Boutier, *Éducation ménagère*, Paris, Hachette, 1925, p. 273.

tion, c'est au cœur même de la relation affective des conjoints qu'on l'y trouvera désormais : « Il est bien rare de voir un ménage sans enfants parfaitement heureux. Fruit d'une union, l'enfant, plus que le mariage, préserve et lie solidement le couple en lui donnant sa véritable raison d'être[5]. »

Ainsi, la légitimité supplémentaire conférée par les naissances assure une sécurité accrue aux époux, renforce leurs rapports internes. Ce passage, du macrocosme anonyme patriotique au microcosme individualisé de la cellule conjugale, épouse, non sans intelligence, les modifications survenues dans la représentation du duo marital — son repli, ses exigences accrues sur le plan du confort matériel et sentimental ; le bon citoyen cède la place au partenaire amoureux auquel on promet un surcroît de félicité domestique. Les injonctions changent de nature, mais leur contenu nataliste varie peu. Aussi, au jeune couple, plus ou moins soucieux d'assumer sa descendance, faut-il adjoindre un tiers, véhément ou discret, fulminant ou conciliant selon les époques, qui surveille et dirige : le Vulgarisateur des méthodes de puériculture.

Les restes de la grande famille : la grand-mère

Ce qui frappe, dans les brochures et les manuels, c'est le huis clos de la mère avec un mari intermittent, puis avec son enfant. En effet, la grande famille, composée de plusieurs générations d'individus travaillant conjointement et prenant ensemble les décisions importantes, a déjà disparu, sinon dans les faits (on la trouve encore en milieu rural), du moins dans la vision des puériculteurs. De même, les liens entre consanguins de la même génération, frères et sœurs mariés, constituant non pas une communauté professionnelle mais au moins un ensemble affectif, ne semblent plus avoir droit de cité. La relation de parenté, à travers les ouvrages, est le plus souvent réduite au soliloque d'une cellule conjugale face à elle-même. Cette image squelettique des liens de sang et d'al-

---

5. A.-M. Seigner, M. Ristich de Groote, H. Vuillez, *L'Encyclopédie des parents modernes*, Paris, Denoël, 1963, p. 24.

liance s'étoffe parfois néanmoins, mais de manière négative et dérisoire : elle s'adjoint alors le personnage de la mère de la lectrice du manuel.

Cette ascendante, élément toujours important du système de parenté et d'alliance français, a le curieux pouvoir de déchaîner l'ire des spécialistes de la puériculture : ils la ressentent comme l'adversaire le plus dangereux de leurs thèses éducatives, ils la prennent à partie, et ont à cœur de prolonger (avec les journaux humoristiques qui font grand usage des antagonismes opposant les vieilles femmes à leurs gendres) le folklore de la belle-mère. En effet, leur cible élective, leur ennemie intime est toujours la mère de celle à qui ils dispensent leurs conseils.

L'assaut commence vers les années vingt : cette parente craint-elle les grossesses pour sa fille ? : « Quant à madame votre mère, vous ne discuterez pas avec elle. Vous la convaincrez par les faits. Quand vous l'aurez rendue de nombreuses fois grand-mère, elle n'aura plus le courage de vous gronder [6]. » Et l'assaut se poursuit quarante ans plus tard : « Votre mère, si elle vous dit : "Tu verras, ma fille, quand tu accoucheras", si elle clame à qui veut l'entendre : "Quand ma fille est enceinte, je suis plus malade qu'elle", ne l'écoutez pas. Allons donc ! Elle a bien accouché, elle, et peut-être plusieurs fois [7]. »

Et lorsque l'ironie s'estompe, c'est au profit de critiques dirigées contre celle « qui ne sait pas rester à sa place ». Car, dans la confrontation jugée inévitable entre femmes de deux générations en présence, les puériculteurs volent à la rescousse de la jeune mère et obligent la grand-mère à l'effacement et à l'obéissance : « ... Les grands-parents doivent respecter absolument les principes d'éducation des parents en certains points jugés particulièrement importants. En ce qui concerne la propreté, par exemple, une grand-mère ne doit pas mettre de force son petit-fils sur le pot si sa mère a demandé que ne lui soit imposée aucune contrainte. Elle ne doit pas davantage le faire manger plus qu'il n'en a l'habitude

---

6. Dr Pouliot, *op. cit.*, p. 12.
7. Y. Thiry. *Le Conseiller de la femme*, Bruxelles, Le Sphynx, 1963, p. 663.

ou le forcer à terminer son assiettée si sa mère estime que l'enfant doit manger à sa faim, sans plus[8]. »

Même son de cloche, même glas plutôt, dans les manuels de ces toutes dernières années : « Il existe de très bons livres sur l'hygiène infantile et la jeune femme ne voit plus en sa propre mère sa source principale d'information. Les sages-femmes, le personnel des crèches et les médecins lui paraissent davantage qualifiés[9]. » Compte tenu de ce qui précède, il nous paraîtrait plus honnête de renverser la proposition : les « très bons livres » et le personnel médical font tout pour que le savoir de la mère apparaisse désuet et ridicule.

Il y a là une apparente discordance entre le conformisme quelque peu étouffant de l'imagerie familiale offerte au long de ces décennies — Famille au service de la Patrie ou couple légitime avide de s'assurer un surcroît de bonheur et de longévité — et ce provocant irrespect vis-à-vis d'une parente mûre ou d'âge avancé. On pouvait la dépeindre sous un jour honorable ou, au moins, inoffensif. D'où vient alors cet agacement à fleur de peau de nos auteurs et leur mécontentement sarcastique ? Quel crime a commis la grand-mère ? Quel est ce cadavre dissimulé dans ses placards ?

Car, après tout, comme le remarque L. Pernoud, qui défend non sans courage cette personne très décriée, elle a dû résoudre hier les problèmes qui se posent aujourd'hui à la future mère. Mais, dans le procès qu'on lui fait, cet atout se change en circonstance aggravante : l'efficacité de la grand-mère est l'horripilante justification de son intrusion présente ; et ce que détestent en elle ses accusateurs, c'est justement que son expérience puisse constituer une source d'information possible pour l'accouchée, une alternative aux conseils du personnel spécialisé en puériculture. Car, si l'on crédite celui-ci de connaissances scientifiques, il faut bien reconnaître à celle-là le mérite d'une pratique réussie, puisqu'elle a mené son enfant jusqu'à l'étape de la maternité. Aussi cette minimisation des apports éventuels de la grand-mère, son rejet hors de

---

8. *L'Encyclopédie des parents modernes, op. cit.*, p. 502.
9. *Notre enfant et nous, op. cit.*, p. 356.

la sphère de la pratique actuelle, renvoient-ils, de la part de nos auteurs, à un désir de coupure de ce lien souterrain mère-fille qui perdure dans nos sociétés, et qui s'actualise justement par le partage d'un vécu spécifique, même si le registre des réponses peut varier d'une génération à l'autre. Cette intrusion dans l'intimité de la mère et de la fille, cette invite à l'élimination de la plus âgée, peuvent, à bon droit, étonner : si leurs savoirs divergent, à elles d'en discuter sans témoin, à elles de ne pas tomber dans le piège de la hiérarchie et de l'expérience des techniciens. On peut interpréter ces mises en garde répétées de la femme jeune contre la plus vieille comme un sentiment de rivalité professionnelle des détenteurs du savoir médical vis-à-vis de la grand-mère.

Mais il y a plus : ces femmes âgées sont bien aussi les lectrices des manuels publiés hier ; elles aussi ont reçu des directives précises de la part de leurs auteurs, lu et peut-être appliqué leurs méthodes et leurs recommandations ; elles pourraient donc soutenir l'effort des actuels puériculteurs, en relayer l'écho auprès des jeunes mères. Or, de ces auxiliaires bénévoles, les auteurs de brochures ne veulent point : elles sont inutilisables. Donc, si l'on entrouvre ce placard malodorant, ce n'est point la grand-mère qui se trouve véritablement mise en cause, ce n'est pas son indocilité qui est blâmée mais au contraire la trop grande confiance qu'elle a pu manifester à l'égard des précédents spécialistes de la maternité et du maternage : le cadavre nauséabond est celui de l'auteur de manuels de la génération précédente, et la grand-mère est le témoin gênant qu'il faut réduire au silence.

La cible des puériculteurs est donc sournoisement déplacée : ils discréditent non les propagateurs autorisés de normes de maternage aujourd'hui dépassées, mais celles auxquelles on les a imposées ; ils ne critiquent pas les responsables des erreurs précédentes, mais les personnes qui ont été conduites à en pâtir. Il y a, dans ce recours au bouc émissaire, un manque de franchise, une fuite devant les responsabilités qui hypothèquent encore leurs directives actuelles. Ce traitement de la grand-mère doit être un signal d'alarme pour les nouvelles mères : si elles prennent trop au sérieux le savoir dispensé par les vulgarisateurs de puériculture, elles aussi seront moquées et mises au rancart et ce, bien avant la grossesse de leur propre fille.

IMAGES DE LA MÈRE

Mère et travail

• Premier moment.

Dans la plupart des manuels d'avant-guerre, la femme enceinte ou la jeune mère sont souvent présentées comme des ménagères au foyer. Tantôt le fait qu'elles puissent se livrer à un travail sala-rié, ou partager une activité professionnelle familiale de type agri-cole ou commercial, est simplement occulté. Tantôt les auteurs admettent qu'elles sont obligées d'accomplir des tâches produc-tives, mais alors, c'est pour le déplorer hautement, et magnifier la situation de femme à la maison.

Cette dernière tendance a trouvé des chantres particulièrement éloquents dans les ouvrages d'enseignement ménager destinés aux fillettes ou aux adolescentes scolarisées. Fait curieux, ils sont rédigés par des femmes qui ont négligé de suivre leurs propres conseils : ce sont des enseignantes, des directrices d'école ou, au moins, les auteurs (rémunérés) desdits manuels. L'une des plus talentueuses d'entre elles, Paulette Bernège, en 1938, brosse un rapide tableau historique du travail féminin contre lequel elle s'élève avec vigueur : la guerre de 1914 « priva les femmes de leurs protecteurs naturels », aussi durent-elles remplacer les hommes au champ comme à l'usine ; mais, la paix revenue, elles ne voulurent pas redevenir exclusivement ménagères, même si « le premier métier de la femme est celui d'épouse et de mère [10] ».

Or, à cette caractéristique extérieure de son destin — la femme reste à la maison —, il faut en ajouter une autre, concomitante, mais d'ordre interne : elle se consacre aux siens, « la maman doit se décider à lui [bébé] sacrifier ses habitudes et ses goûts »... Elle

---

10. P. Bernège, *Encyclopédie de la vie familiale*, Paris, Horizons de France, 1938, p. 14.

le fera avec sérénité, « si elle a appris à être mère et si avec l'esprit de dévouement et d'amour qui est le fond de sa nature elle possède la connaissance de la puériculture[11] ».

Ces exigences de renoncement à la vie professionnelle et cet esprit d'abnégation sont amplifiés encore durant la Seconde Guerre. L'auteur, féminin, de l'*École du bonheur. Enseignement ménager total* (programme du 18 août 1941, cinq fois réédité), milite aussi en faveur des travaux ménagers, qui « souffrent d'un discrédit que rien ne justifie » et affirme que, « quels que soient ses dons intellectuels ou artistiques, une femme peut faire plus, elle ne peut mieux faire que de fonder un foyer[12] ». Et cet engagement socio-familial se double de l'acquisition de vertus spécifiques, dont la principale est le dévouement, qui « est fait d'abnégation et d'esprit de sacrifice, c'est un des attributs de la mère. Le dévouement maternel se montre quotidiennement dans les plus petites choses, grandit au besoin des circonstances *(sic)*, et il n'est pas rare qu'il aille jusqu'à l'héroïsme[13] ».

• Deuxième moment.

Après la Seconde Guerre, le ton change sensiblement : on n'enjoint plus aux femmes qui travaillent de regagner leur foyer, on se contente de les plaindre et de les culpabiliser. Mais le ton et le propos sont différents, selon que les manuels sont d'inspiration laïque ou catholique.

Dans les premiers — illustrés par les brochures de la Sécurité sociale —, les auteurs sont pris entre le regret provoqué par l'activité rémunérée de la mère, et la valorisation des institutions contrôlées par l'État. Aussi, après quelques paroles bien senties sur l'irremplaçable rôle de la génitrice auprès de son rejeton, « Votre présence lui est nécessaire[14] », les rédacteurs se lancent-ils dans une longue énumération des avantages de services publics palliant les défections maternelles : crèches de quartier, où l'enfant « sera l'objet d'une surveillance médicale et de soins éclairés de la part

---

11. P. Bernège, *op. cit.*, p. 14.
12. Mme Foulon-Lefranc, Paris, Magnard, 1944, p. 9.
13. *Ibid.*
14. *L'Enfant du premier âge, op. cit.* (1956), p. 11-12.

d'un personnel compétent qui est lui-même suivi médicalement », gardienne agréée, présentant « des garanties sérieuses en ce qui concerne la salubrité du logement, la santé et la moralité[15] », outre les hôtels maternels, les centres de placement familiaux, les pouponnières et les travailleuses familiales se rendant à domicile. Bref, le nombre et la disponibilité des aides officielles sont tels que l'on ne comprend plus les réticences initialement exprimées vis-à-vis des femmes qui ne peuvent se consacrer à leur enfant.

Quant à ces dernières, qui ont fait l'expérience des refus de crèches et des gardiennes surchargées, elles ne peuvent que sourire à la lecture de textes qui figurent encore dans les plus récentes éditions des brochures de la Sécurité sociale : seul un Martien pourrait être dupe de cet inventaire idyllique, de cette autosatisfaction de l'administration, sans rapport avec les possibilités de garde effectivement offertes.

Dans les ouvrages d'inspiration catholique, on s'apitoie aussi sur le sort de « la jeune maman qui, travaillant hors de son foyer pour y apporter l'appoint de son salaire[16] », ne peut rester auprès de son bébé. Mais on ne lui cèle pas les conséquences de ses actes : « Elle absente, rien ne se passe de façon complètement normale : la nourriture au sein est souvent abandonnée, le dressage initial est fort compromis, la formation première, à la fois physique et morale, sera difficilement donnée[17]. » Cette compréhension, plus habile que les condamnations antérieures, se concilie désormais avec l'apologie de nouvelles vertus maternelles : l'attitude passive n'est plus de mise pour celle qui se livre au « dressage initial », on lui substitue des qualités d'ordre et de discipline : « règle et constance », telle est la devise que Mme Francisque Gay imposera, durant plus d'une génération, à ses lectrices. Son vocabulaire clérical, presque rafraîchissant après les envolées doloristes des précédentes décennies, propose l'image d'une mère à poigne : « Sa règle, c'est d'abord d'exécuter ponctuellement, aux heures fixées d'avance, ce qu'elle doit faire pour le soin de son enfant[18] » ; « sa

---

15. *L'Enfant du premier âge, op. cit.* (1956), p. 11-12.
16. *Comment j'élève mon enfant, op. cit.* (1960), p. 411.
17. *Ibid.*, p. 6.
18. *Ibid.*, p. 3.

règle, c'est encore une haute tenue morale en présence de Dieu qui lui donne un mari et des enfants à aimer », sorte de sainte maintenue dans le monde séculier, organisant son troupeau d'ouailles familiales comme une supérieure régit son monastère : « Cette haute tenue morale [...] lui garantira aussi, sur les âmes qu'elle doit conduire, un puissant ascendant qui s'exercera sans aucune austérité, mais auquel rien ne résistera[19]. »

Mais ce discours du trône, dont on trouve encore les échos durant les années soixante (« oui, le titre de future maman vous confère un certain nombre de droits, mais il exige de vous un plus grand nombre encore de devoirs[20] »), tend à s'estomper.

• Troisième moment.

En effet, nos auteurs vont effectuer un renversement spectaculaire vers 1960 : jusqu'à présent, il fallait du dévouement, de l'abnégation ou, au moins, une certaine austérité pour avoir droit au titre de mère — tableau peu séduisant pour une population féminine aux obligations professionnelles grandissantes, à la fécondité déclinante. Désormais, tout est changé. Mettre un enfant au monde n'est plus un fardeau, une épreuve exigeant le renoncement à une profession, mais l'inverse : la maternité est pure béatitude, bonheur sans mélange, et c'est tout ce qui s'interpose entre le bébé et la femme qui devient contrainte fastidieuse, charge insupportable. La contrition a fait place à l'euphorie maternelle, juste tempérée par le fantôme des obligations professionnelles éventuelles dont, hélas, il faut tenir compte.

Terminée la cohorte des tristes vertus, seul l'enthousiasme est de mise : « Soyez sûre de vous et préparez-vous à retirer de la présence du bébé le maximum de joies[21] » (1963). Et ce ne sont plus des jeunes femmes, insuffisamment pénétrées de leurs fonctions de reproduction que l'on se plaint, mais de la dureté des temps : « Les conditions sociales augmentent les difficultés ; père et mère travaillent ; le repas en famille disparaît[22]... »

19. *Comment j'élève mon enfant, op. cit.* (1960), p. 411.
20. *L'Encyclopédie des parents modernes, op. cit.,* p. 52.
21. *Le Conseiller de la femme, op. cit.,* p. 736.
22. Dr Gilly, *op. cit.,* p. 11.

Ou encore, les lecteurs ont droit à de longues dissertations sur les avantages et les inconvénients du travail de la mère à l'extérieur, distinguant successivement les « raisons positives » qui se subdivisent en paragraphes exposant les cas de « nécessité absolue », de « nécessité psychologique », de « nécessités politique et idéologique », tous opposés aux « raisons négatives[23] ». Nous n'entrerons pas dans les détails de cette savante maïeutique — nos auteurs suggèrent seulement et laissent aux intéressées le soin de trancher — mais nous nous étonnerons de cette intrusion du corps médical dans un domaine aussi étranger à sa pratique, et à propos duquel le public ne demande vraisemblablement pas d'avis. Il est vrai que les spécialistes ne se sont jamais privés d'en donner.

On retrouvera dans d'autres domaines, notamment à propos de l'alimentation au sein ou au biberon, cet « entrisme » médical dans un univers autre que celui du soin ; et on peut souligner le décalage entre les faits — la massive réalité du travail féminin — et la naïveté présomptueuse de nos conseillers, réduisant une donnée socio-économique à un simple accident individuel, éliminable par la persuasion. On sait bien que, depuis la raréfaction du personnel ecclésiastique, la place de directeur de conscience est à prendre.

On assiste aux mêmes décalages entre les sentiments décrits ou prescrits, et les sentiments effectifs. Même si les mères des générations précédentes n'ont sans doute pas été d'un dévouement ou d'une rigueur à toute épreuve, celles de la génération actuelle ne se réjouissent pas non plus obligatoirement de la venue d'un enfant. La description des affects de la femme enceinte — premier trimestre, « confusion des sentiments », deuxième, « épanouissement », troisième, « gravité et éblouissement »[24] — est donc aussi normative, dans ses allégresses programmées, que les impératifs de contrition précédents.

Ainsi, gardiens de la femme au foyer, et protecteurs de la fécondité nationale, les tenants de la puériculture luttent à leur manière contre les aléas de la conjoncture : la coupable, rebelle aux acti-

23. Dr Ratel, *Élever notre enfant. De la naissance à douze ans*, Paris, Seghers, 1977, p. 177-179.
24. *Notre enfant et nous, op. cit.*, p. 110-118.

vités familiales, devient victime en butte aux nécessités de la vie active ; et le souffre-douleur domestique se mue en femme comblée par la maternité. Les images proposées sont inverses, mais les buts qu'elles sous-tendent, toujours identiques.

On retrouve d'ailleurs ces changements spectaculaires, ces renversements abrupts, d'une période à une autre, à propos d'un autre aspect de la représentation de la mère, celui de la femme en gestation : cette transformation de la mère (d'émouvante figure du sacrifice domestique en femme émerveillée par sa maternité) étant corrélative de l'évolution de l'image physique, esthétique, qu'elle est censée donner d'elle-même, notamment lors de sa grossesse.

Aspects physiques de la future mère

• La résignation.

Durant les premières années de ce siècle, la femme « dans un état intéressant » doit être la plus discrète possible ; moins on la remarque, mieux cela vaut. Pendant les premiers mois, elle cache son état, pendant les derniers, elle se cache tout court. D'où la minutie de conseils techniques permettant aux couturières de masquer assez longtemps des volumes de jour en jour plus difficiles à celer : « Il existe un autre inconvénient pour les jupes : à mesure que le ventre grossit, elles deviennent trop courtes de devant, elles augmentent ainsi l'apparence d'embonpoint ; en biaisant le haut de la jupe et en la mettant un peu plus bas que la taille, on peut, sinon remédier complètement à ce travers, du moins l'atténuer. Je te conseille aussi de te faire faire une "tournure". Tu sais, un de ces petits sacs pleins de crin que l'on mettait autrefois dans l'intérieur des jupes... La tournure rétablit un peu la ligne, et, tout en grossissant réellement la circonférence féminine, la fait paraître moins volumineuse.

« Pour ce qui est des corsages, adopte de préférence des jaquettes avec un devant ample, et, dans les derniers temps, cache-toi sous une pèlerine, c'est ce que tu pourras faire de mieux[25]. »

L'habileté féminine se déploie donc dans le domaine vestimen-

---

25. Mme Moll-Weiss, *op. cit.* (1917), p. 24.

taire, use de faux-semblants, ruse et triche le plus de temps possible, jusqu'à l'échec final, sanctionné par une pèlerine.

Mais le maximum de dépréciation de la femme enceinte se situe peut-être après la guerre de 1940, lorsque l'étoffe et les vêtements constituent encore un bien rare, et que l'on ne sait comment dissimuler cet être aux contours excessifs. Et si on lui rappelle les dangers du « ridicule [26] » encourus par celle dont les vêtements ne sont pas assez amples, on lui refuse aussi cette ultime coquetterie consentie à l'obèse, qui est celle de la netteté dans l'habillement : « Il est recommandé d'utiliser [...] les pièces les plus usagées de sa garde-robe [27]. » À cette conception honteuse de la grossesse correspond une iconographie spécifique : les manuels sont illustrés par des dessins représentant des femmes à ventre plat et à habits déjà amples, figurées surtout de dos [28]. Tout comme les sexes des bébés, soigneusement dissimulés sur les schémas et les photos des brochures de l'époque, le ventre de la mère est ressenti comme obscène, laid, dérangeant.

• La lutte sans victoire.

À cette première période de compassion gênée succède, vers les années soixante, une nouvelle étape caractérisée par l'exigence des pédagogues. Finis les haillons et le laisser-aller ; la femme enceinte doit lutter pour son apparence, elle doit offrir à tous le spectacle d'un être encore présentable grâce à un combat quasi quotidien. Les canons de la beauté ne se sont guère modifiés, mais c'est à la future mère de s'y conformer activement le plus longtemps possible.

D'où une avalanche de conseils vestimentaires beaucoup plus rigoureux que les précédents : « Choisissez des tissus plus amincissants que les imprimés. Évitez les tons trop clairs qui grossissent. Ne portez jamais de vêtements trop voyants [29] » ; car l'on ne modifie plus les habits ordinaires, mais on en confectionne ou en achète

---

26. *Petit guide de la jeune maman*, Paris, Éditions sociales françaises, 1951, p. 11.
27. *Ibid.*
28. *L'Enfant du premier âge, op. cit.* (1956), p. 14, 15, 18.
29. *L'Encyclopédie des parents modernes, op. cit.*, p. 73.

d'autres pour la circonstance — marinières, jupes à lacets complexes, pantalons à coulisses, toujours photographiés sur des mannequins sveltes. Et apparaissent les régimes alimentaires stricts, les listes de produits de beauté permettant de masquer le « masque », les exercices physiques journaliers. Moyennant tout cela, la femme peut « rester agréable à regarder même au huitième ou au neuvième mois[30] ».

Nous assistons alors à une période de conflit maximal entre des normes esthétiques intangibles — une femme belle doit être mince — et une volonté des auteurs de ne pas dévaloriser à ses propres yeux la femme enceinte ; dans une perspective nataliste, le vécu d'une déchéance physique n'incite guère, en effet, à son renou-vellement. Alors, pris dans l'étau du rejet des rondeurs et de la néces-sité de valoriser un état dont la reproduction est socialement désirable, les auteurs — souvent féminins — transforment cette période autrefois indolente en marathon dynamique. Mais le sportif s'épuise, devancé dès la ligne de départ, et le malade incurable se débat inutilement devant l'ultime échéance : la normalité se simule mal.

• Le triomphe.

L'écart intenable entre la valorisation de la grossesse et la dépré-ciation de ses caractéristiques physiques finit par être réduit au début des années soixante-dix. Très vite le « soyez belle dans la discrétion[31] » ne suffit plus. Car surgissent, dans les manuels, des photos qui tendent à souligner les contours de ventres de huit mois, dont les propriétaires, joliment maquillées, vêtues de clair, attestent que « dans de bonnes conditions, elle [la grossesse] peut rendre une femme plus belle et plus heureuse[32] ».

Ce triomphalisme esthétique utilise également la nudité des femmes enceintes[33], les changements de contours étant désormais non plus cachés, mais investis positivement : « Observer son corps, en suivre les transformations, l'habiter harmonieusement[34] »

30. *Le Conseiller de la femme, op. cit.*, p. 662.
31. Dr Gilly, *op. cit.*, p. 44.
32. *L'Enfant du premier âge, op. cit.* (1972), p. 21, IV.
33. *Notre enfant et nous, op. cit.*, p. 90-91.
34. *Ibid.*, p. 90.

(1977). On entend l'écho des minorités et majorités opprimées — Noirs américains clamant : « Black is beautiful », féministes en rébellion contre les critères définissant la femme-objet. Mais si ce type de propos est emprunté aux groupes marginalisés, ses objectifs sont peut-être plus conformistes. Dans une perspective nataliste, cette nouvelle esthétique, réconciliant la future mère avec ses propres modifications corporelles, n'est que l'effort cohérent d'un ajustement de l'image avec la doctrine.

Tableau psychologique de la future mère

On présente souvent la future mère comme une petite fille, un être irresponsable dont l'entourage doit prendre soin ; sa faiblesse, sa vulnérabilité physique et psychique sont montées en épingle dès le début du siècle : « Il faut aussi demander à ceux qui t'entourent d'avoir pour toi de la patience et de la douceur. La femme enceinte est plus impressionnable qu'elle ne l'est dans l'état normal, il existe chez elle une hyper-activité nerveuse, et les émotions très vives peuvent avoir pour elle des conséquences fâcheuses. » Et ensuite : « Souvent les femmes changent absolument, et malgré elles, d'affectivité durant la grossesse ; elles détestent ceux qu'elles ont le plus aimés[35]. »

L'étrange convalescente qu'est la femme enceinte peut ainsi facilement devenir le prototype de la malade mentale. Ces propos — empreints de commisération et destinés au grand public —, on les retrouve sous une autre forme moins lénifiante, celle du discours médical[36], qui perpétue, plusieurs décennies après la publication de ce texte, l'image d'une personne à laquelle il serait fou de confier des enfants :

« La psychologie de la femme enceinte est caractérisée :

— par des manifestations anxieuses (irritabilité) ;

— par une certaine altération de la personnalité (colère brusque sans cause véritable), période de gaieté succédant à une période de tristesse ;

---

35. Mme Moll-Weiss, *op. cit.* (1917), p. 28-29.
36. Dr Sureau, *La Maternité. La Gestation et l'Obstétrique. Le Nouveau-Né*, Paris, Foucher, 1964, p. 37-38.

— par une asthénie amenant certaines femmes à négliger leurs occupations, à se négliger elles-mêmes ;
— par des appréhensions immotivées ;
— par les classiques envies des femmes enceintes allant jusqu'à de véritables dépravations du goût ;
— par des malaises à type de crises d'angoisse avec des sensations douloureuses au creux épigastrique ;
— par des phobies de solitude ou de sortie ;
— à un degré de plus, on peut constater des manifestations du type hystérique, par exemple, dans une certaine mesure, les vomissements de la grossesse lorsqu'ils deviennent sévères. La thérapeutique toujours pratiquée n'était-elle pas l'isolement ? »

On comprend que la société n'ait que deux choix : ou la camisole de force, ou la surveillance continue de telles énergumènes par des spécialistes — médecins, sages-femmes, infirmières.

Mais examinons cet exposé apparemment scientifique, qui accumule des faits épars dont l'ensemble ne doit que rarement coïncider avec ce qu'éprouve une femme enceinte, et dont le détail peut étonner. Nous dirons plus loin ce que nous pensons des traditionnelles « envies ». Quant aux « appréhensions » qui font l'objet d'une présentation redondante (d'un item à l'autre, il est question de « manifestations anxieuses », de « périodes de tristesse », de « crises d'angoisse »), nous n'oserions, pour notre part, les qualifier d'« immotivées » : elles sont, dans la société occidentale, spécifiques des états ou des situations de rupture à fort enjeu, masculins ou féminins.

Ce sombre tableau s'estompe un peu dans la décennie suivante, mais ne disparaît point — sans entretien de l'anxiété, pas de lectrice de manuel — et s'adapte au goût du jour. Les rédacteurs ont désormais recours au vocabulaire de la psychanalyse : « Qu'elles en aient conscience ou non, qu'elles le cachent ou s'abandonnent à ce phénomène, toutes les femmes enceintes sont régressives[37]. » Il est vrai que les descriptions tiennent compte, dans une certaine mesure, de la diversité des attitudes : « Certaines vivent cette époque triomphalement. Elles se sentent valorisées par leur sil-

---

37. *Notre enfant et nous, op. cit.*, p. 114.

houette alourdie, témoin de l'enfant qu'elles portent. D'autres, au contraire, ne savent que faire pour cacher leur état. » (Soulignons au passage le décalage entre cet extrait et les photos de femmes nues au huitième mois qui figurent dans le même ouvrage : l'iconographie a bien ici une tâche normative.)

Mais cette sollicitude, cette compréhension sont peut-être plus proches qu'elles ne le semblent au premier abord de l'accablant tableau clinique de 1961. En effet, le médecin-analyste tend à ses patientes un miroir où il les convie à se regarder, avec une complaisance un peu louche, mais c'est pour déplorer que certaines d'entre elles « vouent un intérêt extrême à leur corps, qu'elles se plongent dans un narcissisme latent, invoquant comme alibi l'enfant qu'elles portent. Elles renoncent aux efforts[38]... ».

Usant et mésusant d'une technique nouvelle, nos auteurs demandent donc l'adhésion de la femme enceinte à ce portrait qu'ils tracent d'elle, et, simultanément, la convient à se dénigrer. Ils figent ainsi, et contribuent à perpétuer certains aspects de la grossesse moins universels qu'ils ne l'imaginent.

En effet, depuis près d'un siècle, la grossesse est officiellement perçue chez nous comme un processus critique, menaçant et menacé, durant lequel la femme qui le subit sort radicalement de la normalité : la respectable dame Jekyll se mue en folle Mrs. Hyde. Or, il est intéressant de constater qu'en Afrique, par exemple, la représentation de ces deux personnages — la future mère et celle qui ne l'est pas — est inversée.

D'abord, en ce qui concerne les tâches agricoles ou artisanales, rien ne distingue la femme qui attend un enfant des autres. Mais remarquons qu'en France même il y a loin, aussi, de ces représentations contrastées aux pratiques du monde du travail qui imposent jusqu'au huitième mois les mêmes conditions de travail aux salariées, enceintes ou non. Ensuite et surtout, bon nombre de populations maliennes ou voltaïques estiment que la femme, durant ses années de fertilité, doit être pratiquement toujours enceinte ; et que c'est l'état de non-grossesse — repérable par les règles — qui fait d'elle un être anormal, voire dangereux. Pour eux,

---

38. *Ibid.*

la femme, dans son état optimal d'équilibre et d'harmonie, est celle qui n'a pas de menstrues, qui est grosse ou qui allaite. En revanche, l'être qui perd mensuellement son sang est ressenti comme impur, et susceptible de communiquer la souillure à son entourage masculin : elle dort seule, évite à ces moments-là de préparer les repas pour les siens et s'abstient de toucher tout objet sacré. On constate donc une inversion des images féminines par rapport aux nôtres, l'état ordinaire, inoffensif, d'une femme étant la gravidité, et l'état suspect, celui de la stérilité momentanée ou permanente [39]. Il est vrai que les Africains sont plus cohérents que nous sur le plan idéologique puisque cette positivité de la vision de la future mère est traditionnellement liée à d'explicites visées natalistes.

Les images de la femme ou de la femme-mère sont bien évidemment liées à la place accordée à l'« instinct » maternel.

Mère et instinct

Très tôt, dès la fin du XIXᵉ siècle, apparaissent dans les premiers manuels de puériculture des jugements relatifs aux mères, et à la qualité des soins qu'elles dispensent aux nourrissons. Ces jugements, fort péjoratifs, se hissent d'emblée au niveau du débat psycho-philosophique ; ils portent sur la qualité, voire sur l'existence de l'instinct maternel, thème important puisque la relation mère-médecin en est l'enjeu (si la femme possède le bon instinct, il va de soi que le recours au docteur est inutile ou secondaire). Mais, d'entrée de jeu, les cartes sont faussées : on dénie à la mère toute compétence spontanée, on la rabaisse au rang de sous-mammifère : « La mère humaine, au rebours de la mère animale, n'est point guidée par la sûreté de l'instinct. Si elle reste ignorante, elle reste inférieure à la brute. Et pourtant, de son degré de connaissance dépend la santé de la famille. La grande mortalité des enfants en est la preuve, et ne peut malheureusement pas être contestée [40]. »

39. Voir S. Lallemand, *Une famille Mossi*, Paris-Ouagadougou, CNRS-CVRS, 1978.

40. Mme Hippolyte Meunier, *Le Docteur au village. Entretiens familiers sur l'hygiène*, Paris, Hachette, 1869, p. 3.

Cette constatation aboutit rapidement à des conclusions pratiques : il faut donc substituer, aux impulsions féminines manquantes, un savoir dispensé par le corps médical : « *Rosalie*. D'après tout ce que vous m'expliquez, monsieur, je vois qu'il y a beaucoup de petits qui meurent faute de soins, parce que leurs mères sont des bêtes, qui ne veulent entendre à rien — qui ont enfin un amour sans esprit, ce qui revient à dire qu'elles n'en ont pas du tout ! Mais je ne veux pas être de ces mères-là, moi ! Et puisque Dieu est si bon de m'avoir fait vivre à côté de vous, je mettrai tous vos conseils dans un coin de ma tête et je les répéterai sans cesse [41]. »

À la même époque, d'autres auteurs, vilipendant non le manque d'instinct mais les aspects frustes et exclusivement affectifs de celui-ci, opposent ses carences aux règles strictes que les spécialistes veulent faire observer à la mère : « Confondant perpétuellement leur instinct de tendresse maternelle avec le sentiment de leur devoir, elles se laissent entraîner à des faiblesses dont leurs enfants sont les premières victimes, ou bien elles sacrifient, sans s'en rendre compte, à leurs propres jouissances les véritables intérêts des petits êtres dont elles sont chargées ; n'ayant pas une idée nette de leurs devoirs, ni de ce qui convient réellement à l'enfance, elles flottent incertaines entre les inspirations de leur zèle et les conseils contradictoires qui leur arrivent de tous côtés [42]. »

Ce constat de faillite par rapport à l'aveugle et efficiente aptitude animale est donc la pierre angulaire de la puériculture : elle justifie l'intervention et les contrôles médicaux vis-à-vis du couple mère-enfant, et les auteurs de puériculture ne dédaignent pas, durant la première moitié de ce siècle, d'y faire allusion de temps à autre : « Le petit animal trouve un lit chaud et douillet, tout préparé pour lui ; il y est couvé et nourri par sa mère, qui ne s'occupe de rien d'autre et qui possède une science naturelle, un instinct juste et sûr de tout ce qu'il faut à son petit. Les êtres humains n'ont plus les instincts des animaux [43] » ; ou bien encore : « Peu de mères sont

41. *Ibid.*, p. 81.
42. Dr Donné, *Conseils aux mères sur la façon d'élever les enfants nouveau-nés*, Paris, Baillère et fils, 1869, p. 28-29.
43. Mme Champendal, *Comment soigner nos enfants ?*, Paris, Flammarion, 1937, p. 3.

"nées" maman, et la plupart n'apprennent que par expérience à le devenir[44]. »

Mais bientôt, des sommets philosophiques d'où ils sont partis, les auteurs glissent sur la pente du simple constat de maladresse. On cesse de faire grief à la mère de sa constitution pour mettre l'accent sur son incompétence. Aussi, désormais, l'adolescente ou la jeune adulte relève-t-elle donc — de même que dans l'organisation des activités culinaires ou ménagères — d'un complément d'enseignement. Elle devient l'élève dont on sollicite l'attention, l'habileté, l'obéissance ; les manuels d'enseignement officiels lui proposent un complément de savoir dont ils soulignent la facilité d'accès : « La puériculture n'est pas une science compliquée et l'hygiène du bébé est toute simple. Elle se résume ainsi : "Le protéger contre ses ennemis mortels : les microbes, le froid et la chaleur excessifs, le mauvais lait, l'ignorance de sa maman"[45]. »

Bien plus, la puériculture tend — non sans coquetterie —, à mesure qu'elle pénètre dans le public, à minimiser son propre apport : soigner les enfants n'est, en fait, qu'affaire de sens commun. L'instinct omniscient, telle une peau de chagrin, tend à se rétrécir aux simples dimensions d'un comportement avisé, aisé à mettre en pratique : « Un jour où j'essayais d'expliquer à une maman qui allait s'absenter pour de longs mois tout ce qui pouvait arriver à son bébé et comment elle devait se débrouiller en chaque circonstance, cette jeune femme résuma la question d'un mot : "Au fond tout cela, c'est affaire de jugeote." À la vérité, il n'y a pas d'autre expression pour définir cette qualité faite à la fois d'observation, d'initiative et de bon sens sans laquelle on ne sait résoudre les petits problèmes de tous les jours qui ne peuvent trouver réponse dans les manuels[46]. »

Mais, plus habituellement, cette problématique de l'ignorance face au savoir du spécialiste, du désarroi maternel devant une

---

44. E. G. Lawler, *Notre bébé. Du premier cri au premier pas*, Paris, Nathan, 1947, p. 111.

45. Dr Oria et J. Raffin, *op. cit.*, p. 5.

46. Dr Dayras, *Problèmes quotidiens en puériculture*, Paris, Masson, 1950, p. 5.

situation nouvelle face à l'expérience de l'homme de l'art, est montée en épingle non sur le monde dramatique mais sur un ton tragi-
comique, où la compassion le dispute à l'humour : « Vous voici
devant lui et, si c'est votre premier bébé, vous vous sentez un peu
désemparée. Saurez-vous faire votre métier de maman ? Déjà tout
vous affole : bébé n'a pas eu faim à sa dernière tétée : que faire ?
Le forcer ? le laisser ? Il a crié ce matin pendant deux heures. Vous
l'avez pris dans vos bras, vous l'avez changé, rien n'y fait. Votre
vieille voisine vous a dit : "Mais il va se donner une hernie !" Et
déjà vous imaginez des catastrophes. Vous avez envie de pleurer,
vous pleurez[47]... »

Enfin, brusquement, après une soixantaine d'années, l'instinct,
tel un serpent de mer, resurgit avec vigueur et éclat. Et, l'eût-on
cru, alors que l'on accusait les femmes de n'en point avoir, ou d'en
posséder un de mauvaise qualité, on leur en attribue un et on en
souligne l'excellence. C'est le plus grand spécialiste du moment
qui, préfaçant le best-seller de puériculture des années soixante et
soixante-dix, opère cette conversion inattendue : « Amour maternel, instinct maternel, nous évoquons ces mots si chargés de sens
pour indiquer combien sont efficaces ces mères instinctives qui
sentent, devinent, comprennent, agissent, menées par leurs émotions et leurs impulsions et qui savent si bien s'instruire toutes
seules en regardant et soignant leur enfant[48]. » Mais alors, peut se
demander la lectrice, pourquoi éduquer les mères et quel est donc
l'intérêt du manuel si chaleureusement recommandé par cette
sommité médicale ? Mais, patience, la réponse suit de près : « À la
vérité, la connaissance se mêle à l'instinct, le perfectionne et, si
l'on peut dire, l'affermit. La mère, hésitante pour sa conduite, sera
aidée par une bonne instruction pour prendre la juste décision[49]. »

Et ce spécialiste n'est pas le seul à faire l'éloge de ces aveugles
pulsions qui savent se montrer si raisonnables puisqu'elles enva-
hissent même la femme qui n'a pas pu enfanter : « Plongeant ses
racines dans un fort instinct physiologique, il [l'amour maternel]

47. R. Vincent, in Y. Thiry, *op. cit.*, p. 735.
48. R. Debré, in L. Pernoud, *J'élève mon enfant, op. cit.* (1972), p. 15.
49. *Ibid.*

a acquis un tel ascendant qu'il semble inhérent à l'espèce, alors qu'il varie avec les caractères d'une civilisation. Son intensité, dans les cas d'adoption, témoigne de son indépendance de la gestation[50]. »

Alors, que penser de ces images de la mère, de ses ignorances et de la qualité de son instinct ? Ici encore, nous assistons au démenti d'une thèse massivement défendue auparavant. Il nous paraît hors de propos de nous attarder trop longtemps à examiner le problème de fond — y a-t-il dans la race humaine des instincts susceptibles d'ordonner des comportements bruts, qui ne fassent pas l'objet de réarrangements, de modifications importantes, voire de suppressions dues au milieu social ? En fait, toute communauté humaine contrecarre et remodèle, selon ses propres normes, chacune des pulsions des individus qui la composent ; la diversité des conduites culturelles décrites par les ethnologues peut en témoigner.

Mais il ne s'agit pas ici de prendre parti dans un débat philosophique, car il convient plutôt de rappeler le contexte sociologique dans lequel se situent ces affirmations relatives à l'instinct maternel. D'abord, on pourrait croire que, à la fin du siècle dernier comme au début du nôtre, cette absence d'instinct pouvait être connotée positivement. L'héroïsme nie l'instinct de vie, la chasteté volontaire, l'instinct sexuel ; ces traits qui étaient, à l'époque, sinon encore à la nôtre, socialement valorisés. Mais force nous est de constater que le « bon » instinct maternel était néanmoins requis, et que son absence rabaissait la femme à un niveau infra-animal. Il y a là un paradoxe à propos duquel la littérature en puériculture dédaigne de s'expliquer, puis qu'elle fera tomber dans l'oubli. Vient ensuite la période de « laïcité » du maternage, durant laquelle la problématique de l'instinct s'efface pour laisser place aux nécessités du savoir : alors, la femme est certes dénaturée, mais nul ne dira si elle l'est plus que son compagnon masculin, ou s'il est vraiment mauvais qu'elle le soit. Enfin, resurgit l'instinct sous une forme inversée : après avoir montré, et déploré son absence, les

50. Dr Lazard-Levaillant, *Le Petit Enfant, ce méconnu*, Paris, Éditions sociales, 1977, p. 47.

spécialistes nous assurent de sa réalité. On peut les remercier de ce cadeau inattendu, mais on peut aussi s'en étonner, et examiner le contenu de leur aveu tardif ; ne véhiculerait-il pas une représentation de la femme moins flatteuse qu'il n'y paraît ?

En effet, si même le Larousse de 1971 rend hommage aux comportements innés de la mère, « l'instinct maternel est une tendance primordiale qui crée chez toute femme normale un désir de maternité et qui, une fois ce désir satisfait, incite la femme à veiller à la protection physique et morale des enfants », il n'est jamais question d'un « instinct paternel ». Car si l'homme est reconnu apte à la connaissance, au raisonnement, il passe souvent, dans notre société, pour laisser à sa compagne les domaines flous du sentiment, de la pulsion irrépressible, de l'intuition juste quoique non justifiée.

Aussi, s'il nous paraît un tantinet réactionnaire, au siècle dernier comme au début du nôtre, de refuser à la femme les aveugles capacités de protection des animaux vis-à-vis de leur descendance, il nous paraît également suspect de leur octroyer aujourd'hui à grands cris ces facultés particulières. Peu importe que l'on inverse les signes affectés à l'instinct maternel, qu'on les juge négatifs ou positifs ; la femme y perd toujours, puisque, dans le premier cas, on la relègue à un rang inférieur à l'animal, et que, dans le second, on la rive à des activités, socialement moins appréciées que celles de ses partenaires masculins, qu'elle seule, paraît-il, peut mener à bien [51].

---

51. Si les puériculteurs montent actuellement en épingle l'instinct maternel, il semble que les chercheurs en psychologie de l'enfant soient plus réservés ; en témoigne cette remarque d'I. Lézine, à propos de nombreuses observations de couples mères-enfants pendant les premières semaines de la vie de ces derniers : « L'établissement de la relation est rarement immédiat et implique parfois une restructuration profonde. Peut-on alors parler d'"instinct maternel" dans le monde humain ? », in *Propos sur le jeune enfant*, Paris, Mame, 1974, p. 137.

Le grand absent

L'une des rares — mais combien significatives — constantes des manuels de puériculture, qui se caractérisent pourtant par leurs inconstances, est l'absence de référence au père. Ce n'est que depuis quelques années que certains ouvrages s'adressent à lui ouvertement comme géniteur à part entière, c'est-à-dire comme à quelqu'un que l'attente et la vie en commun avec un jeune enfant peuvent intéresser. Encore n'est-ce qu'avec les plus grandes réserves qu'on l'invite à jeter un coup d'œil à certains chapitres : Laurence Pernoud pousse la bonté jusqu'à rédiger une table des matières pour les pères, précisant : « Les pères n'ont guère le temps de lire. C'est pourquoi nous leur indiquons ci-dessous les pages qui, pensons-nous, les intéresseront particulièrement. » Suivent des « extraits » de chapitres qui en disent long sur les secteurs propres, selon l'auteur, à capter l'intérêt paternel. Nous y reviendrons.

Dans la majorité des ouvrages de puériculture antérieurs aux années soixante-quinze, l'index des sujets passe inexorablement de « peau » à « pertes blanches » ou de « patron » à « photographe », mais de père, point. Et s'il n'est pas « sujet » dans l'index, c'est qu'il ne semble guère être sujet dans l'action, c'est-à-dire dans la « fabrication » d'un enfant. À lire cette littérature, on dirait bien qu'un enfant se fait par parthénogenèse. Il ne s'agit guère d'une boutade ; les formalités administratives et médicales relatives à la grossesse prévoient, par exemple, un examen facultatif pour le père, signalant toutefois qu'il peut être très utile en décelant chez lui une maladie grave (syphilis, tuberculose ou autre...). Les termes de « facultatif » et « très utile » paraissent pourtant contradictoires...

Autre exemple : à la mère qui se désole de ne pas concevoir, la majorité des auteurs donne des explications sur l'ovulation ou sur d'autres causes possibles venant de la femme ; seuls quelques-uns parmi les plus récents parlent d'une origine masculine possible de la non-conception, alors que l'on sait que la moitié des stérilités provient de l'homme. La pratique médicale courante va dans le même sens : combien de femmes ont consulté leur médecin pendant des mois, voire des années, pour une prétendue stérilité, entreprenant examens et traitements divers, le plus souvent sans que le partenaire masculin soit convoqué.

Il faut dire que les connaissances médicales, et ce n'est pas un hasard, n'ont progressé que très peu et très récemment dans ce domaine, comme d'ailleurs dans celui de la contraception masculine où le décalage avec les progrès de la contraception féminine est encore plus net. Tout se passe comme si l'imaginaire culturel de notre société (dont fait partie la fantasmatique médicale) avait toujours voulu considérer comme négligeable, voire inexistant, le rôle de l'homme dans la conception. Le « blanc » sur le père en puériculture ne ferait qu'en montrer une des facettes.

Mais si les absences du père sont significatives, sa présence, c'est-à-dire la façon dont les auteurs parlent de lui, ne l'est pas moins. Et cette absence, aux moments que l'on croirait importants (conception, grossesse, accouchement, soins à donner au bébé), est compensée par une surprésence ailleurs. Mais est-ce encore du père qu'il s'agit ?

Le grand enfant

Adressons-nous d'abord à la puériculture officielle, celle des brochures *L'Enfant du premier âge*. Les rares allusions au père le présentent sous un jour encore plus infantile que celui de la mère ; il est en effet ravalé au rang des autres enfants désorientés pendant le séjour de la mère à la clinique. C'est ainsi que, parmi les dispositions à prendre avant que la future mère ne parte accoucher, il est prescrit de façon détaillée de « laisser la maison bien en ordre de façon que le mari trouve facilement le matériel courant dont il aura besoin ; de laisser le linge remis en état, repassé et en ordre dans les armoires ; enfin, de remplir le réfrigérateur et les placards de la cuisine pour débarrasser le mari des soucis du ravitaillement [52] ».

---

52. *L'Enfant du premier âge, op. cit.* (1977), p. 33.

Ces conseils restent inchangés dans toutes les éditions du fascicule, et y figurent encore dans celle de 1977 ! Mais les auteurs officiels n'ont pas le privilège de ce souci pour le confort du père pendant que sa femme accouche : le *Guide des jeunes ménages*[53] précise ainsi, au début du chapitre sur l'accouchement : « Faites vos recommandations à votre entourage pour que l'on prenne soin de votre mari pendant votre absence. » L'image de ce mari-père-grand enfant-qu'il-faut-nourrir est sans doute l'une des composantes du fantasme complémentaire de la mère-nourricière, de la « mamma » du monde latin. Ceci dit, ces ouvrages s'expriment d'une manière qui se veut scientifique, et ces recommandations laissent rêveur sur la problématique des auteurs de ces lignes : l'homme qui se marie s'attend-il vraiment à trouver en sa femme une mère gratifiante dont l'ultime témoignage d'amour consiste à le nourrir ?

Certains auteurs, en revanche, sont sensibles à d'autres aspects infantiles du futur père. Deux adjectifs le définissent : il est jaloux, régressif pendant la grossesse de sa femme et pendant les premiers mois de la vie du bébé. Pauvre mère qui va se trouver avec deux enfants sur les bras, quels conseils de diplomatie et de patience ne va-t-on pas lui prodiguer !

Les auteurs de *L'Enfant du premier âge*[54] recommandent instamment à la jeune maman de veiller à ne pas éveiller la jalousie de son mari : « Bien sûr, il est lui aussi fier et heureux d'être devenu père... mais il peut avoir l'impression qu'il n'occupe plus la même place dans votre cœur et dans votre vie maintenant que votre enfant la prend entièrement. Alors réfléchissez : pouvez-vous être pleinement heureuse s'il ne l'est pas autant que vous ? » Indépendamment du ton, digne de la meilleure presse du cœur, et derrière l'association mari/enfant déjà indiquée, se profile une menace voilée à l'égard de la mère : « Pas de plaisir à deux (votre bébé et vous), il ne faut pas faire bande à part et laisser tomber le géniteur après usage », semble dire ce texte...

---

53. R. Berni, *Guide des jeunes ménages*, Paris, Girard et Cie, 1952, p. 265.
54. *Op. cit.* (1972), p. 93.

Le Dr Kreisler[55] met en relief ce même aspect avec un langage plus théorique : « Il est humain que le père ressente l'enfant un peu comme un rival, ou bien que sa présence avive en lui [...] les souvenirs de sa propre enfance et les difficultés qu'il a ressentis dans sa famille » et parle plus loin de « l'homme insuffisamment mûr qui prend la fuite à la naissance de son enfant ». Laurence Pernoud[56] nous dépeint également les sentiments complexes du père qui « est reconnaissant à sa femme et jaloux en même temps ». Ce pauvre homme a décidément bien des problèmes ; il va même, nous dit-on, jusqu'à être jaloux de sa belle-famille, particulièrement de sa belle-mère car sa « jeune femme » a tendance, pendant la grossesse et après l'accouchement, à se rapprocher de ses parents, surtout de sa mère[57].

Un seul ouvrage[58] laisse entendre que, en supposant que certains hommes puissent avoir des réactions de ce genre, c'est peut-être que le père a été trop exclu de tout le processus, désir d'enfant/participation à la grossesse/participation à l'accouchement. Il propose en conséquence une implication plus importante du père. Nous reviendrons dans le dernier chapitre sur ce point très important mais dont la solution ne relève pas d'une recette.

Il faut dire que le géniteur semble avoir bien des maux à endurer pour avoir un enfant. Il doit, comme nous l'avons vu, supporter les envies bizarres de sa compagne pendant la grossesse, son infantilisme ; il doit aussi, le pauvre, maîtriser sans cesse son agacement ou ses sarcasmes : « Ne riez pas de ses envies[59] », lui conseille gentiment L. Pernoud.

Puis, une fois le bébé né, il n'est pas au bout de ses peines : ce n'est plus, en effet, par sa femme qu'il risque d'être dégoûté, c'est par le bébé. Tous les hommes, d'après le Dr Cohen-Solal, « éprouvent devant les soins de propreté à donner au bébé une sorte de

55. Dr Kreisler, *Guide de la jeune mère de la naissance à deux ans*, Paris, ESF, 1975, p. 17.

56. *J'élève mon enfant*, *op. cit.* (1978), p. 310.

57. J. Dana et S. Marion, *Donner la vie*, Paris, Éd. du Seuil, 1971, p. 58.

58. J. Cohen *et al.*, *Avoir un enfant*, Paris, Hachette, 1979, p. 69.

59. *J'élève mon enfant*, *op. cit.* (1978), p. 310.

répulsion et les laissent en permanence à la maman. Le père le plus gentil, le plus attentif, qui prend le bébé, lui donne le biberon une, deux fois par jour [...] recule lorsqu'il a fait sa selle et répugne à nettoyer le bébé avant de le changer et laisse, dans ce cas, ce soin à son épouse[60] ». Et le Dr Bèbe, parlant des réactions du père devant son bébé, écrit : « Étonnement, grande fierté, gratitude extrême envers la femme qui lui a donné cet enfant. Petit dégoût devant l'enfant qui s'est sali[61]. »

L'on reste évidemment tout à fait étonné devant ces répulsions olfactives propres à l'espèce masculine puisque la gent féminine en serait, d'après l'auteur, apparemment dépourvue... Mais quelle touchante sollicitude aussi pour le père qui s'est ainsi autorisé à laisser les « basses » besognes à son épouse, se gardant éventuellement le beau rôle de donner un ou deux biberons par jour. D'ailleurs, comme le dit plus loin notre auteur, « le rôle le plus important du papa, durant les premiers mois, est de l'avoir désiré, cet enfant, d'aimer son épouse encore mieux dans son nouveau rôle, pour le merveilleux don qu'elle lui a fait, et de l'aider *dans toute la mesure du possible* » (c'est nous qui soulignons). Nous reviendrons plus loin sur cette conception singulièrement restrictive du rôle du père qui se trouve réduit ici à la fonction de « machine désirante » et quelque peu abstraite. Mais patience, poursuit J. Cohen-Solal : « Le père va vite se rendre compte de la place qu'il tient dans la vie de bébé quand, vers sept, huit mois, il lui fera fête le soir... et demandera *ces instants privilégiés* sur ses genoux. » Grande place en effet que ces quelques minutes par jour. Et vive la paternité éthérée à senteur de rose ! On ne faisait pas mieux du temps de l'amour courtois[62]. Nous reviendrons dans le dernier chapitre sur cette attitude qui participe peut-être au fantasme occidental consistant à imaginer la mère et l'enfant unis par un lien quasi fusionnel.

60. J. Cohen-Solal, *op. cit.*, p. 200.

61. Dr Bèbe, *Mon enfant, sa première année*, Paris, Hachette, 1978, p. 70.

62. L'ouvrage du Dr Cohen-Solal comprend 701 pages et une page intitulée « Le rôle du père ». Rappelons son titre : *Comprendre et soigner son enfant*. L'enfant de qui... ?

Mais revenons un instant sur ce prétendu dégoût typiquement masculin. Et précisons que, si J. Cohen-Solal est plus explicite sur ce point que les autres, il n'est de loin pas le seul à suggérer ce prétendu état de fait, à savoir que si les pères peuvent, à la rigueur, nourrir, promener, amuser, garder bébé (pas tous, bien sûr, « les plus gentils, les plus attentifs », etc.), ils ne peuvent pas « constitutionnellement » changer ses couches. Nous avons ici un exemple particulièrement frappant de l'influence de cette littérature sur le comportement des parents : il est, en effet, bien connu que les pères « changent » effectivement peu. Ce point n'est nullement, pensons-nous, un argument en faveur d'une inscription quelconque dans le code génétique masculin... mais plutôt d'un conditionnement culturel.

En outre, les connaissances psychanalytiques apportent deux éclairages à la compréhension de ce qui se passe. Les cliniciens qui s'intéressent au psychisme de la femme enceinte savent qu'elle imagine pendant sa grossesse « un enfant merveilleux » et que l'adaptation à la réalité de l'enfant né n'est pas toujours aisée ; et, élément très significatif, cet enfant fantasmé par la mère est un enfant sans excréments, ce qui n'est bien sûr pas le cas du bébé réel ; ce n'est pas le choc le moins brutal. Cela montre très clairement que la mère n'est en aucun cas préparée « naturellement » par je ne sais quel instinct spécifique à laver son enfant quand il s'est sali. L'homme, en revanche, a, lui, une plus grande familiarité avec l'analité : il suffit de constater que l'encoprésie [63] est statistiquement quatre cents fois plus fréquente chez le garçon que chez la fille ; c'est même le seul symptôme de psycho-pathologie infantile pour lequel le sex-ratio présente une disproportion aussi considérable entre garçons et filles.

Nous ne voulons tirer aucune conclusion simpliste de ce dernier élément qui fait seulement apparaître que l'évolution libidinale du garçon est différente de celle de la fille, notamment à la phase anale.

Reste la question de savoir pourquoi la puériculture a fait un sort si curieux à cet aspect des soins du bébé. Là encore, la psycha-

---

63. Incontinence des matières fécales.

nalyse nous fournit une hypothèse : tout se passe comme si le puériculteur (homme le plus souvent) transformait en son contraire (dégoût pour les matières fécales) une certaine complaisance pour l'analité. Cette phobie des puériculteurs pour le change est ce qu'en langage psychanalytique l'on nomme une formation réactionnelle.

En définitive, nous ne pensons pas — et ceci est vrai pour tous les autres soins du bébé — que pères ou mères soient plus ou moins aptes à changer un bébé. En outre, si tous les puériculteurs ont retenu le côté désagréable du change, aucun (à notre connaissance) n'a parlé du plaisir de ce qui constitue un contact important entre le parent et l'enfant, et un jeu souvent très érotisé. (Ce point sera abordé dans le chapitre sur les rituels.)

Le père « bonne mère », saint Joseph, etc.

Le Conseiller de la femme [64] l'écrit : « Il est le tranquillisant de la maison, il s'occupe de tout » pendant que sa femme est enceinte. Ailleurs, on insiste sur le côté sécurisant, rassurant pour l'épouse, de son mari : « Elle a besoin de se sentir comprise, réconfortée, choyée, entourée de tendresse et d'attentions [65]. » L. Pernoud, après avoir gentiment admonesté les futurs pères trop mondains ou sportifs, leur recommande : « Soyez le gardien de ses nerfs [66] » (en caractères gras dans le texte). Telle est la légende d'une photo où l'on voit un homme (jeune et marié) enlaçant sa femme enceinte de sept-huit mois. Lorsque l'on a en tête le tableau psycho-pathologique de la femme enceinte décrit par certains [67], on ne s'étonne guère de ces recommandations prodiguées au futur père ; cet être infantile, capricieux, bizarre doit, certes, être manié avec précaution. Cependant, à lire les manuels, l'on est parfois un peu inquiet car l'ange gardien a tout l'air d'être en même temps un colosse aux pieds d'argile dont on décrit complaisamment les comportements régressifs et névrotiques. Qui materne l'autre ? Difficile de se faire une opinion.

---

64. *Op. cit.*, p. 663.
65. *Avoir un enfant...*, *op. cit.*, p. 96.
66. *J'attends un enfant, op. cit.* (1966), p. 152.
67. Dr Sureau, *op. cit.*

Cependant, devant la femme enceinte, « deux personnages ont une dimension colossale », dit un gynécologue, « le mari et la mère[68] ». En réalité, le même auteur précise un peu plus loin que : « La régression appelle la dépendance. Beaucoup de femmes enceintes recherchent un protecteur. Elles le trouvent facilement : le mari, le père ou le médecin répondent largement à cette demande[69]. » (Vive le père-soutenneur !) Et encore : « Heureux celui dont la femme est en parfaite régression et réclame protection. Il multiplie les soins, les prévenances, les dorlotements. Il est père et mère de celle qui s'abandonne[70]. » Créditons cependant cet auteur d'apercevoir, pour le futur, un monde meilleur, « où la femme demandera moins de maternage pour elle-même que d'intérêt pour le fruit du couple[71] », et où le père participera. Évolution qui a, en effet, commencé à se produire. Mais n'est-ce pas précisément l'idéologie régnante qui cantonnait le futur père dans ce rôle de bon ange-eunuque, infirmier d'une pauvre petite chose malade des nerfs ?

Le passage du statut du père-bonne mère à celui de père-amant-mari recouvre cependant une nouvelle idéologie que nous aurons à analyser. Mais auparavant, remarquons que si le mari n'est plus, dans certains manuels récents, invité à materner son épouse pendant sa grossesse, à l'accouchement, en revanche, il est plus que jamais prié de se conformer à une image de mère ; il remplace, en effet, auprès de sa femme la mère de cette dernière qui est maintenant expressément priée de rester chez elle. Et ce sont les nouveaux modes d'accouchement, la naissance sans violence notamment, qui contribuent le plus à transformer le mari de la parturiente en père châtré. Citons l'un des tenants de cette méthode : l'accoucheur « voit le mari ravalé à la fonction de mère temporaire, le nourricier comme saint Joseph... le mari, nourrice sèche, prend la place de la mère, si l'enfant remplace le mari[72] ».

---

68. Dr Chadeyron, *Petite fantasmagorie pour une femme enceinte*, Paris, Casterman, 1971, p. 56.

69. *Ibid.*

70. Dr Chadeyron, *op. cit.*, p. 57.

71. *Ibid.*

72. N. Florence, « Parturition. Du jouir, génitif d'accoucher », in *Revue de médecine psychosomatique*, n° 1, printemps 1976.

Inutile de préciser que celui qui a le rôle viril et tout-puissant, c'est précisément l'accoucheur[73].

Mais ce débonnaire saint Joseph (pauvre Joseph ! de quelles manipulations n'as-tu pas été victime depuis qu'on t'a fait endosser une paternité dont tu n'étais pas l'auteur !) était, ne l'oublions pas, charpentier de son état. Eh bien, le « père-mère » de nos manuels est également un grand bricoleur devant l'Éternel : c'est à lui que revient la préparation de la chambre de bébé (sol, murs, peinture), jusqu'au biberon de minuit en passant par le petit bouquet de violettes sur la table de nuit de la jeune accouchée qui rentre de clinique, d'après L. Pernoud. Mais il y a des limites à tout. « Cela ne veut pas dire, le rassure-t-elle, que vous serez transformé en aide aux mères pour le restant de vos jours[74]. » Il ne manquerait plus que cela en effet ! D'ailleurs, quand bébé grandira, notre bricoleur aura des activités manuelles plus conformes à sa virilité : le père, écrit L. Pernoud[75], « sait tout faire, recoller le train cassé, faire démarrer la voiture tombée en panne ».

Le père empêché. Le nom du père

L'ouvrage du Dr Kreisler comporte une photo d'un jeune père donnant le biberon — de façon très gauche d'ailleurs, est-ce un hasard ? — avec la légende suivante : « Un père donnant le biberon. Une heureuse participation à la vie familiale le jour où vous êtes occupée. Une occasion pour lui et son enfant de mieux se connaître[76]. » À elle seule, cette phrase résume la place que les auteurs veulent bien octroyer au père dans les premières années de l'enfant : il est le bouche-trou, il intervient ici ou là, s'il n'a rien de mieux à faire ou si sa femme ne peut momentanément s'occuper de son enfant. Et pourtant le Dr Kreisler est loin de tomber dans l'écueil parthénogénétique comme l'ont fait et le font encore

---

73. Voir sur ce sujet G. Delaisi de Parseval, « Les fées d'aujourd'hui », in *Nouvelle revue de psychanalyse*, Paris, Gallimard, n° 19, printemps 1979.
74. *J'attends un enfant, op. cit.* (1966), p. 154.
75. *J'élève mon enfant, op. cit.* (1965), p. 348.
76. *Op. cit.*, p. 36.

nombre de ses confrères : il insiste au contraire sur « la présence du père, essentielle même pour un enfant très jeune[77] » ; mais, ajoute-t-il, « sur le plan psychologique, il intervient à cette période surtout par l'intermédiaire de la mère ». Il est, et nous ne pensons pas là trahir la pensée de l'auteur, père par mère interposée. D'ailleurs, le Dr Kreisler ne semble guère se faire d'illusions sur l'intérêt que peut présenter son ouvrage pour les pères ; il écrit dans l'introduction : « Consulté par la jeune mère (et, pourquoi pas, par le père ?)[78]. » Ce « pourquoi pas » constitue à lui seul tout un programme !

Dès la grossesse, d'ailleurs, les auteurs s'accordent à ne lui donner qu'un rôle minime, voire inexistant ; le Dr Chadeyron écrit à propos des fantasmes du géniteur pendant cette période : « Il est sans possibilité d'agir, de décider, de faire. Lui qui veut guider, remuer, n'a pas de rôle. Il est figurant de théâtre[79]. »

Ce père abstrait, mal à l'aise dans son rôle, cet éternel intrus dans le couple bébé/mère apparaît en fait comme un personnage que nul n'a autorisé à « paterner » : ni la société (ni les livres de puériculture) ni, la plupart du temps, son épouse ne lui reconnaissent vraiment le droit, les compétences, le savoir-faire, la douceur et la patience qui sont, comme on veut le faire croire, l'apanage des mères. Et les différents auteurs, comme s'ils endossaient le malaise qu'ils prêtent aux pères face à leur progéniture, rivalisent de formules alambiquées pour parler de ses menus faits et gestes : « Ne parlons plus du biberon que vous donnez ou de la changée que vous acceptez[80] », concèdent avec magnanimité les Drs Cohen et Goirand. Mme Pernoud est plus solennelle : « La révélation de la paternité lui arrive souvent comme un choc dans ce geste où, pour la première fois, il tient cet enfant qui est le sien dans ses mains *maladroites*[81]. » Ailleurs, il est dit que des mains d'homme ne savent pas manier avec la délicatesse voulue ce petit être si

---

77. *Ibid.*, p. 14.
78. *Ibid.*
79. Dr Chadeyron, *op. cit.*, p. 57.
80. Drs Cohen et Goirand, *Mon bébé*, Paris, Nathan, 1976, p. 213.
81. *J'attends un enfant, op. cit.* (1978), p. 318 (c'est nous qui soulignons).

fragile ; le père est ému et désarçonné : « Sa grosse voix, sa brus-
querie, étonnent l'enfant, parfois l'effraient et le font pleurer[82] »,
écrit le Dr Bèbe.

Et la mère ? Nos auteurs ne pensent-ils pas qu'elle peut ressentir
quelque chose d'analogue ? Mais apparemment non, elle a l'air
faite pour la maternité, avec sa main légère et ses doigts de fée.
L'on nage ici, encore une fois, en pleine mythologie sur l'amour
maternel. L'observation de la réalité concrète, si nos auteurs
s'étaient donné la peine de la faire, ou avaient voulu la faire,
dément pourtant ces clichés. Les infirment aussi les auteurs « sérieux » : « À force d'idéaliser l'amour maternel, on n'insiste pas
suffisamment sur l'amour paternel [...] apporté par d'autres mains
que celles de la mère, car nous savons que les caresses de l'homme,
quoique plus rudes, sont parfois plus gratifiantes, et que les
femmes n'ont pas toujours les ongles coupés ras[83]. »

Tout se passe comme si le puériculteur n'arrivait pas à faire l'effort d'imagination suffisant pour concevoir que le père puisse vivre
une paternité autre qu'abstraite et par femme interposée. En
revanche, on lui dispense à volonté du symbole, de la loi, et ce de
façon fort généreuse : qui ne connaît la ritournelle classique,
antienne de certains psychanalystes, celle du « nom du père » ?
Point n'est besoin non plus de s'étendre sur le Code civil : « Tout
enfant né d'un père français est français... L'enfant prend le nom
de son père[84]... »

Dès la grossesse, les puériculteurs susurrent aux pères les mer-
veilles de la loi qui les fait pères : « L'état civil ignore votre enfant,
la loi le connaît déjà », écrit L. Pernoud qui continue ainsi : « Vous
êtes déjà père d'un petit citoyen[85]. » Puis, à la naissance, le père
va enfin faire l'expérience *concrète* de sa paternité : il se rend à la
mairie déclarer son enfant : « Il est fier parce qu'il continue la
lignée de son père, de son grand-père, de ses aïeux : quelqu'un

82. Dr Bèbe, *op. cit.*, p. 85.
83. J. de Ajuriaguerra, *Manuel de psychiatrie de l'enfant*, Paris, Masson, 1972.
84. *Guide des jeunes ménages, op. cit.*, p. 17.
85. *J'attends un enfant, op. cit.* (1966), p. 156.

portera son nom[86] » (ce qui sous-entend d'ailleurs qu'il s'agit d'un garçon).

Enfin, en procréant, le père, outre la glorieuse perpétuation de son patronyme, donne la preuve de sa puissance sexuelle, et L. Pernoud rappelle, non sans une certaine démagogie[87], à l'attention des pères-lecteurs que : « Pour un homme, savoir qu'il ne peut procréer est ressenti comme une profonde humiliation, comme une atteinte à sa virilité[88]. »

Si l'on fait donner les grandes orgues, c'est précisément par carence d'« autre chose » que la plupart des auteurs qui écrivent sur l'enfant, y compris les psychanalystes, ne veulent voir, comme si véritablement une cécité sélective les avait atteints[89] ; autre chose qui possède bien un pouvoir explosif malgré sa banalité apparente et que l'on pourrait exposer par la formule lapidaire suivante : un enfant se fait à deux...

Avoir un enfant, c'est le chant du père, c'est le cocorico paternel : mais c'est, pour le puériculteur, un cocorico sans suite.

Le désir d'enfant chez l'homme : l'instinct paternel

Autant la femme apparaît programmée pour être mère, soigner un bébé, etc., autant le désir d'enfant est aléatoire chez l'homme. En général, il a l'air de se faire tirer l'oreille pour procréer alors que la femme serait toujours volontaire : « Votre mari vous aime trop pour ne pas finir par être d'accord avec vous », écrit le Dr Pouliot[90] ; mais quand la femme sera arrivée à ses fins, l'auteur la met en garde : « Vous ne le sacrifierez pas à l'enfant comme telle de vos compagnes ; vous saurez exciter son amour-propre de père à triompher de son égoïsme d'homme. Évitez de transformer son

86. *Ibid.*, p. 309.
87. Quelle est en effet la véritable portée de cette information — si c'en est une — pour des hommes qui ont procréé ?
88. *J'attends un enfant*, op. cit. (1966), p. 309.
89. Nous pensons à J. Lacan et à ses disciples, mais aussi à D. W. Winnicott qui, s'il a tellement bien analysé « la préoccupation maternelle », n'a guère prêté attention au père.
90. *Op. cit.*, p. 11.

cabinet de travail en nursery ; ingéniez-vous à prévenir les incidents bruyants qui troubleraient son sommeil, etc. »

Bien sûr, on peut sourire de ces lignes et n'en voir que le côté vieillot. Mais, en réalité, on retrouve, modernisé, le même raisonnement chez les auteurs suivants jusqu'aux plus récents. Et prétendre que les femmes désirent un enfant plus que leurs compagnons est peut-être tout autant un cliché que l'idée selon laquelle ce sont les femmes — plus que les hommes — qui ont envie de se marier.

Prenons deux ouvrages, parmi les plus récents, et voyons le sort qu'ils réservent au désir d'enfant chez l'homme. « Comment l'instinct paternel vient-il aux hommes ? », se demande le Dr Cohen-Solal. « Sûrement pas d'un coup et plus difficilement et lentement que l'instinct maternel[91]. » L. Pernoud est formelle : « Si l'instinct maternel, cet instinct qui vient du fond des âges, est profondément enraciné au cœur de chaque femme, [...] l'instinct paternel n'existe pas — tout au moins avant la naissance — [...]. Lorsqu'un homme apprend qu'il va être père, cette nouvelle n'a aucune résonance sentimentale et aucune réalité[92]. »

Les auteurs de *L'Encyclopédie des parents modernes*, examinant les ressorts du désir d'enfant chez l'homme, écrivent : « Cela leur confère un sentiment d'importance » (à ceux qui aiment « assumer des responsabilités »), mais d'autres les appréhendent ; d'autres encore sont jaloux de voir leur femme accaparée par le bébé ; et donc en conclusion : « Les sentiments du père peuvent aussi, comme les vôtres, être d'une extrême complexité et la fierté et la jalousie, la crainte de voir ses habitudes changées, et le désir d'être père peuvent se trouver inextricablement mêlés[93]. » D'après l'auteur, ce n'est donc que par conformisme que l'homme peut souhaiter un enfant. Sur quoi donc, peut-on se demander, se fonde cet étrange réductionnisme ?

Pères, ne vous désolez pas : faute d'instinct, vous avez une fibre, « la fibre paternelle qui se développera peu à peu au contact de votre bébé[94] ».

---

91. Dr Cohen-Solal, *op. cit.*, p. 199.
92. *J'attends un enfant, op. cit.* (1978), p. 309.
93. *Op. cit.*, p. 31.
94. *J'attends un enfant, op. cit.* (1978), p. 319, et *J'élève mon enfant, op. cit.* (1977), p. 367.

Le Larousse du XXe siècle lui-même définit l'instinct maternel, mais pas l'instinct paternel. Le « roc » sur lequel l'imagination des auteurs bute, c'est précisément la carence d'imagination, le fait qu'ils n'attribuent aucun fantasme au père « qui attend » : « Ce bébé, il [le père] ne lui prête pas de visage, il reste dans le domaine des idées », dit plus loin L. Pernoud [95] ; et encore : « Paradoxalement, lorsqu'un père voit son enfant pour la première fois, il est moins surpris que la mère. La mère s'était fait une idée précise de son enfant ; or, le père, lui, n'avait dans la tête qu'une idée. Aussi, lorsqu'il voit le nouveau-né, rien ne l'étonne ni ne le déçoit : seul peut-être le sexe, s'il avait à ce sujet formulé un souhait précis [96]. »

Ce n'est pas tout. Les projections des puériculteurs sur le père le privent d'un autre aspect de sa paternité : il est un père monolithique, c'est-à-dire que son vécu est le même à chaque fois. « D'une manière générale, les réactions de l'homme devant sa paternité sont valables surtout pour le premier enfant. Au contraire, pour une femme chaque grossesse apportera de nouvelles impressions. À chaque fois, elle fera une nouvelle expérience de la maternité [97]. »

Mais, là encore, les auteurs ne font que formuler noir sur blanc un message sous-jacent à notre culture et que l'on repère aisément dans la langue courante : il n'existe pas d'expression pour désigner le conjoint de la femme enceinte et futur père ; si l'on parle, hors contexte, d'un homme qui attend, tout le monde pensera qu'il attend l'autobus, une lettre, une promotion, que sais-je... sa femme qui s'habille ou son fils qui est au lycée. Au contraire, et toujours hors contexte de naissance, si c'est une femme qui attend, nul n'ignore qu'il s'agit d'une femme enceinte. Et pourtant, de l'autre côté de l'Atlantique, dans la société américaine contemporaine, on parle d'*expectant father* (père qui attend) pour un père en puissance d'enfant.

La cécité de la langue française à l'égard de la paternité a encore

---

95. *J'attends un enfant, op. cit.* (1978), p. 317. L'auteur ignore-t-il que Jupiter a conçu et accouché de sa fille Athéna par la tête ? Image de la fantasmatique paternelle.

96. *Ibid.*

97. *Ibid.*, p. 310.

d'autres symptômes : comment savoir si un homme attend un premier enfant ou s'il a déjà des enfants ? Impossible. Pour une femme, en revanche, c'est très simple : c'est une primipare si elle accouche pour la première fois, secundipare, la deuxième, une multipare, ensuite. Évidemment il s'agit là d'expressions à caractère vétérinaire... mais faute de mieux ! Il y aurait pourtant mieux : pourquoi ne pas parler de *primipère* pour un père qui attend ou a un enfant, et de multipère pour les suivants ? On pourrait alors dire « primimère » et « multimère » de façon symétrique...

Mais ne rêvons pas, et revenons à cette étrange négation d'une paternité concrète pour l'homme. Comme le remarque pertinemment une sociologue : « Lorsqu'il est question de paternité, une place prépondérante est accordée aux fonctions socio-économiques du père, par contre la maternité est envisagée d'emblée comme donnée innée, universelle, soumise avant tout au substrat biologique des mécanismes de la fécondité[98]. » On lit plus loin : « La division des rôles sexuels qui imprègne aujourd'hui l'imaginaire collectif [...] situe le désir d'enfant "au masculin" comme participant avant tout de la reproduction sociale... Le désir d'enfant "au féminin" participe, lui, de la reproduction biologique universelle. Toute table ronde ayant pour thème la parentalité se doit de comporter un généticien ou un médecin gynécologue intronisant le discours à partir des aspects biologiques de la maternité[99]. »

Il est particulièrement manifeste, dans les manuels étudiés, que la puériculture est parfaitement isomorphe à la culture qui la sécréta : ce qu'elle dit sur le père, en effet, avec le type de discours qui lui est propre, correspond totalement à la fantasmatique sociale sur « le désir d'enfant au masculin », tel que le décrit le texte cité. Si la maternité se passe uniquement dans le corps, comme semblent le penser les auteurs de manuels, rien d'étonnant à ce que le père ne ressente rien, n'imagine rien, n'ait pas de véritable désir d'avoir un enfant, vive toutes les naissances de la même

98. A. Langevin, « Images féminines et masculines du désir d'enfant », *Le Groupe familial*, n° 84, juillet 1979.
99. *Ibid.*

façon, etc. Il suffit pourtant d'écouter les intéressés (hommes et femmes) [100] pour se rendre compte d'un certain nombre de faits : ce sont souvent les hommes qui désirent le plus un enfant ; les pères « attendent » avec une richesse fantasmatique tout aussi dense que celle de leur conjointe, ils sont — comme la mère — des pères différents à chaque naissance, comme pour elle aussi est grand le décalage entre l'enfant imaginaire et l'enfant réel, enfin, ils n'ont pas plus, ni pas moins d'instinct que leurs compagnes. En d'autres termes, l'enfant se fait avec la tête de l'un comme de l'autre sexe, même si l'inscription biologique et physiologique n'est pas la même chez l'homme et chez la femme.

Mais il est vrai que l'expression de ces affects n'a guère de lieu, et que l'écoute, actuellement encore, ne peut se faire qu'à des moments privilégiés, tant est encore pesante la chape de plomb qui pèse sur la paternité [101].

Le Héros et la Fée

« Conçue » comme elle l'est par les puériculteurs, la paternité commence à avoir une once de réalité quand le bébé atteint 12-18 mois : cet âge semble être, pour les différents auteurs, l'âge « de base ». Des psychanalystes de l'enfant ont donné leur aval à cette opinion.

Citons l'un d'eux : « En outre, on sait que les pères s'intéressent habituellement peu à leurs enfants lorsqu'ils sont encore des bébés ; ils ne savent guère jouer avec eux, ils ne les comprennent pas et ne s'en font pas comprendre. Bref, les relations objectales, suivant une expression devenue classique [...], n'existent guère, entre la naissance et deux ans, qu'avec la mère et "les objets mater-

---

100. Le Dr Cohen-Solal reconnaît que les pères franchissent très rarement la porte de son cabinet, *op. cit.*, p. 200.

101. Dans d'autres sociétés, il faut savoir que la réalité est parfois diamétralement opposée : en dépit du fait que, comme partout ailleurs, c'est la femme qui porte, accouche et allaite l'enfant, c'est souvent l'homme, le père, qui a le rôle important, c'est lui qui, par exemple, doit observer les tabous diététiques ou comportementaux rigoureux, etc.

nels [102]". » Et, lorsqu'il apparaît sur scène, ce malheureux géniteur ne dispose pas d'une palette de comportements très variée : son registre, qu'il le veuille ou non, c'est l'autorité. En cela, la puériculture n'a guère changé depuis un siècle. Déjà, en 1887, l'abbé Morère écrivait : « Le premier devoir du père est d'élever son enfant... Comme la véritable nourrice est la mère, le véritable précepteur est le père. Qu'ils s'accordent dans l'ordre de leurs fonctions, ainsi que dans leurs systèmes ; que des mains de l'un, l'enfant passe dans celles de l'autre [103]. »

Par la suite, les choses seront dites moins crûment, mais le message sera à peu près identique : « Le père est chef de famille, mais la mère est reine du foyer », écrivent deux auteurs [104] en 1954 qui précisent sous la rubrique : « Le concours du père » (à l'éducation des enfants) : « L'homme ne joue pas son rôle d'éducateur de la même façon que son épouse... Dans ses rapports intermittents avec eux, il devra éviter deux écueils : la faiblesse... la sévérité excessive [105]. » Cette conception de « rôle à jouer » par chacun des parents est constante dans les manuels : « Très souvent les parents ne jouent pas leur rôle respectif. C'est habituellement la femme qui est hyperprotectrice... Le père reste souvent effacé, accaparé souvent par ses activités professionnelles et indifférent [106]. » Mais le même auteur se désole plus loin de « l'autorité de l'un sapée par la faiblesse de l'autre ». (Les genres ne laissent aucun doute sur l'identité de l'un et de l'autre...) Et encore : « À ce moment-là [trois ans et demi], il [l'enfant] découvre son autorité déjà pressentie et il découvre de ce fait la personne réelle du père [107]. » Suit l'allusion rituelle au complexe d'Œdipe qui — paraît-il — fonderait l'autorité du père. Exemple de plus de la façon dont la puériculture se sert de concepts psychanalytiques en les simplifiant tellement qu'ils en deviennent caricaturaux.

---

102. S. Lebovici, in *le Guide des parents*, Paris, Larousse, 1955, p. 38.
103. Abbé Morère, *L'Éducation de l'enfant au XIXᵉ siècle*, Paris, 1887, p. 359.
104. Mme Francisque Gay et L. Cousin, *op. cit.* (1954), p. 246.
105. *Ibid.*
106. Dr Boschetti, *L'Âge préscolaire*, Paris, 1977, p. 26 et 30.
107. *Ibid.*

L. Pernoud [108], patronnée par V. Hugo : « Mon père, ce héros au sourire si doux... », exprime très joliment les relations père/enfant avant la deuxième année : « Bébé découvre un nouveau personnage qui va prendre de plus en plus de place dans sa vie : son père. Ce n'est pas que jusqu'alors il l'ignorât ; mais ils n'avaient guère l'occasion de se voir. Bébé et son père, pendant la première année, jouent au veilleur de nuit et à la femme de journée : Papa rentre, Bébé dort ; Bébé est réveillé, Papa est à son bureau (je ne parle pas du bébé qui réveille son père la nuit en pleurant, ces rencontres-là ne favorisent guère le dialogue) [109]. » (Tiens, pourquoi ?) Il est vrai que l'édition 1977 apporte des nuances non négligeables : « Certes, depuis longtemps son visage [celui du père] lui est familier : il reconnaît sa voix, son rire. Son père assiste souvent au repas du soir. Il "joue [110]" parfois avec lui avant de s'endormir. Le dimanche, c'est entre son père et sa mère que l'enfant se promène [111]. »

Mais, comme le dit l'auteur, l'influence du père, jusqu'à ce stade, est indirecte ; bien sûr, ce n'est pas grave si un père ne manifeste pas de tendresse ou d'intérêt pour l'enfant ; en effet : « Tant que la mère est essentielle, la première année, il semble que l'enfant ait assez d'une personne pour vivre heureux ; si son père l'ignore, il n'en souffre pas vraiment [112]. » Étonnante réflexion qui est largement contredite par les données de la psycho-pathologie infantile. Et quelle invite ambivalente adressée au père !

L'image du père, dans les différents manuels, oscille entre le père fouettard et le Père Noël, selon la fantasmatique individuelle de chaque auteur. Gay et Cousin conseillent la mère à propos des méfaits commis en l'absence du père : « Qu'elle règle elle-même les petits incidents de la journée. Qu'elle réserve aux grandes occasions le recours à l'intervention paternelle [113]. » Pour L. Pernoud, qui s'est ravisée depuis l'édition de 1966, le père de l'enfant de 12-18 mois est un papa-gâteau : « Lorsque le père rentre, la mère est

---

108. *J'élève mon enfant, op. cit.* (1977), p. 360.
109. *Ibid.* (1966), p. 347.
110. Pourquoi des guillemets ?
111. *J'élève mon enfant, op. cit.* (1977), p. 367.
112. *Ibid.*, p. 368.
113. *Op. cit.* (1954), p. 377.

occupée, elle aide les grands à faire leurs devoirs, à se laver ; elle les fait dîner. Aussi, lorsque l'enfant (le dernier-né) découvre quelqu'un de disponible avec qui jouer, lui fait-il mille grâces. Ce père, en outre, arrive à la maison sans arrière-pensée ; il ne sait pas que son enfant a sali sa culotte, mal mangé sa soupe ou cassé un vase. Alors, avec lui, l'enfant se sent très à l'aise et découvre avec étonnement qu'il y a des grandes personnes qui ne défendent rien[114]. » Passons sur la description de la famille bourgeoise et prolifique proposée ici en modèle, et constatons seulement que l'image du père ultra-permissif est l'exacte réplique du père ultra-autoritaire des décennies précédentes, comme si la fonction paternelle ne pouvait se comprendre que par rapport à cet axe de la loi, de même que la fonction maternelle en référence à la tendresse.

La Nourrice et le Précepteur, le Chef, la Reine, le Héros et la Fée[115], le Despote et la Consolatrice, autant de clichés pesants dont les parents essaient — avec ou sans l'aide de quelques manuels — de se dégager.

Vers le « nouveau père »

Quelques rares ouvrages récents ont perçu une modification dans le système symbolique des représentations relatives aux images des fonctions paternelles et maternelles. On peut lire par exemple dans *Notre enfant et nous* : « Fait nouveau : chez les jeunes couples où l'un et l'autre travaillent, le soin des jeunes enfants est de plus en plus partagé. Désormais le père connaît aussi le bonheur du contact physique avec le bébé, la tendresse particulière que suscite l'entière dépendance du tout-petit[116]. » Ce qui n'empêche pas le chapitre de s'intituler : « Le dialogue de la mère et du nouveau-né » ; il comprend : les tétées et les biberons, le change, le bain de l'enfant, le berceau, etc., mais la figure du père pointe de-ci de-là : « Pour poursuivre son développement, le nouveau-né, autant que de nourriture et de soins, a besoin de tendresse : celle

---

114. *J'élève mon enfant, op. cit.* (1977), p. 367.
115. *Ibid.* (1966), p. 425.
116. *Op. cit.* (1977), p. 15.

de sa mère et de son père (ou de ceux qui en tiennent lieu), celle de tout son entourage [117]. »

D'autres auteurs ont l'audace d'affirmer : « Un homme est aussi capable qu'une femme pour prendre soin d'un enfant, même très jeune. Certains "pères-fils" ou pères célibataires se sont bien montrés capables d'élever un enfant seuls [118]. »

Il est curieux que, pour faire passer une idée, il faille la gauchir à ce point. Comme si l'image à gommer était celle de l'apologie de la mère célibataire. Comme s'il fallait absolument qu'*un parent soit mieux* que l'autre. Comme s'il fallait enfin toujours se référer à une image de femme, de mère (« un homme est *aussi capable* qu'une femme... »).

Les jeunes pères en question n'ont d'ailleurs pas attendu le feu vert des manuels pour « materner » leurs bébés, mais il est probable que, d'une certaine façon, les photographies proposées constituent une sorte d'autorisation au « paternage ».

Il ne s'agit pourtant encore que d'une tendance qui touche, en premier lieu, les couches jeunes et quelque peu marginales de la population. L'iconographie des ouvrages qui mettent le père en avant est d'ailleurs tout à fait typique, du style jeune barbu nu ou arborant une tunique indienne... Néanmoins, l'on s'achemine peut-être vers une petite révolution : la découverte qu'un bébé se fait et s'élève à deux !

Ce kaléidoscope d'images, en apparence contradictoires, possède au fond une unité intrinsèque : il reflète à la fois le malaise des auteurs en face d'une réalité sur laquelle ils butent parce qu'elle ne coïncide pas toujours avec ce qu'ils écrivent, et en même temps il rend compte à peu près complètement du système symbolique de représentations dans lequel notre culture enferme la paternité.

Il existe en fait autant de normes pour régir le comportement paternel que le comportement maternel. Il semble même que le stéréotype social du vécu de la paternité soit plus contraignant encore que celui de la maternité.

---

117. *Ibid.*
118. *Avoir un enfant, op. cit.* (1979), p. 167.

Surprésence de la mère et absence du père, tel est le premier diktat, le second étant, d'un côté, les femmes et les enfants, de l'autre, l'homme au travail. Bizarrement d'ailleurs, la scotomisation du père dans les manuels officiels ne fait que s'accentuer avec le temps, alors même que le vécu concret de la paternité change chez les « nouveaux pères ». La toute dernière édition de *Spécial Naissance* (1979)[119] est particulièrement démonstrative à cet égard. « *Sur quels appuis la nouvelle maman peut-elle compter ?* » (avant et après la naissance) est le titre de l'un des articles rédigés par le Dr M.-M. Arnaud, conseiller technique de ce Comité ; la liste de ces appuis est intéressante à donner : « C'est entendu, il y a les grand-mères, parfois les sœurs aînées, les amies, les voisines, mais on voudrait pouvoir s'appuyer sur des personnes plus sûres, vraiment compétentes. Évidemment, il y a d'abord le médecin... » Puis, l'auteur cite — en deuxième choix — la sage-femme, la puéricultrice, les assistantes sociales, la travailleuse familiale, l'infirmière, le (la) pharmacien(ne), les centres de PMI, les associations d'éducation sanitaire et sociale, enfin les associations familiales... Ouf ! Que d'images maternelles, mais... de père point.

Avançons quelques hypothèses : ou bien les femmes françaises sont toutes mères célibataires, ou bien les pères sont bien les pauvres hommes non concernés par la paternité, tels que nous les avons décrits. Ou bien encore, la naissance est parthénogénétique, ce que semble bien montrer cette scène où ne s'agitent que des femmes (à l'exception parfois du médecin, mais il est un être asexué ressemblant plus à Dieu le Père qu'à un homme !).

Au-delà de la boutade, nous dirions que ces images « folkloriques » de la paternité expriment les théories idéologiques que notre société se fait sur la qualité et la teneur des rapports entre les sexes. Pas plus, en effet, que la conception et l'accouchement, l'éducation d'un enfant ou le vécu de la parentalité ne sont des phénomènes naturels. Le champ que recouvre la réalité : « avoir un enfant » est peut-être le domaine d'élection de la rencontre

---

119. Brochure donnée aux parents par la mairie au moment de la déclaration du bébé, éditée par le Comité français d'éducation pour la santé (Paris, France-Impression).

nature/culture. L'idéologie implicite dans le discours sur la conception, la naissance et la puériculture privilégie en effet grossesse, accouchement, allaitement, relations mère/enfant dans les premières années, pour y voir des moments essentiels — mais essentiellement féminins —, l'homme, le père, restant « quantité négligeable » pendant tout ce processus.

Pourtant d'autres moments pourraient être aussi bien privilégiés — et le sont effectivement dans d'autres cultures.

Pourtant aussi, un autre vécu de ces mêmes moments pourrait également être « proposé » au père — c'est également le cas dans d'autres sociétés [120].

LE TROISIÈME PERSONNAGE : LE MÉDECIN-PUÉRICULTEUR

Du médecin réel, auteur de livres de puériculture, nous avons déjà parlé dans l'introduction. C'est donc seulement de ce troisième acteur du vaudeville, de l'image qu'il cherche à nous donner de lui-même — soit directement quand il est auteur, soit indirectement par rédactrice interposée — que nous allons parler.

Le pèlerin aux pieds nus

Avant la règle de la vulgarisation des soins à donner au bébé telle que nous la connaissons aujourd'hui, que de difficultés pour le corps médical à s'introduire dans la place forte de la maternité défendue par mère, grand-mères, matrones, voisines, amies et autres « spécialistes de l'enfant [121] ».

En témoignent les plaintes nombreuses des médecins qui se

---

120. Nous y reviendrons dans le dernier chapitre (à propos de l'idéologie sur les rôles respectifs de l'homme et de la femme dans la procréation).

121. Voir notamment à ce sujet L. Boltanski, *Prime éducation et morale de classe*, Paris, Mouton, 1976, et F. Loux, *Le Jeune Enfant et son corps dans la médecine traditionnelle*, Paris, Flammarion, 1978, ainsi que J. Gélis, N. Laget et M.-F. Morel, *Entrer dans la vie*, Paris, Gallimard-Julliard, coll. « Archives », 1978.

désolent devant le peu de crédit que leur accordent les femmes des couches populaires : « Je dois avouer que les femmes ne m'écoutent pas tous les jours, et qu'elles mettent ma patience à l'épreuve [122]. » Le montre aussi l'anecdote suivante qui se situe dans un milieu aisé : « Une "dame d'un grand nom et d'une immense fortune" fait appeler au chevet de son bébé malade trois médecins, dont l'auteur. Elle n'accepte pas le diagnostic des deux premiers praticiens : le lait maternel est trop pauvre, il faudrait une nourrice à l'enfant. L'auteur se prépare à prendre la parole : "Attends, me disais-je en moi-même, quand ce sera mon tour, je vais te terrasser." Je lui tins à peu près ce langage : "Madame, mes confrères vous ont jusqu'à présent ménagée, car il y a des mots durs que l'on répugne à prononcer devant une mère ; mais je vois qu'il faut vous dire la vérité crûment. Eh bien, votre enfant MOURRA si vous continuez à le nourrir, il vivra si vous lui donnez une nourrice. — Eh bien !, il mourra, me répondit-elle !" J'avais cru triompher par ma rudesse, c'est moi, je l'avoue, qui fus déconcerté [123]. »

Mais, du début du siècle aux années suivantes, on assiste à une acceptation progressive par le public du savoir médical, du fait de sa diffusion par l'Éducation nationale, et, à partir de l'après-guerre, par la Sécurité sociale. Cette adhésion du public se mue d'ailleurs en demande, voire en besoin, comme en témoigne le succès considérable et croissant des ouvrages de puériculture.

Dieu le Père

D'individu essuyant des rebuffades, le médecin est devenu un être omnipotent, omniscient, omniprésent. Tantôt il se drape dans le manteau d'Esculape pour faire passer ce qui ressortit à sa propre pratique ; lorsqu'il est fait allusion au médecin dans un livre, ce n'est pas du signataire qu'il s'agit [124], mais d'un être abstrait et intemporel, quintessence du savoir scientifique, sorte de *deus ex machina* qui dénoue les situations dramatiques ou simple-

122. Mme Hippolyte Meunier, *op. cit.*, p. 60.
123. Dr Donné, *op. cit.*, p. 16.
124. Sauf exception récente et peut-être symptomatique : celle de J. Cohen-Solal qui parle à la première personne.

ment embarrassantes. À lire certaines rédactrices, porte-parole auto-risées des pédiatres, la mère de famille qui change, nourrit, habille le bébé de sa main droite, doit perpétuellement avoir à portée de sa main gauche le téléphone pour demander l'aide du médecin.

Tantôt, comme on l'a noté, le médecin utilise comme écran, entre les parents et lui, les « femmes alibis » que sont les rédac-trices des manuels. Tout en faisant passer leur message, elles lui permettent de garder un statut d'intouchable, et renforcent son aura.

Pendant la dernière décennie, c'est souvent lui qui édicte « les règles d'or de la puériculture », comme en témoigne le titre de l'une des brochures [125]. Accoucheur ou pédiatre, plus ou moins lointain, il sait cependant se faire bon père à l'occasion, voire un tantinet pater-naliste ; c'est lui qui tranche en dernière instance dans les cas diffi-ciles : « Le médecin seul peut autoriser des exceptions à ces règles formelles [126]. » Puisque, on l'a vu, la jeune mère ne peut se fier à son instinct, on va lui expliquer comment s'y prendre en lui proposant une identification à une bonne mère masculine toute-puissante, représentée par l'accoucheur et le pédiatre. Cette image fonctionne comme un personnage parental sécurisant face à une jeune mère volontairement infantilisée qu'il faut instruire et rassurer. C'est ainsi que la femme deviendra, selon les cas, la « collaboratrice » de l'accoucheur [127] (c'est le moins qu'on puisse dire !) ou du pédiatre ; cela commence d'ailleurs à l'accouchement où l'on constate qu'elle est « accouchée » et non pas qu'elle accouche : « Ainsi, pleinement consciente du merveilleux travail de la nature, vous ne l'aborderez plus en femme résignée à souffrir mais en collaboratrice du méde-cin [128]. » La « nature » travaille, la « culture » (le médecin) travaille aussi, seule la femme « collabore ».

À cette représentation magnifiée du médecin correspondent un état et une orientation spécifique de la puériculture.

---

125. J. L'Hirondel, *Les Règles d'or de la puériculture*, éd. par le Comité français de l'éducation pour la santé, vers 1972 (brochure non datée).

126. M. Reynier, *Les Enfants, source de joies et de tourments*, Paris, Fleurus, 1947, p. 33.

127. *L'Enfant du premier âge, op. cit.* (1972), p. 96.

128. Dr Gilly, *op. cit.*, p. 49.

L'ami fidèle, le confident, le courtisan

Mais, comme on l'a vu dans l'introduction, avec la réflexion de J. Cohen-Solal, la puériculture, de médicale qu'elle était, est devenue, pour une grande part, psychologique. Rien d'étonnant, dans ces conditions, qu'il y ait eu une évolution dans le personnage du médecin-puériculteur. Il n'est plus en pays conquis, d'autant que la concurrence est serrée.

Aussi, pour garder son audience, le médecin doit-il sortir de sa tour d'ivoire et s'impliquer dans ses écrits. Nouveau Fregoli, on le retrouve sous des déguisements divers. Il a tantôt le profil de la grand-mère dont il condense et améliore l'expérience puisque son livre « joue le rôle qui était jadis dévolu à la mémoire et à l'expérience des grands-mères [129] », tantôt c'est un compagnon, un confident : « Si vous vous sentez inquiète, confiez vos soucis à votre médecin. Plus qu'un guide, c'est un ami qui est là pour vous rassurer autant que vous soigner [130]. » Il va même jusqu'à consoler la grand-mère détrônée : « Si vous la sentez anxieuse [la mère de la femme enceinte], dites-lui de téléphoner à votre médecin, qui la rassurera [131]. » Il sait même, maintenant, rappeler qu'il est aussi un père car les médecins sont « proches des parents que vous êtes (et que les auteurs sont aussi). Il s'agit de chercher ensemble. La sentence d'un docteur énigmatique, assenée à une famille éberluée mais soumise, évoque un passé qui semble insupportable. Comme il est agréable, au contraire, de rencontrer des parents — ou des médecins — qui reconnaissent autant leurs limites que leurs responsabilités [132] » ! N'y a-t-il pas une certaine complaisance dans cette nouvelle facette de la personnalité du spécialiste ?

Et même s'il ne se définit pas lui-même comme père de famille, l'auteur s'engage affectivement dans la relation avec la mère et l'enfant ; en témoigne la couverture de l'ouvrage de J. Cohen-Solal : « Pour la première fois, un pédiatre vous fait part de son expé-

129. Pr Mande, in *Alphabébé, op. cit.*, p. XI.
130. R. Vincent, *op. cit.*, p. 663.
131. *Ibid.*
132. Dr Ratel, *op. cit.*, p. 7.

rience et répond aux questions que, chaque jour depuis vingt ans, les mères lui posent. Il le fait avec compétence et chaleur, avec un amour pour l'enfant qui traverse tout le livre et qui vous aidera[133]... »

À ces nouveaux aspects que le médecin propose de lui-même s'ajoute le fait qu'il ne s'accorde plus le même pouvoir que précédemment. Ou, plus exactement, il semble qu'il réinvestisse la mère en tant qu'adulte capable de jugement, sachant spontanément s'occuper de son bébé. On lit ainsi dans l'ouvrage de J. Kreisler : « Ayez surtout deux guides : vous-même, votre naturel, votre intuition... votre enfant[134] », exacte réplique des guides précédents : « Ayez surtout deux guides : le médecin et la puéricultrice[135]. »

Le Pr R. Debré écrit : « Négliger les remarques d'une mère, voire les mépriser, comme pourraient le faire certains docteurs, est une lourde faute. Il faut répéter aux étudiants en pédiatrie cette formule : Faites attention. Écoutez le récit de la mère, car la mère a toujours raison[136]. » Et d'autres auteurs renchérissent : « Il [le pédiatre] ne le [bébé] voit que quelques minutes par mois, il est donc normal qu'il le connaisse moins bien que sa mère[137]. » Ce propos banal l'était moins vingt ans auparavant...

Proposons une interprétation de ce renversement. Tout se passe comme si le médecin, devenant hyperpermissif, en rendant en quelque sorte les armes à la mère, la réhabilitait dans ses initiatives et, en remettant son instinct à la mode, ne faisait que s'octroyer un rôle de mère suprêmement bonne. N'est-il pas, en effet, la personne qui sait, mieux que la génitrice, ce qui convient à l'enfant ? Le fait de ne plus dire : « C'est moi qui » mais « c'est vous qui », n'est sans doute pas autre chose que l'expression d'un fantasme de mère au sein généreux, à l'infinie bonté. Cette attitude n'est-elle pas plus gratifiante, en effet, que celle du censeur et du pédagogue austère et sévère ?

133. Dr Cohen-Solal, *op. cit.*
134. Dr Kreisler, *op. cit.*, p. 121.
135. *L'Enfant du premier âge, op. cit.* (1972), p. 69.
136. L. Pernoud, *J'élève mon enfant, op. cit.* (1972), p. 14.
137. *Notre enfant et nous, op. cit.*, p. 199.

Remarquons, en outre, que ce discours nouvelle manière, de nature plus psychologisante que médicale, est propre à faire de l'enfant un objet particulièrement narcissique pour les parents. Au médecin rigoriste et ennuyeux des décennies précédentes succède le courtisan qui valorise l'expérience parentale de ses lecteurs. À ces injonctions anonymes qui banalisaient et teintaient de grisaille le processus de l'enfantement et du maternage succède le propos nuancé et euphorisant qui laisse penser aux parents que le médecin s'adresse à chaque couple, pour chaque enfant, en particularise et en magnifie les caractéristiques. Il ne parle plus de bébé, mais de « votre merveilleux bébé » (titre de chapitre de R. Vincent). Peut-être est-ce là le secret pour être un merveilleux puériculteur ?

Le médecin et les relations sexuelles du couple

Le trio constitué par l'époux, la femme et le docteur est d'autant plus ambigu que, durant la période de la grossesse puis des relevailles, le lien charnel entre partenaires conjugaux est mis en question par la parole médicale : le praticien-écrivain s'érige souvent en censeur, ordonnant la chasteté, ou bien s'entremet comme incitateur aux rapports sexuels du couple. Aussi, contrairement à d'autres domaines relatifs à la période de gestation ou au maternage, où l'évolution du discours du puériculteur s'effectue en trois temps, constate-t-on ici l'existence quasi simultanée de trois positions différentes.

• L'embarras.

Certains auteurs, partagés entre le désir d'interdire tout ébat aux époux en attente d'un heureux événement, et les dangers que leur sévérité fait courir à l'institution matrimoniale — le mari risque de déserter le foyer de sa vestale —, se contentent de déplorer les bas instincts de la nature humaine ; ils prêchent donc contre l'« abus » (non quantifié) de la sexualité, de même qu'en bons hygiénistes ils s'élèvent contre les excès de bonne chère, d'alcool ou d'exercices sportifs. D'où des propos lénifiants dont on ne sait trop ce que pouvaient tirer les lecteurs de l'époque : « La position intéressante de la femme réclame donc l'abstinence du mari ; mais on comprend que cette réserve n'est possible qu'autant que l'incontinence de l'un ou de l'autre n'est pas en péril. La concupiscence ne se sépare pas de notre nature, et le mariage est destiné à l'assouvir. Voilà pourquoi les rapports, interdits en principe pendant la grossesse, demeurent autorisés dans la pratique et parfaitement licites [138]. »

Les textes ultérieurs fourmillent aussi d'interdictions tolérantes et de permissions répressives. Le « non mais... » alterne avec le « oui mais... », avec des variantes, « oui, sauf quand c'est trop inconfortable pour vous [139] », et les critères de commodité dont la valeur scientifique ne nous paraît pas éclatante remplacent simplement l'ancienne problématique de la concupiscence et de la continence, elle-même peu pertinente sur le plan médical.

Mais peut-être est-ce là le mérite de nos auteurs, comiques dans leur double embarras : ils abordent un sujet longtemps jugé malséant et ils n'ont que des éléments contradictoires et extérieurs pour le traiter ; leur maladresse même indique, comme nous tenterons de le montrer plus loin, que le débat se situe moins sur le plan des connaissances objectives que sur celui des représentations collectives, paradoxalement universelles et contradictoires.

• L'interdiction.

Beaucoup d'autres auteurs, anciens et récents, ont, à propos de la sexualité des futurs parents, des positions plus rigides, et leurs recommandations d'abstinence s'articulent souvent sur une conception victorienne du lien conjugal, la femme subissant, l'homme assouvissant ses besoins. « Il n'est en effet pas douteux que bon nombre de fausses couches n'ont pas d'autres causes que les abus vénériens... Il serait peut-être imprudent d'exiger de votre mari ce complet renoncement : usez donc, mais parcimonieusement, de la tolérance qui vous est accordée. Pendant les premiers mois, pratiquez l'abstinence complète à l'époque correspondant à celle de vos règles. Soyez de plus en plus prudente à mesure que votre terme approche et que vous grossissez [140]. »

---

138. G. Surbled, *La Vie à deux. L'Hygiène du mariage*. Paris, Maloine, 1911, p. 172.

139. *Le Conseiller de la femme, op. cit.*, p. 655.

140. Dr Pouliot, *op. cit.*, p. 111.

Moins encline au plaisir, l'épouse apparaît comme élément modérateur du couple, donc comme auxiliaire éclairée du médecin. À elle revient le devoir de mesurer le don de sa personne, et de se refuser tout à fait pendant les intervalles correspondant aux menstrues antérieures ; ce tabou particulier durera encore cinquante ans. En 1951, on précise que les rapports sexuels sont « à éviter pendant les deux ou trois premières périodes qui auraient été celles des règles [141] ». Et il ne sera éliminé que très récemment, mais au profit d'interdictions plus précises et plus longues : « Ils [les rapports sexuels] doivent être, autant que possible, espacés pendant toute la grossesse. Pendant les trois premiers mois, ils peuvent être facteurs d'avortement. Pendant les deux derniers mois, un nombre important de ruptures prématurées de la membrane de l'œuf peuvent leur être imputées. On admet également, mais sans raison vraiment justifiée, que les périodes correspondant aux règles absentes doivent être des périodes d'abstinence totale [142]. »

• L'encouragement.

Face aux censeurs du couple copulant, se regroupent les supporters qui ne ménagent pas leurs encouragements. D'abord écrasés par l'hostilité ambiante, ils ne se manifestent que peu ; puis ils s'enhardissent. En 1976, la très officielle brochure de la Sécurité sociale conseille « d'avoir une vie sexuelle normale sauf circonstances particulières où le médecin vous invitera à l'abstinence momentanée ; les rapports sexuels pendant la grossesse ne peuvent nuire au fœtus ; par contre, ils contribuent à l'épanouissement et au resserrement des liens du couple [143] ».

Bien plus, l'épouse enceinte qui renâcle à l'accomplissement du devoir conjugal se mue en femme-volcan. En effet, selon les auteurs de *Notre enfant et nous* : « La grossesse est un moment privilégié de la vie sexuelle », la femme étant alors particulièrement bien disposée à l'amour physique, comme le montreraient

---

141. H. Arlin, *Préparez-vous à une heureuse maternité*, Paris, Denoël, 1963, p. 93.

142. Dr Gilly, *op. cit.*, p. 43.

143. *L'Enfant du premier âge, op. cit.* (1976), p. 20.

l'augmentation du volume des seins, l'afflux sanguin dans la zone subabdominale, l'ampleur des sécrétions vaginales, l'allongement et le déploiement du tiers postérieur du vagin ; à ces substantielles modifications physiologiques s'ajouterait l'absence de préoccupation ou de culpabilisation relative à la conception qui inciterait les femmes à se montrer « pleinement et naturellement libérées dans leur comportement sexuel [144] ».

Ainsi, chers lecteurs, selon que vous vous procurerez l'une ou l'autre catégorie de manuels, vous vous morfondrez dans l'abstinence ou vous atteindrez des sommets de jouissance jusque-là inconnus. Mais comment interpréter ces attitudes antagonistes qui, fait assez rare, s'énoncent presque simultanément ?

On peut être tenté de voir, derrière ces attitudes, les traces de croyances encore vivaces chez certaines sociétés sans écriture qui estiment tantôt que le coït parachève l'enfant dans le ventre de la mère, tantôt qu'il le détruit.

En effet, diverses populations ont une vision que nous qualifierons d'agressive de la sexualité génitale : le flux menstruel est souvent perçu comme la conséquence des pénétrations péniennes [145]. La codification des premiers rapports conjugaux implique une simulation de viol, assignant à l'homme le rôle de l'agresseur, à la femme celui de la victime rebelle, et la reconnaissance de l'état de grossesse est suivie d'une longue période d'abstinence. Cet ensemble de traits met en évidence, en les transposant métaphoriquement, les conceptions complémentaires de la sanglante activité du sexe masculin et de la passivité vaginale ; et il apparente fortement, sur le plan de la pensée symbolique, nos « interdictionnistes » français aux Mossi de Haute-Volta, par exemple. Les uns et les autres ont en commun une image du pénis dévastateur, arme redoutable, molestant la femme et menaçant son fruit.

En outre, à la lumière des normes magico-religieuses des

_____

144. *Op. cit.*, p. 116 *sq.*

145. Les Nzakara de Centrafrique disent que « l'eau de l'homme se transforme en sang dans le ventre de la femme » et que les femmes qui « courent trop » (qui ont des rapports sexuels avec divers partenaires) « font ainsi tomber l'enfant dans le sang » (A. Retel-Laurentin, in *La Natte et le Manguier*, Paris, Mercure de France, 1978, p. 173-174).

sociétés traditionnelles, l'interdit français de copulation lors des périodes des anciennes règles durant la grossesse paraît se justifier par une convergence de tabous fort répandus : celui dû aux craintes du fœtus transpercé par la verge ; et celui relatif à la peur du contact masculin avec les menstrues. Ce contact, même différé, même imaginaire — puisque le moment des pertes arrive, mais le sang ne s'écoule pas —, persiste à être ressenti comme périlleux pour l'homme dont la compagne, alors en état d'impureté, risque de lui communiquer sa souillure.

Mais, inversement, d'autres populations pensent que les rapports sexuels peuvent contribuer efficacement à « finir » l'enfant en gestation dans l'utérus maternel ; la semence masculine est alors nécessaire à l'évolution favorable de la grossesse, à la consolidation du processus de fécondation. Ainsi, chez les Gourmantché de Haute-Volta, juste après l'accouchement, les parents ont un ultime coït, qui est réputé clore définitivement le cycle de chaque naissance [146].

À cette seconde attitude, nous rattacherions nos modernes partisans de la persistance des rapports charnels pendant la grossesse : leur argumentation selon laquelle ces pratiques « contribuent à l'épanouissement et au resserrement du couple [147] » rénove, de quelques touches sentimentales, un postulat qui a largement cours dans les sociétés préindustrielles : la collaboration sexuelle continue des futurs parents assure l'harmonieux développement du fœtus.

Les représentations de copulations nourricières s'opposent donc à celles de pénis destructeurs et, si elles alternent chez les popula-

---

146. Voir M. Cartry, « Les yeux clos », in *Systèmes de signes, Hommage à G. Dieterlen*, Paris, Hermann, 1978. Voir aussi P. Erny, « L'enfant dans la tradition africaine », in *L'Enfant en milieu tropical*, n° 32, 1966 : « Les Lobi, Dagari, Bobo, etc., populations de Haute-Volta, pensent qu'il faut fortifier l'embryon, faciliter sa croissance et sa venue à terme par des apports renouvelés de semence, sinon le fœtus "resterait chétif et ne profiterait pas". » Voir aussi *Rapport d'activité et de recherches, les Kirdi Fali Nord-Cameroun*, Paris, CNRS, 1977 : « Pendant la période qui va du deuxième au septième mois [de la grossesse], les unions sexuelles devront être intensifiées. »

147. *Notre enfant et nous, op. cit.*, p. 116.

tions sans écriture, elles coexistent chez nous. Simplement, nos spécialistes recouvrent d'un vernis scientifique des fantasmes fort clairement exprimés par des groupes humains encore peu nantis de rédacteurs de manuels.

CHAPITRE II

Les impérialismes alimentaires ou les avatars de la gastronomie maternelle et infantile

Le plat de résistance proposé par les manuels de puériculture, c'est l'alimentation : celle de la femme enceinte, celle de la mère-nourrice, celle du bébé. Nous avons donc regroupé dans ce chapitre ce qui concerne la nourriture, mais aussi, d'une manière générale, ce qui a trait à l'oralité.

Commençons donc par le hors-d'œuvre de ce gigantesque repas, c'est-à-dire par l'attitude mitigée de la convive : les envies de la grossesse.

LES « ENVIES »

Une tradition fort ancienne attribue à la femme enceinte d'irrésistibles pulsions vers tel mets étranger, tel fruit rare, tel condiment rebutant en grande quantité, et conseille à l'entourage de se plier aux caprices alimentaires de la future mère. Sinon le nouveau-né risquerait de présenter des malformations et, au moins, porterait la trace, sur son épiderme, du vouloir maternel insatisfait.

Quel sort fait-on à ces croyances populaires dans les manuels ? Un sort en trois temps.

• Premier moment.

Du début du siècle jusque vers les années cinquante, le corps médical semble fasciné par ces aberrations gustatives, et se complaît dans leur description. Cela nous vaut quelques beaux morceaux de littérature, notamment de la part de l'*Encyclopédie des connaissances sexuelles* qui accommode à une sauce maison des resucées de Havelock Ellis : les femmes enceintes absorbent du sable, du charbon, voire du métal ; certaines croquent allègrement des araignées, des crapauds et des excréments ; elles se bourrent de bonbons, de concombre salé, de vinaigre, et il est même question d'une « dame du meilleur monde » qui mangea un jour « pas moins de 140 gâteaux [1] ». Mais l'histoire la plus extravagante rapportée dans ces pages est sans doute celle de la duchesse d'Abrantès, épouse du maréchal Junot.

Cette personne, qui attend un enfant, n'éprouve, au début du récit, aucune envie alimentaire particulière, d'où l'inquiétude de sa mère et de sa belle-mère qui lui expliquent qu'il est impossible de ne pas avoir d'envies durant la grossesse, et fort dangereux de ne point y céder. Enfin, victoire, la duchesse sent monter en elle un incoercible désir d'ananas. Le malheureux Junot, son mari, court tout Paris pour lui en procurer, et en trouve un. Elle caresse amoureusement ce fruit tropical une nuit entière, mais ne peut finalement y goûter, l'odeur lui en étant devenue subitement insupportable.

Cette anecdote met en relief deux éléments importants : celui d'un comportement induit par des membres de la parenté à fort statut, érigeant une anomalie gustative en norme ; et celui de la toute-puissance socio-familiale de la femme gravide dont les volontés deviennent loi. En témoigne aussi, selon nos auteurs, la loi du 28 Germinal An III prévoyant la relative impunité des femmes enceintes s'étant livrées à des larcins alimentaires [2].

On voit le parti que peuvent tirer de ce thème du caprice alimentaire certains médecins misogynes ; il leur est aisé d'insister sur l'inconséquence, l'irresponsabilité féminine, donc sur la nécessité de mise en tutelle de personnes momentanément déséquilibrées dont dépend l'avenir de l'espèce.

---

1. A. Costler et A. Willy, *Encyclopédie des connaissances sexuelles*. Paris, Corréa et Cie, 1949, p. 189 (trad. de l'anglais).
2. *Ibid.*, p. 194.

Effectivement, dès 1921, certains docteurs s'y emploient. Ainsi, L. Pouliot, qui sait allier le mépris à l'ironie vis-à-vis de ces pulsions alimentaires : « Comment peut-on détromper les femmes qui croient aux envies ? Il serait superflu et vain de leur prouver par le raisonnement qu'il s'agit là d'une superstition ridicule. Mais vous pouvez le leur démontrer par les faits. Si le corps de l'enfant devait être marqué d'une tache à l'image de chaque mets souhaité en vain par sa mère, son corps entier serait tatoué d'une iconographie fantastique[3]. » Et il exécute en une ligne, rigoureuse et sans appel, toute attitude complice vis-à-vis des incartades alimentaires féminines : « Malgré la croyance populaire, il faut s'opposer fermement[4]. »

Cette parole, pure et dure, sous-tend l'image classique du médecin responsable, autoritaire et sans concession dans ses rapports avec la femme enceinte, puérile, imprévisible : c'est le face-à-face de l'Idiote et du Pédagogue.

• Deuxième moment.

Ensuite, des années cinquante au début des années soixante, les praticiens commencent à hésiter à poursuivre de leur ire ce fantôme de caprice féminin. Ils en signalent l'existence, tels des folkloristes mentionnant une coutume déclinante, mais renoncent à en souligner l'aberration. À vrai dire, ce sont plutôt leurs propos, confus et prudents, qui peuvent prêter à l'étonnement, voire au rire : « Les femmes enceintes sont sujettes aux envies... Il est psychologiquement préférable qu'elles les satisfassent dans la mesure toutefois où l'équilibre alimentaire n'est pas détruit, car les mets convoités contiennent probablement des éléments qui leur sont nécessaires[5]. »

Ces finasseries d'expression (si ces aliments sont nécessaires, alors le bénéfice de leur consommation n'est pas d'ordre psychologique !) dissimulent mal l'embarras de nos spécialistes. Aussi, sentant le terrain devenir glissant, ceux-ci remplacent-ils désormais

---

3. Dr Pouliot, *op. cit.*, p. 44-45.
4. *Ibid.*, p. 83.
5. *L'Encyclopédie des parents modernes*, *op. cit.*, p. 70.

les rigueurs par la persuasion : « Essayez de dominer par la volonté ce qu'on nomme les envies et les dégoûts[6]. »

Ainsi couplée avec les écœurements des premiers mois de la grossesse, donc avec un processus symétrique et inverse auquel on accorde encore quelque crédit, l'envie paraît tout juste présentable. Mais, prudemment, nos auteurs ne s'y attardent guère.

• Troisième moment.

Vers 1966, le changement est abrupt : l'envie, que nous avons vu dénigrée, puis minimisée, triomphe subitement, défendue avec fougue par Laurence Pernoud. Nouvelle Jeanne d'Arc, elle fait flotter haut la bannière du caprice alimentaire et clame à qui veut l'entendre que les femmes enceintes savent d'instinct, tels des animaux, ce qui leur convient : « Il n'y a pas de raison de ne pas les satisfaire... D'ailleurs, bien souvent, les envies correspondent à des besoins », et elle cite à l'appui de sa thèse l'absorption de vinaigre et de condiments acides durant la grossesse, qui facilitent la digestion[7]. Cette réhabilitation, aussi spectaculaire qu'inattendue pour qui n'est pas au fait de l'attitude récemment « permissive » des tenants de la puériculture, se poursuit jusque dans l'édition de 1978.

Cependant, lors de la dernière réimpression de ce texte sur l'envie, une petite phrase a sauté : « La plupart des femmes en ont[8]. »

Effectivement, toute la question est là : les femmes ont-elles des envies, et aussi, quelle est la nature exacte de ce phénomène qui, comme l'Arlésienne, fait l'objet de propos passionnés mais peu étayés ? Est-ce un besoin physiologique ou une création sociale propre aux siècles précédents de notre civilisation ? Sans vouloir trancher, disons simplement que la plupart des sociétés dites primitives ne prennent pas en compte les désirs particuliers de nourriture que peuvent ressentir les futures mères ou, du moins, qu'elles n'ont pas fait de ces désirs ou de ces répulsions une loi générale, à laquelle serait attribuée systématiquement une valeur

---

6. Mme Francisque Gay et L. Cousin, *op. cit.* (1960), p. 13.
7. L. Pernoud, *J'attends un enfant*, *op. cit.*, p. 66.
8. *Ibid.*

positive ou négative. Sur de vastes territoires, voire sur des continents entiers, l'envie, en tant qu'élément culturel, n'a jamais existé.

À plus forte raison, dans nos pays, ne peut-on pas réduire ce phénomène à une simple manifestation physiologique. D'emblée, ses enjeux sociaux le situent hors du champ des conseils de l'hygiéniste. En effet, on peut le considérer comme une incitation au retour de la femme à un état infantile. Ainsi, la duchesse d'Abrantès et son ananas mettent en lumière un processus de stimulation extérieure à une régression interne, de type oral, l'aliment recherché devenant alors l'objet électif du désir. Mais l'envie peut aussi nous apparaître comme une rupture de tabou, une transgression du code diététique ordinaire, marquant par sa violence ou son caractère imprévu la situation privilégiée de la femme enceinte et lui permettant d'exercer une éphémère souveraineté sur des proches auxquels elle est habituellement subordonnée.

Mais derrière ces autorisations insidieuses au retour à un stade antérieur, derrière cette fracassante reconnaissance du pouvoir de la future mère, derrière cet appel à l'extériorisation du goût pour la maternité, s'embusque l'image que la société occidentale s'est forgée de la grossesse ; puérile et royale, la femme enceinte aux désirs aberrants est un symbole hypertrophié de la Femme, à la fois mystère et magnificence, autoritarisme et irrationalité.

Ainsi, à cette image ambivalente, superficiellement corrigée par la récente positivité des envies, il n'est pas sûr que les femmes désirent encore se conformer : le gain est trop momentané, et le coût — la condescendance masculine — très élevé. En outre, il semble que la société industrielle se prête difficilement à la perpétuation et à l'accentuation d'exigences alimentaires autrefois malaisées à assouvir : dans des pays où les problèmes d'approvisionnement ne se posent plus, où les dépenses de nourriture ont graduellement baissé durant plusieurs décennies dans le budget des ménages, où la variété alimentaire est quotidiennement stimulée par l'afflux de produits étrangers, le gaspillage ou l'extravagance (qui consistait souvent à souhaiter des fruits hors saison) ne peuvent guère faire l'objet de scandale. La sacralité alimentaire n'est plus ce qu'elle était, et l'envie s'étiole sans un substrat de pénurie.

Pour conclure, il ne s'agit pas, pour nous, de nier que des modifications de goût ne puissent se produire durant cette période d'intense changement physiologique qu'est la grossesse : on peut, en effet, trouver bon nombre de témoignages du vécu de ces altérations passagères du rapport à la nourriture[9]. Mais, à travers les divers aléas de l'envie — sa reconnaissance initiale, sa négation et le mépris dont elle fait l'objet, puis son ultime réhabilitation — s'esquissent diverses attitudes sociales vis-à-vis de la femme enceinte, dont il convient de se méfier. Car l'on retombe sur cette vieille problématique de l'instinct féminin, tantôt jugé dégradant, tantôt magnifié pour son aveugle efficacité. Dans l'une ou l'autre perspective, il y a manipulation de pulsions fugitives à des fins fort peu médicales, et nulle femme ne gagne à les voir se figer, telles des monstruosités, ou admirées sous forme d'intuitions fulgurantes.

Mais, à un autre niveau, l'envie renvoie aussi, comme le terme même l'indique, à l'envie (ou au dégoût) d'être mère. On peut, en effet, considérer les envies et les répulsions alimentaires, elles aussi caractéristiques de la grossesse, comme des expressions de la mère à l'égard de cet inconnu, à la fois trésor et parasite, qui l'habite. En ce sens, l'envie de mets rares ou chers voudrait dire : « Je donne au monstre qui me dévore des morceaux de choix[10]. »

Mais l'envie est aussi, comme nous l'avons vu, le signe de la régression[11] de la femme enceinte à un stade antérieur de son déve-

---

9. L. Boltanski, *op. cit.*, p. 61-67.

10. Il est intéressant de remarquer que la description de cette fantaisie de femme enceinte se superpose exactement avec la définition de la phobie telle que l'interprète la psychanalyse : par exemple, la peur de faire du mal à quelqu'un se traduit par la *peur d'avoir envie* de faire du mal à quelqu'un. Ou la peur qu'un enfant ne meure devient la *peur d'avoir envie* qu'il meure. On reste bien là en pleine ambivalence...

11. Il y a souvent contresens sur ce terme employé à propos de la femme enceinte, certains auteurs pensant et écrivant qu'elle se comporte comme un enfant, c'est-à-dire de façon infantile, voire bébête, niaise, etc. Il s'agit d'un mésusage (qui n'est pas neutre) d'un concept psychanalytique : la régression est une *répétition de processus psychiques* propres à l'une des phases du développement libidinal (orale, anale ou œdipienne) ; ce n'est pas la *répétition d'un comportement*.

loppement psycho-sexuel, plus précisément à la phase orale. Il y a, dans l'état de grossesse, une répétition de ce qui s'est passé entre la mère et la petite fille quand cette dernière était bébé, et c'est cette régression qui remue chez la mère des souvenirs préverbaux de la phase orale de son développement (celle du nourrissage). Ce « retour en arrière » se manifeste par l'identification de la mère au bébé qu'elle porte et favorise la relation symbiotique entre son bébé et elle, comme s'ils ne faisaient qu'un. C'est ainsi que la femme attribue à l'enfant qu'elle porte les envies, la haine, l'amour qu'elle avait jadis pour sa propre mère ; l'« envie », en ce sens, est la répétition d'une faute que l'enfant croit avoir commise pour l'avoir désirée et dont, se sentant coupable, il souhaite être puni. Remarquons, en effet, que, traditionnellement, l'envie de la femme enceinte est certes permise mais n'en est pas moins sanctionnée (elle s'inscrit sur la peau du bébé sous forme de « taches », sur sa figure ou sur son corps, marques indélébiles du désir maternel).

L'envie renvoie aussi à une autre phase antérieure du développement — ce moment où les enfants élaborent des théories sur la conception des bébés — et notamment à l'idée selon laquelle les enfants « s'attrapent » par la bouche, en mangeant quelque chose[12] : c'est ainsi que la femme revit ses fantasmes d'enfant au niveau des zones orales associant, comme elle le faisait étant petite, la grossesse à la fonction digestive : à l'instar des nausées ou vomissements qui expulsent l'intrus (comme un simulacre d'avortement), aussi comme la boulimie qui traduit le désir de

---

12. Signalons l'intéressante interprétation donnée par N. Belmont sur ces phénomènes de prohibitions alimentaires (dégoûts, nausées, vomissements et désirs que supposent les envies) dans des cultures primitives où, comme dans nos sociétés, la grossesse est fortement connotée d'un fantasme de conception orale. « Cette composante orale est donc ritualisée par un ensemble de prescriptions et d'interdits alimentaires qui a pour fonction de la canaliser, d'en neutraliser le caractère ambivalent et de la socialiser », et « La société s'est sentie obligée de ritualiser un comportement régressif dans une circonstance où son intérêt est en jeu puisqu'il s'agit de sa propre reproduction » (« Conception, grossesse et accouchement dans les sociétés non occidentales », in *Confrontations psychiatriques*, Paris, Éditions Specia, n° 16, 1978, p. 288-289).

manger pour deux, l'envie exprime le désir de donner le meilleur (ou le pire) au bébé. Et ce n'est pas un hasard si envies et nausées sont considérées, par les intéressées, et souvent par le corps médical, comme le premier symptôme de grossesse.

N'oublions pas, enfin, cette croyance solidement ancrée que la grossesse est un état hors norme, voire dangereux : la femme est déréglée (elle n'a plus ses règles), et elle a des envies déréglées. La tradition veut qu'elle soit capable de commettre des actions irraisonnées (comme des meurtres), comme si elle ne connaissait plus les règles sociales [13], ce que nous avons déjà vu.

La confiance dans la tradition a été maintenant remplacée par la croyance dans les interprétations psychanalytiques ; la psychanalyse donne notamment un sens à ces phénomènes, en apparence incohérents, que sont les envies. Aussi ne faut-il pas s'étonner que les manuels les plus récents et les plus infiltrés de culture freudienne les remettent au goût... du jour. Certains d'entre eux vont même jusqu'à les photographier [14]...

NOURRITURE DE LA FEMME ENCEINTE

Dès le commencement de la diffusion des manuels jusqu'à maintenant, l'adage selon lequel la future mère doit « manger pour deux » est uniformément cité, uniformément décrié. Il émane d'ailleurs d'une tradition populaire contre laquelle s'élèvent tous les pédagogues ; n'oublions pas que la puériculture s'est constituée d'abord contre les pratiques rurales des siècles précédents.

Cependant, que de nuances et de tergiversations dans ce refus d'encouragement à la boulimie ! Il est d'abord entendu que « la femme enceinte doit manger solidement dès qu'elle a passé l'époque des répugnances invincibles (et, bien sûr, des envies), et

---

13. F. Loux, *op. cit.*, p. 56.
14. *Avoir un enfant, op. cit.*, p. 70 : figure en pleine page d'une photo d'une jeune femme enceinte s'empiffrant de gâteaux dans une pâtisserie, avec cette légende : « La femme enceinte a *très souvent* [c'est nous qui soulignons] des envies alimentaires parfois difficiles à contenter. »

on lui conseille, entre autres denrées, le pain bien cuit (et aussi le pain complet, qui ne reviendra à l'honneur que très récemment) avec les pâtes alimentaires, les crèmes de céréales, les légumineuses et particulièrement les lentilles. Elle doit éviter les aliments toxiques ou constipants — gibiers, ragoûts, fromages faits, pâtisseries, glaces « qui peuvent, dit-on, provoquer l'avortement » ! ainsi que des condiments comme le vinaigre et certains fruits qui « exaspèrent l'acidité stomacale... et déminéralisent l'organisme [15] ».

Un peu plus tard, nos auteurs se montrent moins précis dans leurs recommandations, et plus soucieux d'interdire que de prescrire, ils amalgament de façon particulièrement malhonnête des denrées dont les effets seraient, à les en croire, terrifiants : « Telle mère qui dose minutieusement les biberons de son bébé, l'empoisonnait quelques jours avant, sans s'en douter, en prenant pendant sa grossesse de l'alcool, du café, des aliments indigestes, des médicaments toxiques [16]. »

Puis cette période céréalière et interdictionniste fait place à un certain flottement, un certain manque de confiance en soi de la part des auteurs, qui préconisent simultanément une chose et son contraire. D'où, en 1951, un assemblage disparate de recommandations dont chacune semble nier celle qui la précède : « Ayez une nourriture saine et aussi abondante que possible. Ne vous croyez pas obligée de satisfaire ce qu'on appelle communément des "envies". Vous pouvez cependant avoir des fringales. Prenez alors de légers repas, au milieu de la matinée et de l'après-midi. Nourrissez-vous bien en choisissant vos aliments... », etc. [17]. Et, dans la liste qui suit ces indications quelque peu contradictoires, figurent encore des aliments extrêmement riches en calories (pâtes, noix, pain d'épice, sucreries) que les manuels ultérieurs se garderont bien de recommander.

En effet, la tendance s'inverse radicalement à partir des années

---

15. Dr Pouliot, *op. cit.*, p. 83.

16. Dr Lerebouillet *et al.*, *Le Guide de la jeune mère*, Paris, Éditions sociales françaises, 1939, p. 1-2.

17. Drs Lerebouillet et Dayras, *Petit guide de la jeune maman*, Paris, Éditions sociales françaises, 1951, p. 9 (abrégé du livre précédent).

soixante : le « manger pour deux » qui était devenu, durant une quarantaine d'années, une sorte de « manger pour un et demi » se change, abruptement, en un « manger pour un demi ». On affame les futures mères dont on craint l'excès de poids : « Combien une femme a-t-elle le droit de prendre de kilos pendant sa grossesse ? 7 kilos au minimum, 10 kilos au maximum[18]. » Ainsi débute le chapitre consacré à l'alimentation dans un ouvrage de 1963, qui grignote d'ailleurs les quantités qu'il vient d'accorder : « Si vous voulez retrouver, après la naissance, votre taille de jeune fille, vous ne devez pas prendre plus de 1,5 kilo pendant les trois premiers mois et plus de 500 grammes par quinzaine durant les six derniers. » Ce qui ne fait, si nos calculs sont exacts, que... 7,5 kilos en tout, et non les 10 kilos précédemment mentionnés.

Suivent de longues listes d'aliments assortis du nombre (dissuasif) de calories fournies pour cent grammes, qui ont pour effet de reléguer les aliments préconisés auparavant — les pâtes, le riz, les pommes de terre — dans la cohorte des mets dangereux, à ne consommer qu'une fois par semaine. Non sans quelque perversité, les manuels énumèrent tous les éléments de notre nourriture dûment catégorisée et quantifiée, mais l'hypertrophie de cette documentation contraste désagréablement avec la minceur des possibilités alimentaires effectivement autorisées. D'où l'embarras de certains auteurs devant la rogne silencieuse de leurs lectrices : « Ne croyez pas que je cherche à vous affamer », s'écrie L. Pernoud qui propose ensuite un régime de grillades, légumes verts et fromages maigres rappelant de fort près ceux qu'ordonnent les médecins à des clients pressés de perdre un excédent de poids[19].

Mais, depuis peu, un troisième mouvement se fait jour ; il critique avec véhémence les pratiques de la période antérieure : on ne mangeait plus assez, on a désormais le droit de s'alimenter à nouveau.

En effet, certains nouveau-nés commençaient à évoquer les pathétiques victimes des guerres et des sécheresses : « De nos jours, les régimes draconiens imposés pour des considérations

<hr/>

18. *Le Conseiller de la femme, op. cit.*, p. 655 *sq.*
19. L. Pernoud, *J'attends un enfant, op. cit.* (1966), p. 49-70.

esthétiques ont abouti à des états de malnutrition fœtale assez comparables à ceux rencontrés dans certains pays où la famine est endémique[20]. »

Et les mises en garde contre les directives alimentaires précédentes se font acerbes : « Selon les personnes que vous rencontrez, vous allez recevoir des conseils extrêmement divergents à propos de votre alimentation. Quelques-unes de vos amies vous diront peut-être qu'elles avaient suivi, dès le quatrième ou le cinquième mois, un régime de restrictions sévères pour sauvegarder leur ligne. Votre grand-mère, par ailleurs, vous répète qu'il faut manger pour deux[21]. » Mais est-ce des amies ou des grands-mères qu'il faut se méfier ou bien de leurs conseillers médicaux ?

Toujours est-il qu'après le flux des pains et des lentilles, puis le reflux accommodé de yaourts et de légumes à l'eau, un auteur proclame : « Il est indispensable de manger à votre faim... Les accoucheurs insistent maintenant plutôt sur la nécessité d'un régime alimentaire normal[22]. » Bravo pour ce propos de bon sens, mais fallait-il le faire précéder de tant de directives excessives et contradictoires ?

ALIMENTATION DE LA FEMME QUI ALLAITE

Au début du siècle, la femme qui allaitait l'enfant n'était pas nécessairement la mère. Par nécessité ou par goût, les personnes de la ville engageaient de jeunes campagnardes comme nourrices. Les conseils judicieux des premiers auteurs de puériculture les aidaient pour ce choix difficile :

1887 : « Une bonne nourrice doit avoir de 20 à 30 ans. Sa santé, accusée par des proportions heureuses, le coloris du teint, la blancheur et l'intégrité des dents ne doit rien laisser à désirer... Il faut qu'elle soit d'un embonpoint médiocre et que son haleine soit douce, ce qui prouve que la digestion est chez elle exacte et faci-

---

20. Drs Cohen et Goirand, *op. cit.*, p. 58.
21. *Ibid.*, p. 58.
22. Dr Cohen-Solal, *op. cit.*, p. 27.

le[23]. » Ces exigences de maquignon peuvent sembler choquantes ;
pourtant, elles seront plus brutales encore trente ans plus tard.

1921 : La nourrice « sera brune plutôt que blonde, petite ou de
taille moyenne plutôt que grande, en tout cas bien proportionnée.
Elle sera fraîche, sans trace de cicatrices et aura de bonnes dents.
On la choisira d'une race forte, non débilitée par l'alcool et suppor-
tant bien l'émigration [...]. Les Bretonnes [...] ne remplissent pas
cette condition, car, transplantées en ville, elles paient un lourd
tribut à la tuberculose. Les Artésiennes, Morvandiotes et Piémon-
taises sont particulièrement recommandées[24] ». N'est-ce pas par
erreur que le Dr Pouliot s'est orienté vers la médecine plutôt que
vers l'art vétérinaire ? Quoi qu'il en soit, l'allaitement mercenaire
est bientôt considéré comme immoral, et ses volontaires se raréfient aussi sur le marché de l'emploi. Bientôt, on n'en parle qu'indirectement, sous forme de menaces allusives.

1947 : « On ne conçoit pas que la mère, volontairement, se
décharge sur qui que ce soit de la responsabilité qui lui incombe.
La nature l'a désignée pour être la première éducatrice ; en même
temps qu'elle nourrit et soigne le bébé, elle surveille ses premières
impulsions. Son empreinte est ineffaçable[25]. »

Mais déjà, ce mauvais substitut de la mère n'est plus qu'un fantôme, et, en 1965, un manuel mentionne que les nourrices d'autrefois sont remplacées par des centres de donneuses de lait[26]. Ce
constat de disparition de la profession clôt sans fracas un thème
de dissension entre la mère et le puériculteur que l'on retrouvera
sous d'autres formes, notamment lors du choix entre sein et biberon : aux yeux du praticien, la femme qui engageait une nourrice
n'assumait pas la totalité de ses devoirs maternels.

Et c'est au nom du moraliste plus que de l'homme de science
que, très tôt, les spécialistes de la puériculture ont cherché à susciter la répugnance des femmes vis-à-vis de ce qu'ils considéraient

---

23. Abbé Morère, *op. cit.*, p. 362.
24. Dr Pouliot, *op. cit.*, p. 286.
25. Mme Boutier, *op. cit.*, p. 274.
26. H. Roueche, *Diététique de l'enfance*, Paris, Baillère et fils, 1956,
p. 109.

comme un manquement aux tâches obligatoires de la génitrice. Ils
n'ont pas hésité à se servir d'histoires édifiantes, que nous ne résis-
tons pas au plaisir de rapporter : « Il arriva un jour que le petit
Godefroy s'éveilla en poussant des grands cris, et que, pour le calmer, une "damoiselle" lui donna le sein. La mère, la comtesse Ide,
s'en aperçut ; elle devint noire comme cendre, le cœur lui chan-
celle, elle est forcée de s'asseoir. Mais vite, elle se relève, bondit
comme une lionne, se précipite sur son enfant, l'arrache à la nourrice, l'étend sur une table et lui fait rendre le lait étranger, le lait
qu'il vient de prendre. Ce n'était qu'une gorgée sans doute ; mais
enfin ce n'était pas de sa substance. Une telle mère méritait d'avoir
pour fils le plus parfait des chevaliers [27]. »

Au demeurant, cette terrifiante comtesse est habitée par le fantasme universel qui fait du lait un équivalent du sang (au sens de
la consanguinité), comme on le verra plus loin.

Dans le domaine de la nourriture de la femme qui allaite, les
prescriptions les plus inattendues et les plus fantaisistes continuent à se donner libre cours ; aussi, devons-nous laisser notre
schéma chronologique valable pour un grand nombre d'items de
puériculture — affirmation/silence ou hésitation/affirmation
inverse — pour nous contenter d'exposer quelques aspects de ces
divers modes alimentaires dans leur pittoresque incohérence.

En fait, l'alimentation de la nourrice (désormais identifiée à la
mère) a quelques rapports avec celle de la femme enceinte : on y
trouve les mêmes débats concernant les quantités permises à la
femme, et les mêmes antagonismes du corps médical. Le vieux
serpent de mer du « manger pour deux » resurgit à cette occasion :
« Il vous faut manger non pas pour deux mais pour vous et votre
enfant [28] », formule dont la subtilité impressionnera sûrement les
lecteurs, qui s'oppose à l'autre tendance, ainsi exprimée : « Un
allaitement est compatible avec un régime équilibré » et une
« ligne parfaitement normale [29] ». Ces propos illustrent aujourd'hui
les atermoiements de la diététique savante à ce sujet.

27. Abbé Morère, *op. cit.*, p. 109.
28. Dr Cohen-Solal, *op. cit.*, p. 116.
29. Drs Cohen et Goirand, *op. cit.*, p. 178.

Nous renonçons aussi à rapporter le détail des régimes ordonnés ou conseillés et nous nous contenterons de reproduire les indications de quelques manuels sur deux points particuliers de ce domaine alimentaire : celui des interdictions d'aliments qui passent pour « donner un mauvais goût au lait », et celui des exclusions et des permissions relatives aux excitants et aux boissons alcoolisées. Nous avons donc réuni, en un tableau, les éléments les plus futiles de ces directives alimentaires (un oignon est peut-être malodorant, mais il n'est pas malsain) et ceux que nous avons jugés plus dignes d'intérêt, puisque leur toxicité fait périodiquement l'objet de campagnes publiques.

Il est pour le moins étonnant de constater les différences de traitement dont bénéficient les légumes ou substances « odorantes », et les excitants et boissons alcoolisées. En ce qui concerne ces derniers, tantôt ils ne sont même pas mentionnés, tantôt ils font l'objet d'interdictions totales, tantôt d'autorisations restrictives — « pour les femmes qui ne pourraient s'en passer ». Mais, à ces attitudes quelque peu élastiques — ainsi, l'alcool n'est pas toujours interdit, le café n'est mentionné que trois fois, le vin est tantôt coupé, tantôt maintenu pur, etc. —, s'oppose la fermeté des praticiens vis-à-vis des condiments et légumes à fort parfum, lesquels sont rigoureusement prohibés. Et, quoiqu'ils donnent l'impression de se copier les uns les autres, il faut reconnaître que parfois, avec le céleri en 1966 ou le poireau en 1975, ils savent insuffler quelque nouveauté à ces petites listes de coupables denrées.

Derrière ce prétendu mauvais goût attribuable aux denrées ingérées par la mère ne retrouverait-on pas le fantasme de la femme malodorante dont les multiples sécrétions, lactées, sudoripares et menstruelles, constitueraient (comme en témoignent les nombreux déodorants du commerce visant exclusivement la clientèle féminine), dans l'imaginaire masculin, un potentiel de corruption et de souillure ?

D'ailleurs, s'il est effectivement prouvé que certains aliments donnent un goût au lait, on ne voit pas ce qui permettrait d'en induire un dégoût du bébé pour le sein maternel (sur ce point, voir d'ailleurs l'excellente remarque de la brochure de la Croix-Rouge de 1945 consignée dans le tableau, p. 94).

	interdictions	prescriptions et permissions
1921 (Pouliot)	choux, oignon, ail, alcool	bière de nourrice, eau rougie
1928 (Goutte de lait)	vin, bière	
1938 (*Mon foyer*)	« évitez les excitants »	
1939 (Lerebouillet)	ail, oignon, asperges, choux	un litre de bière maximum par jour
1945 (Croix-Rouge)	« C'est seulement en cas d'intolérance individuelle ou de troubles digestifs éprouvés par l'enfant que seront proscrits les conserves... et les choux. »	« thé, café, vin pur permis en petites quantités »
1946 (Oria-Raffin)	ail, choux, oignon, asperges, cresson	bière
1947 (Boutier)	ail, asperges, alcool	
1950 (Dayras)	ail, oignon, choux	un peu de bière
1952 (*L'Enfant du premier âge*)	ail, alcool, asperges, tabac	vin coupé d'eau
1954 (Lemaire)	ail, choux, oignon, café, thé, alcool	
1954 (Gay et Cousin)	asperges, alcool	bière (maximum un litre)
1965 (Hennaux)	choux, asperges, ail, oignon, alcool	bière, vin modérément, quelques cigarettes par jour
1966 (Pernoud)	choux-fleurs, asperges, céleri, ail, oignon	
1975 (Kreisler)	poireaux, asperges, choux, alcool	restriction du thé, café, tabac
1975 (Cohen-Solal)	épices, ail, boissons trop alcoolisées	

Une dernière remarque sur ces régimes alimentaires de la femme enceinte et de la nourrice. Leur abondance, leurs divergences, qui tranchent le plus souvent avec leurs conclusions de bon sens (il faut manger à sa faim, ou il faut se nourrir comme d'habitude), ont quelque chose de mystérieux et de paradoxal : pourquoi tant de bonne volonté, de temps et de savoir dépensés pour de si faibles (ou de si mauvais) résultats ?

Reste à savoir si l'entreprise est du domaine réel, de la connaissance objective, ou bien si le spécialiste prescrivant des régimes n'entretient pas par-devers lui une illusion que l'ethnographie nous montre fort répandue : en dispensant la nourriture, ou en la choisissant, l'homme de science a le sentiment qu'il peut diriger un processus dont il est exclu — celui du développement du fœtus, puis de la croissance du nourrisson — et qu'il maîtrise ainsi, en s'y incorporant au moyen des prescriptions et des interdictions alimentaires, le couple très étroit de la génitrice et de l'enfant. L'imaginaire du professionnel de la puériculture explique largement ces capricieux et quelquefois aberrants préceptes nutritionnels qui ne font que prolonger les rites de couvade[30] de certaines populations, partageant avec eux — à travers les prescriptions et restrictions diététiques — une certaine ostentation et un désir d'implication.

LE PREMIER COMMANDEMENT DU CATÉCHISME DE LA MATERNITÉ

La médecine est un perpétuel recommencement... ; comme en histoire, les mêmes phénomènes se répètent périodiquement. Au début, les femmes allaitaient, les docteurs ont préconisé le biberon. Maintenant, ils nous disent que la vieille méthode était la bonne. Cela me fait penser à la théorie de la relativité d'Einstein[31].

---

30. Participation physique ou psychologique des pères au processus de la grossesse, de l'accouchement et du post-partum (période qui suit la naissance) que l'on trouvait et trouve encore dans de nombreuses sociétés.

31. Mary Mac Carthy, *Le Groupe*, Paris, Stock, 1965, p. 192.

Lorsque les spécialistes parlent du lait ou de l'allaitement mater-nel, c'est moins d'un discours sur la mère ou sur l'enfant qu'il s'agit, mais plutôt d'un autre discours, véritablement parasité par des phénomènes qui relèvent plutôt des mécanismes sous-jacents de la société dans laquelle ils s'insèrent et de la subjectivité parti-culière des spécialistes.

On ne peut pas, en outre, parlant de l'allaitement, faire l'écono-mie de la question : qu'est-ce que le lait maternel ? Plus que la sécrétion d'un sein ou d'une glande mammaire, le lait apparaît en effet comme une sécrétion sociale et fantasmatique[32] qui est immédiatement réinterprétée, digérée à travers les deux axes de référence que constituent la société, d'une part, l'inconscient des auteurs et peut-être des lecteurs, d'autre part. On retrouve cette assertion dans le langage populaire qui parle de « frère de lait », « sœur de lait », faisant ressortir que les enfants nourris par une seule mère auraient entre eux des liens très profonds, comme si le lait était véritablement une substance tout à fait autre qu'un simple produit alimentaire. De nombreuses données ethnolo-giques vont dans le même sens : chez les Wolofs du Sénégal, par exemple, il existe deux types de généalogie, qui opposent la famille du père (celle des liens du sperme, pourrait-on dire) à la famille de la mère (les liens du lait) ; pour eux, lait et sperme constituent des équivalents l'un pour l'autre. Se profile ici l'équation symbo-lique : lait = sang = sperme, comme si avoir le même sang dans les veines, avoir été le même lait et avoir été conçu par le même père se référait à la filiation[33].

Le lait est mélangé, nous allons le voir, à bien d'autres éléments, et le mélange n'est pas toujours très homogène.

Lait et morale

En France, les spécialistes de l'enfance ont toujours souligné la quasi-obligation pour la mère d'allaiter son bébé. Tout différent

---

32. Ceci est vrai également pour le sperme.
33. J. Rabain, *L'Enfant du lignage, Du sevrage à la classe d'âge chez les Wolofs du Sénégal*, Paris, Payot, 1979, p. 214.

est le scénario américain, qui, comme on le verra, constitue une première relativisation aux propos de nos concitoyens.

Mais, un choix étant possible — sein ou biberon —, les auteurs ont dû convaincre la mère et son entourage et, dans ce but, faire apparaître l'alimentation artificielle — terminologie la plus courante pour l'alimentation au biberon, et ce n'est probablement pas un hasard si c'est ce qualificatif dévalorisant qui a été employé — comme le « mauvais choix », ou plutôt l'allaitement maternel comme le « bon choix ».

Devant le torrent d'axiomes, d'objurgations, de descriptions alarmistes, de menaces, etc., que l'on peut lire sur ce sujet depuis presque un siècle, on constate, là aussi, que ce n'est à l'évidence pas à un exposé scientifique que l'on a affaire, mais à un discours passionnel, rempli de contradictions, utilisant en outre un ton moralisateur et infantilisant (pour la mère). Qu'on en juge par les arguments avancés :

1887 : « Le premier devoir d'une mère saine de corps, d'esprit et de cœur, est de nourrir son enfant[34]. »

1921 : « Le lait de la mère appartient à l'enfant » (Pr Pinard). « On a peine à concevoir comment certaines générations ont pu méconnaître le caractère impérieux [de cette loi] et la transgresser sans l'ombre d'un motif. » « Moralement, physiologiquement, le lait maternel est celui qui convient le mieux à l'enfant[35]. »

1951 : « Maman, vous devez toujours allaiter au sein sauf en cas de maladie grave[36]. »

1966 : Titre de chapitre : « Vous allaiterez : voici pourquoi ». Suivent plusieurs dizaines de pages[37].

Ces quelques citations montrent des auteurs plus soucieux d'ordonner que de convaincre, le vocabulaire employé (devoir, loi, etc.) étant le reflet d'une confusion savamment entretenue entre physiologie et morale. Dire que c'est au niveau moral que c'est le lait maternel qui convient le mieux à l'enfant est déjà tout un program-

---

34. Abbé Morère, *op. cit.*, p. 360.
35. Dr Pouliot, *op. cit.*, p. 251.
36. *Petit guide de la jeune maman, op. cit.*
37. L. Pernoud, *J'élève mon enfant, op. cit.*, p. 91.

me ! N'oublions pas que, pendant la première moitié du siècle, c'était pour des raisons très précises (difficultés d'adapter le lait de vache au bébé et problèmes de stérilisation) — et qui n'avaient rien à voir avec la morale — que l'allaitement maternel était préférable.

Tout se passe comme si nos auteurs, même les plus récents parfois, ne pouvaient s'empêcher de présenter la mère comme une écervelée, mondaine bien souvent, paresseuse, douillette ou égoïste, incapable de porter un jugement elle-même sur une conduite à tenir, et que l'on doit admonester, gronder ou même menacer afin d'obtenir son obéissance.

L'on fait feu de tout bois, la Bible même est appelée à la rescousse face à celle qui prétend ne pas pouvoir allaiter : « Le paresseux dit : il y a un lion sur mon chemin [38] » (Salomon).

On l'aura deviné : « Le médecin seul peut autoriser des exceptions à ces règles formelles [39] » ; ces exceptions ne sont jamais, remarquons-le, le travail de la mère à l'extérieur, mais seulement les problèmes de sein, la fatigue, le refus du mari, qualifiés de « soi-disant obstacles » et balayés d'un revers de main.

Sein ou biberon

Commençons en 1928 : « Les trois quarts des enfants qui meurent avant un an sont des enfants au biberon [40]. » En 1938, il est indiqué que la suppression de l'allaitement au sein ou l'envoi en nourrice sont la première cause de la mortalité infantile [41]. Citant toujours le Pr Pinard (« Le lait de la mère appartient à l'enfant »), un auteur précise qu'il faut allaiter, c'est une question de vie ou de mort, aucune excuse ne peut prévaloir [42].

En 1939 : « L'abandon du sein est la première cause de mortalité

38. Mme Champendal, *op. cit.*, p. 31.

39. G. Mendel, *Anthropologie différentielle*, Paris, Payot, 1972, p. 11.

40. Mme Champendal, *op. cit.*, p. 31.

41. Mme Gauthier-Echard, Mlle Houry, *Mon foyer. Économie domestique, enseignement ménager, hygiène, puériculture* (cours complémentaires), Librairie Istra, 1938 (?), p. 2.

42. M. Reynier, *op. cit.*, p. 228.

infantile[43]. » Et si ce relent mortifère, particulièrement culpabilisant, semble être atténué dans les manuels postérieurs, il n'en reste pas moins présent sous une forme plus ou moins larvée, l'argument devenant alors : « Si vous n'allaitez pas, votre bébé se développera moins bien, donc sera plus en danger. » Voyons les textes : « Dans les meilleures conditions possibles, les bébés élevés au biberon sont moins précoces (marche, dents), leurs courbes de poids et de croissance sont irrégulières, etc.[44]. »

J. Cohen-Solal, après avoir, de façon très paternelle, déculpabilisé la mère non nourrice : « Vous n'avez aucune raison de vous le reprocher si vous ne voulez pas ou ne pouvez pas nourrir votre enfant pour un certain nombre de raisons[45] », glisse, non sans perfidie, quelques lignes plus loin : « Avec l'expérience, il me semble que les bébés nourris au sein sont plus calmes et plus tranquilles que les autres, et peut-être démontrera-t-on que leur développement d'ensemble est meilleur[46]. »

S'imagine-t-on le poids de toutes ces prédictions sur les mères qui, malgré tout, ne voulaient ou ne pouvaient allaiter ? Et ce d'autant plus que d'autres thèmes, non moins culpabilisants que celui du risque de mort du nouveau-né, viennent s'y greffer, bouturés par l'habile main du spécialiste en puériculture. Quand il n'y a plus eu de risque réel de mortalité infantile du fait du biberon, il a bien fallu en effet trouver un autre registre de culpabilisation pour maintenir la pression en faveur de l'allaitement au sein.

Il est crûment ou allusivement dit à la mère que ne pas vouloir allaiter son bébé, c'est vouloir s'en débarrasser, en un mot, ne pas l'aimer. Sous-jacente ici est l'idée qu'il faut nourrir au sein pour ne pas risquer de favoriser une séparation mère-enfant qui risquerait autrement de se réaliser. On retrouve ce thème, dans tous les

43. Dr Lerebouillet, *op. cit.* (1939), p. 53.
44. Dr Oria et J. Raffin, *op. cit.*, p. 33.
45. Dr Cohen-Solal, *op. cit.*, p. 106.
46. Artifice des plus classiques ; lorsque l'on veut faire passer une idée, on cite, en affectant de les prendre comme conséquences de l'idée en question, des faits sans aucun rapport prouvé scientifiquement avec elle. En effet, personne n'a jamais prouvé ou infirmé que les bébés nourris au sein aient un meilleur développement que les autres.

manuels récents, avec des colorations diverses. Volontiers drama-
tisante, L. Pernoud écrit : « Vous avez décidé de donner à bébé des
biberons plutôt que le sein. En prenant cette décision, vous et
votre mari, vous aviez certainement une bonne raison [47] » : l'heure
est grave, le père est introduit sur scène... et que de sous-entendus
derrière cette phrase pleine de réticences !

J. Cohen-Solal est beaucoup plus clair : « Ce n'est pas l'absence
de sein qui peut grever le développement de bébé, mais ce que *peut*
représenter pour une mère le refus de donner le sein à son bébé,
comme absence de chaleur, et absence réelle de désir de maternité,
si elle n'a pas de raisons valables de ne pas le nourrir [48]. » Malheur
à la mère si elle se trouve dans ce cas ! L'argument est ici à décou-
vert : ne pas donner le sein, ce peut être plus ou moins conscience-
ment rejeter l'enfant, et même le désir d'enfant. Mesdames,
veuillez donc faire un retour sur vous-mêmes...

Nature ou artifice

Le Dr Pouliot parle en ces termes de l'alimentation lactée : « On
peut le nourrir [l'enfant] au sein de sa mère : c'est l'allaitement
maternel ; on peut lui donner le sein d'une nourrice : c'est l'allaitement mercenaire ; on peut lui donner le lait d'une femelle domestique : c'est l'allaitement artificiel [49]. » Notons cette intéressante
opposition entre la femelle domestique et l'autre !

---

47. L. Pernoud, *J'élève mon enfant, op. cit.* (1966), p. 95.
48. Dr Cohen-Solal, *op. cit.*, p. 106.
49. Il est intéressant de comparer la façon dont est présenté ce choix
par les puériculteurs français avec celle qui est adoptée par la puériculture américaine : l'ouvrage, best-seller aux États-Unis et traduit en
français, du Dr Burton White, *Les Trois Premières Années de la vie*
(Buchet-Chastel, 1978), mentionne, *en note*, dans le chapitre sur les
premiers mois du bébé la réflexion suivante : « Si vous pouvez et si
vous avez envie d'allaiter votre enfant, je ne saurais que trop vous inciter à le faire. La plupart des mères qui réussissent à allaiter leur enfant
trouvent que c'est une merveilleuse expérience. Il s'agit évidemment
d'une décision tout à fait personnelle » (p. 26). Ici, point d'ordre, ni de
menace ; et l'auteur se réfère, non à lui-même, ni à de prétendus règles
ou devoirs, mais à ce que disent les premières intéressées, les mères.
Quant au Dr Spock, il résout de façon simple et honnête l'équation :

L'alternative femelle humaine/femelle domestique ou femme/ vache se poursuit, en effet, de décennie en décennie, tendant à créer une association désagréable dans l'esprit des lectrices : celle de la femme-vache-à-lait, qui a joué un rôle négatif pour l'allaitement, de nombreuses mères n'ayant pas supporté cette fonction trop animale. Il n'est pas plaisant, en effet, de s'entendre dire ou de lire : « C'est vous ou la vache », ou « si ce n'est pas vous, ce sera la vache [50] ».

Que l'on ne croie pas qu'il s'agisse d'une ironie facile. Les auteurs sont très précis : en 1954, l'un d'eux écrit : « La traite doit être régulière et complète [51] », et précise qu'il faut bien appuyer sur les seins pour qu'ils ne soient pas engorgés.

Certains spécialistes sont plus discrets, préférant à l'alternative femme/vache celle de normal/anormal ou naturel/artificiel. Créditons cependant d'autres auteurs d'avoir seulement présenté la valeur nutritionnelle des différents laits (animaux ou humains, de conserve ou acidifiés), sans porter de jugement et surtout sans parler d'allaitement « artificiel », vocable qui constitue un jugement à lui seul, et ceci, notons-le, dès les années cinquante.

L. Pernoud est sensible, elle aussi, à cette dialectique de la nature et de l'artifice. Dans son ouvrage de 1966, le chapitre sur l'alimentation du bébé s'intitule : « Vous allaiterez : voici pourquoi », et contient un certain nombre d'arguments biologiques, médicaux et moraux dont il a été question plus haut. Dans l'édition de 1977, le même chapitre a été modifié de façon fort significative : il comporte deux parties : « 1. L'allaitement maternel », « 2. L'enfant nourri au biberon ». Remarquons que le terme « allaitement artificiel » semble définitivement rangé au musée des antiquités

---

allaitement au sein = naturel ; il écrit : « L'allaitement maternel est la méthode naturelle... Néanmoins depuis un certain temps, le nombre des mamans qui allaitent leur bébé diminue, surtout dans les villes. Si dans telle région, la plupart des femmes nourrissent les enfants au biberon, il semblera tout naturel à la jeune maman d'en faire autant » (*Comment soigner et éduquer son enfant*, Verviers, Gérard et Cie, 1960, p. 65).

50. Aurait-on l'idée d'une image de l'homme-taureau-à-sperme ?
51. Dr Lemaire, *Puériculture*, Paris, Foucher, 1954, p. 27.

puéricultrices. Notons aussi — est-ce un hasard ? — que si le jeune individu nourri au sein a toujours droit à l'appellation de bébé, en revanche, s'il est nourri au biberon, il se nomme « enfant ». Le biberon mettrait-il une distance physique et temporelle entre la mère et son rejeton ?

Mais saluons au passage cette évolution qui semble, en 1977, avoir définitivement balayé l'équation : nature-normal-allaitement.

Un autre best-seller de la puériculture, J. Cohen-Solal, s'offre le luxe de faire de l'esprit sur ses confrères d'antan (mais d'un temps pas tellement ancien) : « Que n'a-t-on pas dit, écrit, sur l'allaitement maternel. Le lait de femme est pour les petits hommes, le lait de vache pour les petits veaux[52] » ; et il conclut ainsi : « Les médecins vous doivent la vérité qui est : [...] pour la grande majorité des nouveau-nés, le choix (sein ou biberon) importe peu, et les enfants pousseront tout aussi bien au lait de vache adapté[53]. » Ouf ! Que voilà un aveu intéressant et encore bravo pour cette franchise tardive. Mais rien ne dit que le dernier état de la « vérité » soit définitif.

Une certaine ambivalence — et même une ambivalence certaine — persiste cependant, nous le verrons plus loin, chez les auteurs contemporains vis-à-vis du biberonnage, mais elle traduit une idéologie différente de celle de la normalité ou du naturel dont il vient d'être question. On ne dira plus : « Allaiter, c'est naturel », mais : « Allaiter, c'est un signe d'instruction. »

Avant d'en terminer sur ce point, remarquons que la nature a bon dos : aux États-Unis, quelques années auparavant (1965-1970), l'on considérait que ce qui était antinaturel, c'était d'allaiter, le comportement normal consistant à donner le biberon (que l'on trouvait déjà tout préparé dans les grandes surfaces et que l'on donnait tel quel, sans le faire réchauffer). En effet, on pensait à l'époque — avant la mode écologique — qu'était *normal* le fait d'avoir recours à la technique, c'est-à-dire à l'artificiel sophistiqué, dernier cri de la connaissance scientifique, plutôt qu'à la nature (ce terme évoquant quelque chose de fruste, d'arriéré).

---

52. Dr Cohen-Solal, *op. cit.*, p. 103.
53. *Ibid.*, p. 109.

À chacun son naturel...

Or, depuis quelques années, se développe, toujours aux États-Unis, une campagne en faveur du retour à l'allaitement maternel, campagne dont l'argument choc se trouve être le « retour à la nature », c'est-à-dire, ce qui est naturel, simple et normal, ce n'est pas de donner le biberon comme on le pensait auparavant, mais c'est de donner le sein...

Éternelle oscillation du pendule idéologique !

En réalité, l'opposition naturel/artificiel n'est pas une opposition pertinente. Tous les auteurs qui la brandissent sont eux-mêmes manipulés par un système de valeurs dont ils ne sont pas conscients. Il s'agit seulement de l'antinomie nature/culture : *rien n'est naturel en soi*, tout comportement ou idée est repris à l'intérieur d'un système culturel qui y attache telle ou telle valeur positive ou négative. Comme le remarque justement le psychiatre G. Mendel[54] : « Dans une société non industrielle, le seul mode d'alimentation du nourrisson est le sein. Mais la manière dont le sein sera "donné" est culturelle. »

La nature n'existe pas, tout est culture.

De la souffrance au plaisir

La maxime correspondant à la majorité des manuels jusqu'aux années soixante pourrait s'écrire ainsi : « Il faut souffrir pour allaiter », ou : « C'est un sacrifice d'allaiter et il est bon qu'il en soit ainsi. »

Le Dr Pouliot en décrit avec force détails[55] toutes les souffrances et ennuis divers qui vont fondre sur la jeune mère dès qu'elle va commencer à allaiter ; il la prévient d'ailleurs que la maternité signe la fin de sa jeunesse et qu'elle va devoir mener dès lors une vie de dévouement et d'oblativité. Il ne faut pas croire que ce type de discours soit lié à l'époque ; il correspond plutôt à une idéologie doloriste de la maternité que l'on retrouve encore maintenant[56].

---

54. *Op. cit.*, p. 11.
55. *Op. cit.*, p. 253-271.
56. L. Pernoud : « Être mère, c'est apprendre à ne plus jamais être égoïste. » Il est vrai que ce côté masochiste, très « victime expiatoire »

Mais ce sont surtout les manuels récents qui nous apprennent « après coup » que ce n'était guère drôle à l'époque... Citons L. Pernoud : « Vous ne désirez pas allaiter ? Ne vous forcez pas à tout prix à le faire. Il ne faut pas que ce soit une corvée, que cet enfant qui vient de naître commence sa vie en vous créant des contraintes[57]. » Curieux renversement de ton qui en dit long sur les corvées et contraintes de l'allaitement... Et dans l'ouvrage des Drs Cohen et Goirand, on lit : « La relation affective [...] vaut mieux que la relation provoquée par certaines alimentations au sein, pénibles, angoissantes, ou simplement accomplies comme des corvées[58]. » Que de problèmes aurait-on pu éviter si les puériculteurs s'étaient aperçus de tout cela vingt ou trente ans plus tôt !

En outre, les auteurs semblent rétrospectivement découvrir que toutes les femmes ne sont pas « taillées pour allaiter », alors que l'assertion exactement inverse était prônée autrefois[59]. « Si l'allaitement au sein est une excellente chose, il nécessite un tempérament ou un comportement qui n'est pas forcément celui de toute femme, et, dans de nombreux cas, il vaut mieux pour le bébé comme pour la maman un allaitement artificiel bien adapté qu'une alimentation au sein parcimonieuse ou mal adaptée[60]. » On peut se demander si cette phrase, apparemment libérale, ne contient pas une appréciation peu élogieuse pour la femme qui n'a pas assez de tempérament et donne parcimonieusement !

Cependant, à l'époque même où certains décrivaient les souffrances de l'allaitement, d'autres niaient totalement cet aspect des

---

que l'on valorise à plaisir chez la femme n'est pas étranger à certaines conceptions chrétiennes de plusieurs auteurs de manuels. Dans les décennies suivantes, on continue à parler des « petites misères » de l'allaitement, de façon plus discrète toutefois que celle du Dr Pouliot, mais en précisant que les femmes ne doivent en aucun cas être arrêtées par ces obstacles (crevasses au sein, douleurs pendant la tétée, etc.). Certains auteurs sont plus nuancés et plus compréhensifs : « Toute femme peut nourrir son enfant, au moins partiellement ; il faut bien savoir que les débuts sont quelquefois décourageants »...

57. L. Pernoud, *J'élève mon enfant*, *op. cit.* (1977), p. 112.
58. *Op. cit.*, p. 185.
59. Mme Champendal, 1937, *op. cit.*, p. 1.
60. Drs Cohen et Goirand, *op. cit.*, p. 185.

choses : « Il est normal et facile pour la mère de nourrir son enfant[61] », et mettaient en avant des arguments du type : « Pas de lait à faire chauffer, pas de manipulation de biberons, rien à acheter, etc. » Ces arguments de commodité et de simplicité sont très largement avancés, les auteurs ayant pensé qu'ils seraient plus propres à décider les mères.

Enfin, nous trouvons, en 1976, une réflexion sur les sensations de la mère pendant la tétée qui constitue une petite révolution. Que dit-on ? « Certaines femmes ont au moment de la tétée des sensations quasi voluptueuses. Elles peuvent en être troublées et éprouver un sentiment de culpabilité. Il est d'ailleurs significatif que les femmes en parlent rarement, même entre elles et même au médecin, comme si elles en avaient honte. Vous devez savoir que ce sont là des phénomènes normaux et parfaitement naturels[62]. »

L. Kreisler est, notons-le, le seul qui ait abordé cette question. Étrange occultation que celle qui consiste à « oublier » ou ignorer le seul élément de l'allaitement qui ne soit ni douleur, ni argument technique ou pratique, le seul aussi qui concerne la femme et elle seule. Et que de chemin parcouru depuis la description en dix-huit pages des divers maux de la mère-nourrice !

Avançons une hypothèse pour rendre compte de ce changement radical. Il semble que ce ne soit pas tellement d'ignorance ou d'oubli qu'il s'agisse ici, mais bien d'un « je ne veux pas le savoir », comme si le puériculteur s'évertuait à interdire tout plaisir à la mère, le meilleur moyen de l'interdire étant de l'ignorer de façon que les femmes en aient honte — comme le dit L. Kreisler — et que ce plaisir, étant culpabilisé, n'en soit donc plus un. Ce n'est d'ailleurs sans doute pas un hasard si les femmes n'en parlent pas — comme le dit encore le Dr Kreisler — de peur, peut-on penser, de se faire condamner.

Au bout de la chaîne qui va de la souffrance au plaisir, nous trouvons un autre « oubli », et dans le même domaine. Tous les manuels parlent de l'allaitement de bébé ou du bébé, comme s'il s'agissait d'un être asexué. Or, les spécialistes, qui se sont, eux,

61. *L'Enfant du premier âge, op. cit.* (1972), p. 43.
62. Dr Kreisler, *op. cit.*, p. 31.

donné la peine d'écouter et d'observer les mères — et non de promulguer des décrets du haut de leur supposé savoir ou à partir de leurs problèmes personnels —, ont remarqué que le choix sein/biberon ainsi que le comportement des mères pendant la tétée dépendaient bien souvent du sexe de l'enfant[63]. On remarque, par exemple, que les mères allaitent plus volontiers leur fils que leur fille, également qu'elle s'adaptent mieux au rythme de l'enfant qui tète, enfin qu'elles prolongent plus volontiers l'allaitement quand il s'agit d'un garçon. Qu'on le veuille ou non, ce sont là des faits et non un discours dogmatique.

Il est un autre plaisir dans le fait de nourrir un petit bébé, c'est celui que la mère peut trouver dans la relation avec son enfant. Mais, bizarrement, il n'y a que peu de temps que la puériculture en fait état, et pourtant cet aspect aurait pu peut-être avoir un intérêt pour nos auteurs toujours en quête d'arguments pour pousser les mères à allaiter. Or, on ne le trouve que dans les manuels les plus récents. Citons encore Kreisler : « L'élevage au sein réalise les conditions idéales de la satisfaction des besoins affectifs, par l'établissement ou l'entretien d'une relation étroite entre la mère et l'enfant[64]. »

Auparavant, les spécialistes rivalisaient d'arguments moraux, techniques, médicaux, sans même évoquer la chaleur et la proximité de la relation mère/enfant ; étonnante omission que celle-là... Jusqu'en 1966.

En 1977, le tableau a changé du tout au tout, à croire que l'apparition des éléments psychologiques a constitué une véritable révolution copernicienne. On n'envisage plus qu'eux, et, grisés par cette idée, nos auteurs semblent se copier les uns les autres. Citons L. Pernoud : « Plus encore que l'allaitement, ce qui compte pour le bébé, c'est d'avoir établi avec sa mère un lien étroit dès le départ... Il [l'allaitement] favorise entre la mère et l'enfant l'établissement de liens affectifs profonds et inappréciables[65]. »

D'autres auteurs ont très rapidement théorisé cette découverte :

---

63. I. Lézine, *op. cit.*, p. 168.
64. Dr Kreisler, *op. cit.*, p. 25.
65. L. Pernoud, *J'élève mon enfant*, *op. cit.* (1977), p. 109.

« On peut considérer dans l'allaitement d'un enfant deux points de vue : le premier, c'est ce qu'on donne en aliment, le second, la façon de donner cet aliment[66]. » Remarquons que cette belle maxime semble mettre sein ou biberon à égalité (ce n'est pas ce qu'on donne qui compte, mais la façon de le donner), ce qui n'empêche pas nos auteurs d'écrire quelques lignes plus loin : « Le lait maternel est l'aliment de choix[67]. » Perpétuel double discours, presque en *double-bind*[68].

Et c'est ainsi que se termine l'histoire (provisoirement peut-être) de la victoire des arguments psychologiques sur leurs homologues médicaux, biologiques et moraux des décennies précédentes.

Lait et argent

Le mélange lait/argent est parfaitement hétérogène, les considérations économiques ayant été mélangées au lait de bien étrange façon, servant d'argument indifféremment dans un sens ou dans un autre suivant l'époque.

Au début du siècle et jusqu'à la guerre, l'argent a mauvaise presse parce qu'il permet à la mère de mettre son enfant en nourrice ou de le confier à une nurse qui le nourrira au biberon, pendant que la génitrice se livrera à des mondanités coupables. Puis, ce n'est plus l'argent qui est condamné, c'est l'économie sobre et de bon ton qui est magnifiée : l'allaitement maternel fait faire des économies (de lait, de biberons, de stérilisateur, etc.). Enfin, l'argument est déplacé, ce n'est plus l'image de la femme économe qui est proposée en exemple, mais celle de la femme instruite et active : « On constate actuellement une nette augmentation du nombre de mères qui allaitent, surtout parmi les femmes ayant reçu une éducation moyenne ou supérieure[69]. » Allaiter votre enfant, cela vous classe d'emblée parmi les femmes dynamiques,

---

66. Drs Cohen et Goirand, *op. cit.*, p. 173.
67. *Ibid.*
68. Dire à la fois la chose et son contraire. Voir les travaux de l'École de Palo Alto, de G. Bateson notamment.
69. Ce texte figure en encarté dans l'ouvrage des Drs Cohen et Goirand, *op. cit.*, p. 176.

voilà ce que semble dire cette phrase. Que l'on est loin du temps — pas tellement ancien — où les auteurs admettaient comme seule excuse pour ne pas allaiter le fait de travailler à l'extérieur !

De façon assez comique, dans le même moment, aux États-Unis, c'est l'inverse qui se passe : « Allaiter, ça fait pauvre ou émigrant [70] » ; du coup, les femmes les moins fortunées mettent leur point d'honneur à ne pas donner le sein, cela devient une question de standing !

Sein/biberon et le père

Bien que le père, comme on l'a vu, soit le grand absent, certains se sont avisés qu'il pouvait peut-être peser dans la balance de la décision d'une façon ou d'une autre, et, à ce titre, ils se sont intéressés à lui — bien qu'ils ne soient pas légion. L. Kreisler ne fait pas intervenir le père au niveau de l'allaitement, il se contente de l'introduire de façon silencieuse, en iconographie, dans le chapitre « Allaitement artificiel jusqu'à trois mois », avec une légende accompagnant la photo où l'on voit un jeune père donnant un biberon à son bébé [71]. Formule éminemment frustrante pour le géniteur, qui trouve ici son statut d'« éternel second ».

Nos recherches personnelles sur le sujet « père et alimentation du bébé » tendent à montrer une assez grande ambivalence du conjoint-père dans ce domaine. Ce que suggérait le Dr Dayras en 1950 semble se confirmer, à savoir que les pères ne vivent pas toujours bien l'allaitement qui, surtout s'il se prolonge longtemps, les exclut du couple mère-enfant. En revanche, les pères d'aujourd'hui peuvent enfin se permettre de s'occuper de leurs bébés, et notamment d'être des pères nourriciers s'ils en ont envie, en prenant l'enfant en charge au moment des biberons, non pas de la façon dont parle Kreisler — comme bouche-trou quand la mère est occupée —, mais « à part entière », si l'on peut dire. Et nombreux sont ceux qui le font, l'image sociale de l'homme le leur permettant désormais.

---

70. *Le Groupe, op. cit.*
71. Cité chap. I.

Pour conclure sur ce point, nous pensons d'abord qu'il n'est pas abusif de dire que l'on s'est servi de l'allaitement pour asservir la femme, l'asservir de façon purement matérielle, mais aussi l'asservir en ignorant son libre choix et en gommant tout le plaisir qu'elle pouvait en tirer. Plaisir et libre choix qui ont été finalement récupérés par ces images parentales dont il a été question plus haut et qui se sont d'une certaine façon approprié la maternité.

Ensuite, que l'on s'est aussi beaucoup servi de l'allaitement pour exclure le père, ce qui est très typique du fonctionnement de nos sociétés. Dans l'Occident judéo-chrétien, il semble que l'on ait voulu faire de tout le processus conception, gestation, accouchement, post-partum, prime éducation « une affaire de femme » d'où l'homme est entièrement exclu.

Et qu'enfin, dans nos sociétés, on a réduit le sein à son aspect nourriture, sans prendre en compte d'autres aspects comme, par exemple, celui de la manipulation que le bébé peut avoir du sein. Dans les systèmes de maternage africains, notamment, le bébé peut jouer avec le sein, le sucer, il est la réponse immédiate à l'enfant qui pleure, qu'il ait faim ou qu'il ait mal. Consolateur universel, on va jusqu'à l'introduire de force dans la bouche du jeune désespéré qui s'est cogné ou que l'on a grondé. Chez nous, le rapport charnel mère-enfant a été réduit à un rapport purement fonctionnel, étroitement utilitaire. Or, nous l'avons dit, sein et lait renvoient à bien autre chose qu'à la nourriture.

LE DÉBUT DE L'ALLAITEMENT

On retrouve une fois encore le schéma de la transformation d'une vérité en son contraire — déjà soulevé en plusieurs occasions — dans le cas du moment où il convient de commencer l'alimentation du nouveau-né.

Du début du siècle jusqu'aux années soixante-dix, la très grande majorité des auteurs préconise une diète absolue pour le nourrisson. Tout au plus, pendant vingt-quatre ou quarante-huit heures, les plus tolérants d'entre eux admettent-ils que l'on donne au bébé un peu d'eau sucrée s'il crie trop.

Notons cependant que certains spécialistes semblent déjà connaître l'utilité du colostrum (première sécrétion des seins avant la montée de lait), notamment en 1928, le Dr Pouliot qui préconise la mise au sein quelques heures après l'accouchement.

Puis, après une période de silence, coup de théâtre, on lit sous la plume du Dr Kreisler : « Donnez à téter le premier jour. On a cru pendant longtemps qu'il fallait laisser jeûner les nouveau-nés pendant un ou deux jours. Les études faites au cours des dernières années ont montré que cette façon de faire ne reposait sur aucune base scientifique. Aussi faut-il mettre l'enfant au sein dès la première montée de lait [72]. » Les auteurs suivants emboîtent le pas : J. Cohen-Solal et L. Pernoud qui précise (1977) : « Votre mère [73] sera probablement très étonnée de voir qu'aujourd'hui on donne un biberon dès les premières heures qui suivent la naissance... On a en effet constaté que laisser un enfant quasiment à jeun le premier jour risquait d'être dangereux : le nouveau-né n'a que peu de réserves et son taux sanguin de glucose [...] risque de s'abaisser en entraînant des troubles graves [74]. »

Il apparaît en effet que l'abstinence à laquelle le personnel médical contraignait le nouveau-né (abstinence tout à fait exceptionnelle dans l'ensemble des systèmes de maternage connus) était triplement inutile, voire nocive — par le jeûne immotivé, la privation de colostrum riche en anticorps protecteurs, et l'absence de stimulant pour le déclenchement de la sécrétion lactée [75].

---

72. Dr Kreisler, *op. cit.*, p. 26.

73. Habituel est ce commentaire qui a l'air de faire porter le chapeau à la grand-mère pour une situation dont était absolument responsable la gent médicale et puéricultrice qui, dans sa quasi-totalité, posait la diète comme un impératif catégorique.

74. L. Pernoud, *J'élève mon enfant, op. cit.* (1977), p. 130.

75. Là encore il n'est pas inutile de décentrer ses perspectives. Les Indiens d'Amérique du Nord, rapporte Erikson, ne donnent pas le colostrum aux nouveau-nés, pensant qu'il n'est pas juste de laisser faire au bébé tout le travail initial pour une bien maigre et bien pauvre compensation. Au lieu de cela, en guise de bienvenue de la communauté, le premier repas de bébé est préparé par la famille et les amis (jus de baies et de plantes présentés dans un « biberon » en vessie de buffle). Puis, une fois que le bébé indien a commencé à prendre le lait de sa mère, il est nourri chaque fois qu'il le demande, de jour comme

Mais qui donc recommandait cette pratique « qui ne reposait sur aucune base scientifique » ?

Remarquons pour terminer l'originalité un peu inquiétante de deux auteurs — un gynécologue et un pédiatre — d'un ouvrage tout récent qui continuent à préconiser la diète pendant vingt-quatre ou quarante-huit heures (sauf un peu d'eau sucrée si bébé réclame), la mise au sein n'intervenant que le deuxième ou le troisième jour, et encore en quantités faibles et pas plus de dix minutes[76]. Sont-ce des fantasmes personnels ou l'amorce d'une nouvelle « vérité » ?

SEVRAGE

Sevrer un enfant, c'est le séparer du sein. Mais comme beaucoup de bébés n'en ont pas fait l'expérience, certains utilisent ce terme pour désigner la période du passage du lait à l'alimentation diversifiée. Nous l'emploierons donc dans ces deux sens.

La caractéristique la plus frappante de la période qui va de la fin du siècle dernier jusqu'à nos jours est la diminution régulière, uniforme, de la durée de l'allaitement, ou de la nourriture exclusivement lactée. Le sevrage s'effectue de plus en plus tôt, sans dissension apparente du corps médical, sans retour en arrière. Et les mêmes raisons sont avancées, le même vocabulaire est employé pour justifier des pratiques, certes convergentes, mais qui offrent de très spectaculaires écarts sur le plan temporel. Ainsi, les pédagogues insistent sur l'aspect nécessairement progressif du sevrage : il doit durer trois mois en 1956, et... huit jours en 1978. De même, le critère de l'introduction de l'alimentation « solide » est toujours identique : à un certain moment, le lait ne « profite » plus suffisamment à l'enfant, son développement se ralentit ; mais cela se produit à huit mois en 1937, et à quatre en 1965...

Aussi, dressons-nous un tableau approximatif de ces changements intervenus en quatre-vingt-dix ans.

---

de nuit, et on le laisse librement jouer avec le sein (E. Erikson, *op. cit.*, p. 92).

76. Drs Cohen et Goirand, *op. cit.*, p. 179.

SEVRAGE

	introduction d'une nourriture diversifiée	début du sevrage	fin du sevrage
1887 (Morère)	6-10 mois		15-18 mois
1936 (Bressan)		9-10 mois	12 mois
1937 (CNE*)		7-8 mois	12-15 mois
1938 (*Mon foyer*)	8 mois		
1939 (Lerebouillet)	5 mois	6 mois	9-10 mois
1945 (Croix-Rouge)	6 mois	6 mois	12-16 mois
1947 (Boutier)	6 mois	6 mois	11-12-14 mois
1954 (Gay et Cousin)		6-8 mois	11 mois
1955 (*Larousse ménager*)	3 mois		
1956 (Roueche)	4 mois	7 mois	10-12 mois
1963 (Thiry-Vincent)		6 mois	6-7 mois
1965 (Hennaux)	3 mois	4 mois	8 mois
1966 (Lelong, 2e éd.)	3 mois	4 mois	9 mois
1966 (Pernoud)	3 mois		(« durée maximale ») (durée effective) 3 mois
1975 (Cohen-Solal)	2 mois 1/2	3-4 mois	3 mois 1/2-4 mois 1/2
1978 (Pernoud)	3 mois	3 mois	3 mois + 1 semaine

* Comité national de l'enfance, *Leçons élémentaires de puériculture, en 10 leçons* (pour les fillettes de 10 à 13 ans), *op. cit.*

Nous pensons que la pression socioculturelle incite le praticien à réduire au plus vite les différences alimentaires entre le bébé et l'adulte. Le moteur essentiel de ce processus nous paraît être l'obscure angoisse de l'homme mûr devant un être différent, fragile, et qui, de ce fait, échappe à certains types de normalisation. Diversifier sa nourriture revient alors à accélérer son intégration dans l'univers connu et rassurant des gens d'âge, en niant sa spécificité de nourrisson. Sur le plan symbolique, cette démarche est une tentative visant à socialiser l'enfant, à l'assimiler au plus tôt à l'individu ordinaire de la civilisation occidentale que l'on veut qu'il devienne. Mais nous examinerons plus à loisir ce processus, lors de l'examen des dressages et apprentissages.

Il y aurait donc, à notre avis, une démarche inconsciente de type magique derrière cette rationalisation de l'alimentation minimisant le régime lacté, et simulant ainsi l'être achevé, fini, autonome, chez cet être en devenir.

Il y aurait aussi, dans nos sociétés, un goût pour la précocité dans les dressages, que nous retrouverons ailleurs, notamment à propos de la propreté. Il semble, en effet, que toute économie temporelle effectuée lors d'une phase du développement du bébé soit ressentie comme un acquis social, comme un gain permettant le passage à une autre étape de la socialisation infantile. Bref, on a l'impression, en regardant ce tableau du sevrage, que les spécialistes recherchent un seuil, une période limite indépassable en deçà de laquelle ils ne pourront pas modifier cette première alimentation infantile. Ce sentiment est d'ailleurs corroboré par l'examen d'un autre tableau, celui de la propreté (dont nous parlerons au chapitre 4), qui, joint à celui-ci, nous donne une idée de la façon dont évoluent certaines des techniques de puériculture : il y a une sorte de tâtonnement « ascendant » permettant de fixer un moment irréductible, un point limite avant lequel toute expérimentation est soit dangereuse, soit impossible. Puis vient un mouvement « descendant » (l'évolution de l'acquisition de la propreté en fait foi) au cours duquel divers moments déclarés optimaux sont successivement déterminés. Le bébé occidental serait-il une variété de cobaye ?

Si le processus de réduction du temps de sevrage est fort spectaculaire, il en va de même en ce qui concerne la diversification de l'alimentation solide du nourrisson. En effet, les mêmes mots utilisés pour désigner la cible, objet de fureur du pédagogue, vont être ensuite utilisés pour vanter le but à atteindre. En 1946, certains déplorent « qu'à un an il [bébé] mange de tout comme une grande personne[77] », alors qu'en 1973 on affirme : « À un an [...] bébé peut manger de tout[78]. » Cette évolution ne s'est donc pas faite sans réticences, sans cris et gémissements, et sans menaces à l'encontre des mères, d'abord jugées trop pressées, ensuite trop lentes.

Pourtant, à en croire certains spécialistes du sevrage, ces changements se sont amorcés dès le début du siècle. En effet, dès 1906, le Pr Feer, de Zurich, critiquait le régime lacto-farineux des nourrissons, source d'anémie, de constipation et d'anorexie, et mit au point un régime diminuant la ration lactée du bébé et introduisant les légumes vers six mois. Appliqué dans les pays de langue allemande, puis par les Anglo-Saxons, il ne fut accepté en France que beaucoup plus tard[79]. Mais il importe de souligner la démarche du médecin zurichois : contrairement à ses collègues français, soucieux de freiner toute initiative venant des ascendants, il les observa et s'en inspira ; et c'est au contact des nourrices, dont les enfants étaient sevrés vers trois ou quatre mois, qu'il établit ses préceptes de diététique infantile, rationalisant et aménageant des pratiques dont il n'était guère le créateur.

Revenons en France, prenons quelques exemples d'aliments. Résumons d'abord, durant un demi-siècle, la carrière du jaune d'œuf.

En 1936, on tente de le proposer à l'enfant à dix-huit mois : « On pourra essayer de lui donner une petite crème épaissie avec un jaune d'œuf ; mais il faut aller prudemment avec les œufs, beaucoup d'enfants manifestent une intolérance très grande pour l'œuf, véritable poison pour leur organisme[80]. » Cette précautionneuse

---

77. Dr Oria et J. Raffin, *op. cit.*, p. 7.

78. *Spécial Naissance, op. cit.*, p. 63.

79. In P. Delthil, *Le Sevrage. Physiologie, méthodes, pratiques*, Paris, Drouin, 1953.

80. Mme Bressan, *La Puériculture en 10 leçons.* Chambéry, Maison d'édition des primaires, 1936, p. 37.

témérité — mais pourquoi, diable, si le danger est tel, risquer d'intoxiquer l'enfant ? — est violemment contestée quelques décennies plus tard. Et les partisans du jaune d'œuf ne craignent pas d'affirmer haut et clair leur attachement à cette denrée pilote, qui précède généralement l'introduction des viandes et des poissons :

« Il y a des pays où l'on donne aux enfants de la saucisse à huit mois et d'autres où on les laisse végétariens jusqu'à deux ans. Ce n'est pas une raison parce que les uns et les autres produisent de grands et beaux sujets pour que nous donnions systématiquement de la viande à huit mois à tous les enfants de chez nous ou qu'aucun d'eux ne prenne un jaune d'œuf avant deux ans [81]. » Quelque curieux que puisse paraître le raisonnement de cet auteur (et, en filigrane, cet aveu de la diversité des habitudes alimentaires et de leur bien-fondé sur le plan strictement culturel), il s'avère que, sous forme de gouttes crues ou de quart durci, l'œuf a amplement droit de cité. Il figure ensuite dans les menus de 1954 pour les enfants de dix mois, en 1965, pour ceux de quatre mois, en 1979, pour ceux de trois et demi.

En 1975, on apprend subitement que le fait de donner le jaune et non le blanc n'est pas une précaution, mais une habitude qui frise le ridicule : « Il n'y a aucun inconvénient à donner d'emblée le blanc, un quart ou un tiers d'œuf dur, par exemple... On parle de l'"albumine" de l'œuf et, comme on parle aussi de l'"albumine" retrouvée dans les urines dans des cas pathologiques, il se crée dans l'esprit du public une relation de nocivité entre les deux termes qui n'a rien à voir avec la réalité [82]. »

Le « public » a bon dos. Il a donc fallu trente ans pour que le corps médical se persuade que le jaune n'était pas un poison, et cinquante pour qu'il affirme que le blanc était inoffensif.

L'introduction de la viande va subir des aléas du même type. D'abord, le jus de viande, dont le destin connaît trois moments — l'adulation, le silence, le rejet final : ce jus, réputé précieux jusque vers 1965, connaît une éclipse de dix ans ; plus trace de cette denrée dans les régimes infantiles. Puis, soudain, nous appre-

81. Dr Dayras, *op. cit.*, p. 38.
82. Dr Cohen-Solal, *op. cit.*, p. 132.

nons qu'il n'a aucune valeur alimentaire et qu'il est peut-être nocif ; on en préconise donc l'abandon, en 1975[83] : « Le jus de viande ne représente rien du tout. C'est de l'eau avec un peu d'hémoglobine et des microbes ; il n'y a aucun intérêt, aucune raison d'en administrer à bébé. »

Mais si, après un brillant lancement, le jus de viande retombe tel un pétard mouillé sur le terrain de la diététique du nourrisson, il n'en va pas de même de la viande et du poisson hachés, dont on se méfie très fort, initialement.

D'abord, on a souvent l'impression que la couleur pâle est le principal critère de sélection des protéines admises en premier dans l'assiette du bébé : ainsi, en 1947, on suggère de présenter à l'enfant de 18 mois du blanc de poisson, de la cervelle, et du blanc de poulet[84]. Ou bien le rose du jambon et du foie de veau, eux aussi très à l'honneur, avant et après la guerre de 1940, garantissent, un peu par ce que l'ethnologue anglais Frazer appelle la « magie de sympathie », la nacre rosée des chairs du nourrisson. Seule note discordante dans ce concert neigeux : l'Œuvre de la Goutte de lait qui trouve ces denrées trop chères pour ses lectrices, et conseille prosaïquement de la viande de cheval râpée[85]. Mais malgré ces harmonies imitatives, et la mise à l'écart des « viandes noires[86] », on met vigoureusement la cuisinière en garde contre toute tentative d'introduction plus précoce de l'alimentation carnée : « Toute addition prématurée au régime occasionnerait une fatigue inutile et pourrait provoquer un dérangement considérable[87]. »

Puis, les essais pour abaisser l'âge de la consommation des protéines se heurtent aux véhémentes protestations d'une partie du corps médical. En 1939, un de ces médecins estime que, « dans ces dernières années, on a eu tendance à avancer l'âge d'introduction du poisson et de la viande dans le régime du bébé [...] ; on peut même se demander si la recrudescence chez le nourrisson

---

83. *Ibid.*, p. 133-134.
84. Mme Boutier, *op. cit.*, p. 286.
85. Mme Champendal, *op. cit.*, p. 51 *sq.*
86. Mme Bressan, *op. cit.*, p. 29.
87. Mme Boutier, *op. cit.*, p. 297.

d'accidents tels que l'urticaire, l'eczéma, l'asthme, n'est pas due à un abus alimentaire dans ce sens », et il conseille, après 20 mois, 20 à 25 grammes de protéines animales deux fois par semaine[88].

Onze ans plus tard, un de ses disciples fulmine aussi contre le « snobisme » des mères qui rivaliseraient entre elles en avançant la période d'accès du nourrisson à la nourriture adulte : « Tel n'en est qu'à la soupe de légumes, alors que celui d'une belle-sœur en est à la côtelette. » Il défend pouce à pouce une terre menacée de conquête, puisque c'est désormais à 14-15 mois qu'on tente de maintenir l'avancée triomphale du jambon-poisson-blanc de poulet. Il déplore aussi que les enfants « paraissent souffrir d'une alimentation précocement poussée en viande[89] ».

Après ce dernier cri d'alarme, les anathèmes proférés contre les mères abusivement audacieuses cessent ; subitement, apparaissent des conseils diamétralement opposés, qui morigènent gentiment les mères timorées : « S'il a de la difficulté à supporter son nouveau régime, soyez tenace mais patiente[90] » (1963), ou encore : « C'est à la mère de présenter des plats qui donnent envie d'être mangés[91] » (1977). Car l'assiette, puis le biberon de l'enfant se garnissent de plus en plus tôt d'aliments carnés, à cinq mois en 1966, à quatre en 1975 (40 g à quatre mois, et 80-90 g à huit et neuf)[92].

Mais ce goût de la chair fraîche passera peut-être, une fois démontrée l'aptitude du nouveau-né à la digestion des protéines ; et il n'est pas dit que les praticiens ne feront pas bruyamment machine arrière en dénonçant la sophistication des pratiques actuelles, en se rebellant contre l'insidieuse pression de l'industrie alimentaire infantile et en prônant des nourritures en harmonie avec la vogue écologique — par exemple, le lait intégral, voire l'humble « bouillie claire » du XIXe siècle, aujourd'hui si décriée[93]...

88. Dr Lerebouillet, *op. cit.* (1939), p. 93.
89. Dr Dayras, *op. cit.*, p. 44.
90. *Le Conseiller de la femme, op. cit.*, p. 748.
91. L. Pernoud, *J'élève mon enfant, op. cit.* (1977), p. 190.
92. Dr Cohen-Solal, *op. cit.*, p. 126 *sq.*
93. Depuis peu, le régime carné est effectivement déconseillé par certains praticiens, car la consommation trop précoce de viande semble favoriser l'apparition de maladies cardio-vasculaires.

Les satisfactions orales constituent à l'évidence, dans les propos des spécialistes, un pôle très conflictuel. La bouche s'y trouve en effet être un organe et un orifice au niveau duquel tout plaisir est interdit : goûter, mais aussi crier, mais aussi sucer. L'histoire de la sucette en est peut-être la meilleure illustration.

PETITE HISTOIRE DE LA SUCETTE

Que de tempêtes à propos de ce petit objet, tétine de caoutchouc, fixée et bouchée par un support en plastique assorti d'un anneau [94] ! Son usage, réel ou redouté, a mis les auteurs dans des états allant de la transe hystérique à la tolérance agacée en passant par la colère, la menace ou le mépris.

En outre, fait très exceptionnel, son « aura » maléfique a débordé le cadre de la puériculture pour atteindre à une dimension politique et nationale. En effet, sur proposition d'une des sommités puéricultrices de l'époque, le célèbre Pr Pinard — celui de « Le lait de la mère appartient à l'enfant » —, les députés, après un houleux débat à l'Assemblée nationale, ont voté la loi du 6 avril 1910 interdisant la vente et la fabrication des sucettes en caoutchouc. Pourrait-on imaginer que ces messieurs aient légiféré sur l'âge de la propreté sphinctérienne ou sur l'interdiction du bavoir ? Quoi qu'il en soit, les décrets d'application de la loi n'ayant pas été pris, « cette loi n'est malheureusement pas appliquée scrupuleusement », se lamente Mme Francisque Gay dans les différentes éditions de son manuel, de 1924 à 1960.

La sucette a donc suscité plus que des remous et des controverses, et fut l'un des chevaux de bataille de la puériculture moderne. Or, sur ce point encore, nous retrouvons le même schéma de la transformation d'une affirmation en son contraire :

---

94. La définition de la sucette donnée par le Petit Robert est intéressante : « Sucette, petite tétine qu'on donne au bébé pour l'empêcher de sucer son pouce » (1970, p. 1706). Elle est donc définie comme un objet entièrement négatif (substitut de la succion du pouce, laquelle est présentée elle-même comme négative).

elle est d'abord bannie, puis ignorée, enfin tolérée de façon plus ou moins ambivalente.

À ce titre, les aventures de la sucette nous semblent exemplaires à conter, d'autant que, peut-être à cause des passions qui se déchaînent, il nous semble y voir poindre le bout de l'oreille, si l'on peut dire, de l'inconscient des spécialistes.

Telle l'hydre de Lerne (monstre à neuf têtes tué par Hercule), la sucette, objet multiforme, apparaît dans des endroits variés, au détour de tel ou tel chapitre des différents ouvrages, comme si les auteurs ne parvenaient pas à la saisir dans sa spécificité et voyaient partout son spectre potentiellement menaçant.

C'est ainsi qu'on la trouve dans les rubriques suivantes : danger qui menace l'enfant, hygiène de bébé, besoin de nourriture, besoin de sucer, besoin de jouer, maux de dents, tics, pleurs, plaisir solitaire (neuf en tout... est-ce un hasard ?). En outre, certains manuels omettent systématiquement d'en parler, et cette absence est lourde de signification par rapport à son hyperprésence ailleurs.

Passons en revue l'acte d'accusation dressé et complété par différents auteurs depuis le début du siècle.

La hantise de la saleté et la phobie du microbe semblent être une obsession. Cela vaut pour tous sans exception : « Le suçon, c'est le désespoir du médecin d'enfants... tantôt il voit le suçon rouler à terre ou être passé dans la bouche d'une grande personne avant d'être donné à l'enfant. Si la maman qui se rend coupable de cette affreuse malpropreté savait combien le plancher est sale, combien sa bouche renferme de débris d'aliments, de microbes, de sécrétions malsaines venant de dents cariées, etc., elle en aurait horreur[95]. » Remarquons que la « grande personne » s'avère vite être la maman... et quelle maman ! « Arrière, Dracula ! », a-t-on envie de dire devant cette mère sale, aux dents cariées, à l'haleine pestilentielle et qui, comble de l'horreur, semble prendre plaisir elle aussi à l'usage de la sucette... avant de la passer à son rejeton, comme deux drogués se passent un « joint »...

Le ton du rédacteur suivant se modère mais sa condamnation

95. Dr Pouliot, *op. cit.*, p. 18.

reste aussi ferme : « La sucette est un objet, non seulement inutile, mais dangereux et malpropre... Même si la sucette est propre [...], son usage reste malsain pour l'enfant[96]. » Que cache l'argument « hygiène » ? Usage malsain, pourquoi ? Le mystère reste entier pour le moment.

Puis les arguments contre la sucette se catapultent, les auteurs en donnent volontiers quatre ou cinq à la fois, et, d'après eux, ce petit objet devient responsable de l'aérophagie du bébé : « C'est une mauvaise habitude qui fait avaler de l'air et nuit à une bonne digestion[97] », de sa fatigue : « Le bébé la tète sans relâche pendant des heures[98] », « se fatigue inutilement en tétant ainsi sans arrêt[99] », de la déformation de sa mâchoire[100], enfin de sa mort par risque d'étouffement[101]. Deux auteurs résument de façon lapidaire tous les dangers de ce petit accessoire : en tant que représentant de l'ignorance, des préjugés et d'un laisser-faire coupable, il constitue l'une des causes de la mortalité infantile[102]. On ne peut guère aller au-delà, la sucette, c'est l'épouvantail.

Dans les manuels plus récents, les spécialistes, bien que tout aussi réservés que leurs confrères à son égard, essaient de comprendre pourquoi leurs directives semblent rencontrer tant de résistances. En effet, « ce mal qui répand la terreur » dans les milieux puériculteurs est au contraire, chez les usagers, fort apprécié aussi bien par celui qui la donne (l'adulte) que par celui qui la reçoit (le bébé), sauf dans certaines couches sociales qui, suivant les époques, se trouvent être spécialement réceptives au discours médical. Par exemple, jusque vers les années soixante-dix, la sucette se donnait seulement dans les familles ouvrières, pay-sannes ou immigrées et était très mal vue chez les cadres et les intellectuels, constituant à elle seule un critère d'appartenance

96. Dr Lerebouillet, *op. cit.* (1939), p. 48.
97. *Mon foyer, op. cit.* (1935), p. 262.
98. Mme Champendal, *op. cit.* (1928), p. 18.
99. Croix-Rouge, *op. cit.* (1945), p. 280.
100. Mme Champendal, *op. cit.* (1928) ; *Mon foyer, op. cit.* (1938) ; Mme Francisque Gay et L. Cousin, *op. cit.* (1954).
101. Croix-Rouge, *op. cit.* (1945).
102. Dr Oria et J. Raffin, *op. cit.*

sociale. Depuis, renversement de situation, ce sont les gens « ins-
truits », qui ont lu ou sont au courant des travaux des psychologues de l'enfance, qui la donnent, les autres en ayant maintenant
une image péjorative [103].

Les années passant, le besoin de sucer semble avoir été progressivement officialisé sans que les auteurs osent aborder franche-
ment le délicat problème de la sucette. C'est ainsi que, entre 1950
et 1976, la sucette disparaît, sinon des préoccupations des auteurs,
du moins des manuels. Elle n'apparaît qu'une seule fois dans les
éditions successives de *L'Enfant du premier âge*. Elle ne figure pas
non plus dans le L. Pernoud de 1968. Cependant, si les auteurs
observent un silence prudent, ce n'est pas le cas des laboratoires
pharmaceutiques qui rivalisent de publicité à son sujet. Sans doute
pour être dédouanée, la sucette est baptisée « sucette physiologique », et est vendue en pharmacie (plus cher qu'avant, bien sûr, la
« physiologie » se paie !). Comme toujours, les auteurs officiels ont
fait preuve d'un grand courage et ont attendu le feu vert de la
société de consommation pour entériner une situation de fait !

Mais que faisaient nos spécialistes pendant cette période de
mutisme ? Bien des indices laissent penser qu'ils étaient fort per-
plexes, écartelés entre leurs convictions et la pratique. Certains
tentent de se justifier quand ils la prescrivent : « Oserai-je avouer
que dans certains cas de cris épuisants... il m'est arrivé de favoriser
ce tic en prescrivant l'usage d'une sucette et la sédation s'est produite si rapidement qu'on avait l'impression d'avoir satisfait à un
besoin physiologique [104]. »

L'« aveu » de ce médecin, manifestation de sa gêne et de sa
culpabilité à conseiller un objet interdit, se retrouve encore maintenant : les bébés nés prématurément ont fréquemment des problèmes de sommeil pour lesquels, fait bien connu des néo-
natologues, la sucette constitue un soulagement très efficace. Or,
aussi bien les pédiatres que les parents ressentent le même malaise
à en parler, les uns à la prescrire, les autres à l'accepter.

103. C'est exactement le même trajet que celui de l'image de l'allaitement au sein, voir « Lait et argent ».
104. Dr Dayras, *op. cit.*, p. 70.

Cependant, l'idée d'une certaine tolérance à la succion fait peu à peu son chemin ; nous trouvons l'avertissement suivant dans une brochure des centres de PMI : « Rien ne sert de gronder, de punir ou d'attirer constamment l'attention sur cette conduite [sucer][105]. » C'est à propos de ces mises en garde répandues un peu partout à partir de 1970 que l'on apprend avec stupeur à quel point la répression avait été sauvage à l'égard d'une conduite que l'on trouve maintenant « naturelle ». Le même Dr Dayras écrit, décrivant les bébés « maniaques » : « Tantôt ce tic de succion est éphémère et guérit facilement en quelques jours si on prend la précaution d'attacher les mains de l'enfant ou d'empêcher la flexion des coudes en les enveloppant dans un rouleau de carton[106]. » Ailleurs, nous apprenons qu'on enduisait les doigts de l'enfant avec de la moutarde ou de l'aloès. Et la brochure PMI citée plus haut explique : « Les gants, doigts de caoutchouc, les manches épinglées à la brassière ne guériront pas davantage l'enfant. Les restrictions de cet ordre ne font que renforcer les besoins de décharge de l'enfant qui pourra alors trouver d'autres activités rythmées qui le libèrent de sa tension : se balancer dans son lit, par exemple, se frotter les yeux, se tirer les oreilles[107]. »

Les praticiens de la puériculture (personnel des maternités notamment) n'ont pas lu (hélas !) dans leur grande majorité ces conseils : combien de bébés se sont vu, dès les premières heures de leur existence, attacher les bras ou ganter les mains pour qu'ils ne sucent pas leurs doigts ou leurs poings, ficelés dans leur « berceau » fixe, avec la sempiternelle pancarte au-dessus de leur tête : « Ne me touchez pas, ne m'embrassez pas », et cela de nos jours encore.

Quoi qu'il en soit, les spécialistes ne peuvent plus se permettre de se taire sur le problème de la sucette, le fossé avec la pratique étant par trop énorme. Ils en parlent donc puisqu'il faut bien en passer par là, mais avec une prudence et une réserve qui les classent d'emblée parmi les grands diplomates de ce temps. Qu'on en

---

105. Sans date.
106. Dr Dayras, *op. cit.*, p. 70.
107. Sans date.

juge ! L. Pernoud, dans le chapitre « Les dents » (pourquoi à cet endroit ?), écrit : « Il y a un accessoire dont il faut parler à propos des dents, c'est la sucette. Pour ou contre la sucette ? La question est particulièrement controversée de nos jours. Il y a beaucoup de contre... » (microbes, salivation excessive, mauvaise habitude). « Côté "pour", il est indiscutable que la sucette a un pouvoir calmant... L'enfant a besoin de sucer... Ce désir est normal. L'usage de la sucette semble être en réalité plutôt une habitude familiale ou régionale [108]. » L'on ne saurait être plus conciliant, « il y a du pour, il y a du contre, ça dépend des gens... » ! Les Drs Cohen et Goirand font assaut de lapalissades analogues ; on lit dans le chapitre « Les pleurs » : « La sucette, la donner ou non ? » « Certains médecins y sont formellement opposés, d'autres la prescrivent [109]... » Ces auteurs prennent finalement une position de « oui, mais » : « Elle doit être parfaitement propre et son usage, limité aux trois ou quatre premiers mois, évitera à l'enfant d'utiliser son pouce. Après ce temps, il faudra la supprimer. Ce qui se fait par des moyens simples [110]. » Entre deux maux (pouce et sucette), ils semblent choisir le moindre... Toutefois, on se demande avec intérêt comment les auteurs règlent le problème du sevrage de sucette : quels sont ces moyens simples ?

Quant à J. Cohen-Solal, il cherche à avoir le point de vue de Sirius en la matière : « La sucette déclenche souvent un débat passionnel qui n'est pas justifié. Ses détracteurs lui reprochent d'être un instrument sale... Ses défenseurs affirment [...] qu'il est très facile de la nettoyer [111]. » L'on ne saurait mieux dire ! Cet auteur a pourtant le courage d'avoir une opinion plus nette et, pensons-nous, plus pertinente que les autres. Il écrit : « La sucette, pourquoi ? Oui, si c'est un moyen transitoire de calmer bébé ou de satisfaire son besoin de sucer, mais non, si cela doit représenter une perte de contact avec vous, et une façon de le laisser résoudre tout seul ses petites difficultés [112]. »

---

108. L. Pernoud, *J'élève mon enfant, op. cit.* (1977), p. 75.
109. *Op. cit.*, p. 234.
110. *Ibid.*
111. Dr Cohen-Solal, *op. cit.*, p. 216.
112. *Ibid.*

C'est bien à la question : « La sucette, pourquoi ? » que le bât blesse, et chaque auteur y répond — ou n'y répond pas — en fonction de ses fantasmes et convictions personnelles.

Si nous nous rappelons les horaires rigoureux de la tétée (quinze minutes maximum, après quoi il faut impérativement décrocher le bébé), nous voyons qu'il s'agit en fait de vérifier qu'il ne s'amuse pas à sucer après s'être nourri, comme s'il fallait absolument dissocier alimentation et plaisir, empêcher en fait l'enfant de prendre un quelconque plaisir, et surtout un plaisir solitaire.

Car, et nous y arrivons, c'est bien de plaisir solitaire qu'il s'agit dans les polémiques violentes autour de la sucette. Souvenons-nous de l'auteur de 1951[113] qui enjoignait à la mère de ne pas laisser bébé sucer *impunément* son pouce, comme si le scandale résidait dans le fait que l'enfant puisse prendre un plaisir sans que l'adulte le lui ait octroyé ou qu'il le contrôle, et surtout sans qu'il y ait de sanction.

Voyons en effet comment L. Kreisler, en 1975, donne la première autorisation à la sucette et au pouce en faisant ressortir, comme en négatif, les causes de ce tabou : apparaît comme l'élément central le côté plaisir solitaire, la jouissance que se procure le bébé, et que l'adulte — spécialiste, mais aussi quelquefois le parent — ne supporte apparemment pas. L'auteur montre d'ailleurs que les parents emploient les mêmes menaces castratrices pour la succion que celles brandies pour la masturbation, du style : « On te coupera le pouce si tu continues à le sucer[114]. » Du même coup, la panoplie de la répression anti-pouce et anti-sucette devient plus « logique » puisqu'il s'agit d'empêcher une activité auto-érotique analogue à la masturbation, une sorte de *masturbation orale*. Les mesures prises par les parents, telles que les décrit L. Kreisler, évoquent tout à fait ce que préconisaient les éducateurs il n'y a pas si longtemps pour vaincre la masturbation de l'enfant et de l'adolescent : « N'utilisez pas les moyens de pression tels que les mains attachées. Des conséquences psychologiques sérieuses pourraient en résulter... N'utilisez jamais aucun moyen

---

113. *Petit guide de la jeune maman, op. cit.*
114. Dr Kreisler, *op. cit.*, p. 112.

de répression directe (produits amers sur les doigts, appareils, etc.), ou indirecte : pas de promesse, pas de menace... Une menace de ce genre » (dire à l'enfant qu'on lui coupera le pouce s'il continue à le sucer), « même dite sur un mode plaisant, est une sottise, et peut être traumatisante pour un enfant[115]. »

Nous acquiesçons pleinement à ce point de vue, avec une réserve toutefois : pourquoi rendre une fois de plus responsables les parents de mesures qui leur ont été « soufflées » par les spécialistes des manuels plus anciens ? Qui donc parlait de « mauvaise habitude[116] », de « petit appareil malsain[117] » à propos de la sucette ? La phrase que nous citions plus haut : « Même si la sucette est propre... son usage reste malsain pour l'enfant[118] », n'est-elle pas à comprendre dans ce sens ?

Notons au passage que l'auteur, autorisant et déculpabilisant la succion, réfute en même temps les arguments prétendus scientifiques qui sont encore maintenant avancés par les spécialistes[119] contre la sucette : aérophagie, déformation du palais et de la denture[120]. Quant à l'argument de la propreté — qui est le seul à être réel et non résultant de l'imagination des auteurs —, L. Kreisler, comme L. Pernoud plus tard, préconise cette mesure bien simple : avoir plusieurs sucettes, les laver souvent, éventuellement en suspendre une en sautoir autour du cou de l'enfant...

Une remarque encore sur ce point : les auteurs pensent-ils que les mères soient à ce point dépourvues du plus élémentaire bon sens pour se croire obligés de lancer de telles évidences ? Cela laisse songeur sur le type de lectrices (ou lecteurs ?) auquel les auteurs croient s'adresser... Ne savent-ils pas que, pour nouvelle que puisse paraître pour eux l'utilisation de la sucette, des millions de femmes l'ont donnée à leurs enfants pendant la période interdictrice ?

L'exemple de la sucette, tel que nous l'avons développé, corres-

---

115. *Ibid.*, p. 112.
116. *Mon foyer, op. cit.* (1938).
117. Mme Francisque Gay et L. Cousin, *op. cit.* (1954).
118. Dr Lerebouillet, *op. cit.* (1939).
119. Dr Cohen-Solal, *op. cit.*, p. 266.
120. Dr Kreisler, *op. cit.*, p. 111.

pond bien à ce « commandement » qu'on lit bien souvent en filigrane dans le discours de la puériculture : « Tu auras et élèveras
ton enfant dans la douleur — pour toi comme pour lui », comme
s'il fallait interdire tout plaisir aussi bien de la mère que de l'enfant. Dans le cas qui nous occupe, c'est bien pis, il s'agit d'interdire
à l'enfant un plaisir pris seul, sans l'adulte qui se trouve par là
même renvoyé à ses propres frustrations, à ses problèmes à lui de
succion — peut-être à sa cigarette ou à son micro : sait-on que
dans les milieux de la radio et de la TV on appelle « maladie de la
sucette » le comportement de ces personnages qui « salivent » dès
qu'ils peuvent saisir un micro et qu'on ne peut les en détacher ?

Notons que ce que l'on peut appeler le tabou sur la sucette
constitue un des aspects de l'interdiction des satisfactions orales
chez l'enfant, au même titre que celle de la succion du pouce. Ce
qui distingue la sucette du pouce est sans doute que l'on ne peut
interdire ni la fabrication, ni la vente, ni l'achat du second...
Cependant, son « usage » par l'enfant fait l'objet de foudres équiva-
lentes à celles déclenchées par celui de la sucette.

Remarquons pour terminer qu'il existe un relativisme historique
et culturel de la succion. Nombreuses sont, en effet, dans notre
histoire, les périodes où les activités auto-érotiques — aussi bien
orales que génitales — ont été parfaitement acceptées et considérées comme normales. L'exemple le plus démonstratif peut-être
est celui des Madones à l'Enfant, œuvres des plus grands peintres
de la Renaissance italienne (Véronèse, Botticelli), qui représentent
la Vierge tenant dans ses bras un enfant Jésus calme et détendu
qui suce son pouce ou sa main, ou bien joue avec son pénis. Une
telle image de la Vierge à l'Enfant ferait scandale de nos jours.
Autre temps, autres mœurs...

Notons aussi que les sociétés dites « primitives », nanties de systèmes de maternage plus cohérents et plus harmonieux que les
nôtres, ne pratiquent pas la sucette ni la succion du pouce. En
effet, face au besoin de nourriture et au besoin de sucer qui sont,
insistons sur ce point, *deux fonctions également primaires qu'il faut
satisfaire*, l'enfant se tourne vers le sein de sa mère (biologique ou
sociale) qui se présente à la fois comme dispensateur de lait et de

chaleur, mais aussi comme objet à manipuler, comme calmant, comme sucette en un mot.

Quant à la puériculture américaine, elle se démarque encore une fois — en mieux, est-ce la peine de le dire ? — de la nôtre. Voici comment le Dr Burton White présente la sucette dans un chapitre traitant de la succion : « Si vous êtes patient, vous pouvez inciter votre bébé à téter une sucette, surtout aux moments des petits chagrins. Étant donné que sucer sa main est une activité très courante chez un nourrisson de cet âge, nous devons en déduire que cette activité lui apporte grande satisfaction [121]. » Nous souscrivons à cette façon pragmatique et dédramatisée d'envisager les situations, attitude plus positive que l'hyperbole passionnelle de nos spécialistes. Remarquons aussi l'humilité du chercheur, de l'observateur, qui s'incline devant les faits au lieu d'imposer des points de vue personnels, moraux ou idéologiques, qui vont à l'encontre de l'observation de la réalité.

Quant au célèbre Dr Spock, il ne pose pas dans son ouvrage la question de savoir s'il faut ou non donner la sucette : il conseille seulement les mères afin qu'elles l'utilisent bien. Il en vante d'ailleurs les avantages en tant que prévention de la succion du pouce. Il propose donc de commencer très tôt : « Afin que bébé puisse jouir de la sensation que cela lui procure dans la bouche [122]. » Nulle angoisse, ni drame dans les propos de l'auteur qui écrit que le bébé s'en déshabituera progressivement, aidé par ses parents, « dès qu'il s'y montre disposé [122] ». Un détail piquant, typique de la puériculture américaine, montre bien le gouffre que représente pour les idées l'océan Atlantique à traverser : la façon dont Spock résout le délicat problème du bébé qui perd sa sucette la nuit, et qui pleure, obligeant les parents (français), s'ils n'ont pas lu Spock, à se relever quatre ou cinq fois pour la lui redonner : « Si votre bébé utilise encore une sucette après cinq ou six mois et s'éveille plusieurs fois la nuit parce qu'il l'a perdue, placez-en plusieurs dans son lit quand il va se coucher, de façon qu'il ait plus de chance d'en retrouver une par lui-même. Ou bien attachez-en une au col de son pyjama [123]. »

---

121. Dr White, *op. cit.*, p. 37.
122. Dr Spock, *op. cit.*, (1960), p. 195.
123. *Ibid.*

Pour en terminer avec la sucette — sujet mince en soi mais fabuleux par l'importance qu'il prend —, remarquons qu'en 1979 elle se porte de mieux en mieux, vendue dans les pharmacies mais aussi dans les grandes surfaces, les magasins de jouets, et enfin — consécration suprême et un brin ironique — dans les boutiques spécialisées en puériculture !

Il eût sans doute fallu un Hercule français pour gagner la bataille contre l'hydre tentaculaire qu'est la sucette — dont il n'est pas sans intérêt de savoir qu'en anglais elle s'appelle *pacifier* (pacificateur). Apparemment, aucun de nos auteurs n'était taillé pour le faire.

Souhaitons de toute façon que l'on cesse de partir en guerre contre un objet de paix !

CHAPITRE III

Les rituels

Un très grand nombre des conseils éducatifs qui scandent le discours des puériculteurs et en constituent la trame peuvent être rangés dans la catégorie des rituels. Énumérons-les brièvement :

— rituels alimentaires (envies et dégoûts de la femme enceinte, alimentation pendant la grossesse, nourriture de la femme qui allaite, alimentation du bébé puis du jeune enfant), dont nous avons déjà parlé ;

— rituels dans les comportements (habillement de la femme enceinte, trousseau du bébé, bain, sorties, mais aussi sexualité des futurs parents, accouchement, rituel des relevailles) que nous traiterons ici.

— enfin, tous les apprentissages du bébé (propreté, marche, etc.), que nous aborderons dans le chapitre suivant.

LE BAIN

Le grand moment de la journée du petit enfant, celui qui requiert de la part de la mère le plus de précautions, de vigilance et d'activité, celui qui mobilise, selon nos auteurs, ses craintes et sa tendresse, est celui du bain. Après la Première Guerre, déjà, les puériculteurs y consacrent plusieurs pages, et insistent sur le fait que chaque détail mentionné a son importance, et que l'objet cité,

le plus menu soit-il, doit figurer parmi les instruments effectivement employés par la mère. En outre, aucun geste, aucune attitude
maternelle, n'est laissé au hasard ou à l'initiative de celle-ci.

Aussi, quoique fort répétitive, la lecture de ces minutieux préceptes suscite-t-elle une fascination, un inexplicable sentiment
d'étrangeté que le propos avoué des auteurs — faciliter la tâche du
lavage — ne justifie nullement. Et si, sous couvert de conseils (ou
d'ordres) concernant une besogne matérielle et somme toute
banale, ils s'astreignaient à l'élaboration, voire à l'ordonnance-
ment, d'un rituel proprement religieux ?

C'est cette hypothèse que nous allons explorer, avec, d'ailleurs,
le tacite assentiment des spécialistes eux-mêmes, qui, tels des
prêtres de croyances ésotériques, ne dédaignent pas de semer sur
la route du néophyte, ne serait-ce que sur le mode humoristique,
de précieux éléments de connaissance. Ne disent-ils pas eux-
mêmes que le bain de l'enfant est une « cérémonie », une « fête [1] » ?
Qu'il débarrasse le jeune être des « souillures » de la journée [2] ? Ils
vont même jusqu'à employer l'expression « rite du bain [3] » à propos
de cet épisode quotidien.

Aussi suivrons-nous les pistes qu'ils nous ont eux-mêmes indiquées, en nous efforçant, à travers le dédale touffu de leurs descriptions et injonctions, d'atteindre l'organisation interne de ces
rites. Feignons donc, un moment, de nous trouver devant des
matériaux archaïques ou exotiques. Emparons-nous des calepins
de l'ethnographe et des lunettes de l'historien des religions ; faisons comme si nous avions à interpréter quelque mystérieuse célébration dans une société étrangère, et amusons-nous à en
décrypter le sens.

Dans cette perspective, deux grandes voies s'offrent à nous : le
bain est-il réductible à un cérémonial sacrificiel par lequel on élimine l'impureté des participants, et, ce faisant, on réconcilie
hommes et divinités ?

À cette thèse du sacrifice d'expulsion on peut opposer celle du

---

1. L. Pernoud, *J'élève mon enfant, op. cit.* (1972), p. 35.
2. *L'Encyclopédie des parents modernes, op. cit.*
3. *Le Guide médical des parents, op. cit.*, p. 20.

rite de passage. Le bain peut être considéré comme un scénario mythico-rituel de mort et de renaissance qui, si l'on en croit le schéma proposé par M. Eliade[4], procure la régénération de l'individu qui y est soumis, du fait de la répétition d'actes archétypaux. Mais, avant de trancher en une si délicate matière, voyons le déroulement du processus, et ses diverses séquences que les classifications d'A. Van Gennep nous ont aidées à établir[5].

Rites de séparation

Toute cérémonie implique une période préliminaire durant laquelle les participants tentent de suspendre l'écoulement du temps profane ; ils se détournent alors des actes peu significatifs du jour pour se projeter dans un univers spatio-temporel clos où le hasard et la diversion n'ont pas de place. Bien sûr, ce lieu et ce moment sont dûment fixés : le bain a lieu le matin, « vers 9 h 30, avant la seconde tétée » et dans une pièce dont la température doit être de 18 à 20°[6] ; pièce d'habitation ou salle d'eau familiale, elle comprend l'instrument clef du rituel : une petite baignoire ou bassine, figurée en dessin, et décrite dans le texte.

L'essentiel du rite de séparation est fortement indiqué ici. Dans un texte profane, sa mention eût été jugée inutile, ou blessante : « On a soin de bien fermer la porte et non pas seulement de la pousser afin d'éviter tout refroidissement[7]. » Van Gennep a d'ailleurs consacré plusieurs pages à ces « rites d'entrée » et de « sortie » dans le temple, la maison, montrant la valeur sacrée du seuil, de la porte même, lieu et moyen de passage matériel et symbolique du monde trivial au monde du sacré[8].

Il semble que l'on puisse aussi intégrer les rites de séparation à

---

4. M. Eliade, *Le Mythe de l'éternel retour*, Paris, Gallimard, coll. « Idées », 1969 ; et *Aspects du mythe*, Paris, Gallimard, coll. « Idées », 1963.

5. A. Van Gennep, *Les Rites de passage*, Paris, Noury, 1909.

6. Mme Chouquet, *Savoir soigner les enfants*, Paris, La Maison rustique, 1946, p. 8-9.

7. *Ibid.*, p. 9.

8. A. Van Gennep, *op. cit.*, chap. 2 « Le passage matériel ».

l'ensemble des activités ordinaires, la collecte et la réunion des objets culturels qui ménagent l'indispensable progression des activités factices vers les conduites de recueillement : « À portée de la main vous préparez tout ce qui vous sera nécessaire, le savon (savon à la glycérine ou savon de Marseille), l'éponge fine ou mieux un chiffon de linge doux qui peut se lessiver, la poudre de talc, les tampons d'ouate hydrophile avec lesquels vous laverez la figure à l'eau bouillie pendant les premiers mois, et ceux que vous roulerez serrés entre vos doigts en forme de petits bâtonnets pour nettoyer l'intérieur des oreilles et du nez ; la sortie du bain ou la grande serviette-éponge, chauffée devant le feu ou enroulée autour d'une boule d'eau chaude ; enfin, tout ce qu'il faut pour habiller votre bébé[9]... »

Outre les instruments de la cérémonie, ces *sacra* ou ces *regalia* de la prêtresse — signes de son pouvoir mais aussi moyens efficaces de son action tangible —, sont aussi décrites ses attitudes posturales et leurs variantes permises ou prohibées : « Si vous avez une baignoire posée sur le plancher vous vous asseyez sur une chaise basse ; sinon vous donnez le bain debout[10]. » Là encore, la rigoureuse codification gestuelle légitime un propos futile, voire désobligeant pour une lectrice non avertie de la teneur cachée du texte. De même, au verso de la page montrant l'exacte position selon laquelle la femme doit soulever son enfant dénudé (une main soutenant la nuque), apparaît un second schéma figurant « comment il ne faut pas prendre son enfant » (une main sous les épaules, laissant la tête ballante). Peu économe dans sa démonstration, et même préjudiciable à l'effet recherché — on peut se tromper de page, ou ne pas lire la légende —, cette double illustration s'impose si l'on admet que l'on a affaire à un interdit, à un rite négatif présenté à la suite de sa contrepartie positive : mettre en pratique le schéma tentateur et interdit reviendrait à inverser le sens de la cérémonie entière, à tourner en catastrophe un rituel bénéfique[11].

9. Mme Foulon-Lefranc, *op. cit.*, p. 268-269.
10. Mme Foulon-Lefranc, *op. cit.*
11. *Ibid.*, p. 269-270.

Rites de marge

Cette période liminaire, au cours de laquelle s'effectue l'essentiel de la cérémonie, découpe en moments hétérogènes les actes de l'officiante ; le corps de l'enfant est aussi dissocié en portions autonomes, justiciables de traitements spécifiques selon une chronologie déterminée : « ... avec la main bien enduite de savon, frottez le petit corps sans oublier le cuir chevelu, mais ne savonnez pas la figure. Rincez vos mains, passez la gauche sous la nuque, ouvrez-la de façon à maintenir la tête et le haut du dos ; passez la droite sous les cuisses, et, soulevant votre bébé, plongez-le dans l'eau en ayant soin que la figure ne soit pas immergée et que la poitrine, au contraire, soit recouverte d'eau. Alors, le soutenant seulement de la main gauche, vous le frotterez avec l'éponge ou le chiffon-laveur[12]. » Et la manipulation de l'enfant s'effectue selon des attitudes corporelles prescrites, pour la mère : « Si vous donnez le bain assise, tout cela se fait sur les genoux ; si vous le donnez debout, vous posez l'enfant sur un oreiller placé sur une table ou un lit et assez haut pour que vous n'ayez pas à vous courber[13]. »

Durant son office, la femme doit bannir ses vaines terreurs. Qu'elle n'ait point, lors du savonnage, « la superstition de la grande fontanelle, cette région n'est pas plus dangereuse qu'une autre ; de même que le nombril que certaines mères laissent noir de crasse de crainte d'y toucher[14] » : la vraie religion élimine la croyance archaïque et rétrograde.

Cette partie du rituel dont nous ne prétendons point épuiser la polysémie — il purifie le corps de celui qui le subit ; il le régénère en réorganisant les forces spirituelles afférentes à chaque partie — ne constitue pas cependant le moment culminant de la cérémonie.

Violence rituelle : l'agression des orifices

Car toute célébration implique un moment paroxystique, une période où l'initié souffre dans sa chair. C'est la minute où la divi-

---

12. *Ibid.* p. 270-272.
13. *Ibid.*
14. Mme Foulon-Lefranc, *op. cit.*

nité, grâce au prêtre ou à l'initiateur, impose sa marque sur la créature et prend possession d'elle. Aussi cette cruauté, qui emprunte des formes multiples — immersion du baptisé, mutilation de l'initié —, est-elle ressentie comme nécessaire. Elle permet l'obtention de la faveur ou du statut désiré, et surtout elle sépare radicalement l'individu sur lequel elle s'exerce de l'univers profane, et l'agrège, d'un même mouvement, au monde de l'invisible.

Cet apogée de la douleur, le nourrisson l'éprouve lors des trois opérations qu'il subit après avoir opéré la rupture, grâce au bain, avec la triviale quiétude de son état antérieur : ce sont les rites de la propreté des yeux, des oreilles et du nez. Cette triple épreuve, dont nous ne saurions garantir le crescendo dans la souffrance (les auteurs les ordonnent souvent différemment), suppose, de la part de l'officiante, de minutieuses stratégies garantissant les plus amples pénétrations possibles : « Nettoyez les narines en y passant un petit tampon de coton (un pour chaque narine) enroulé en pointe, sec ou avec un peu de vaseline. Fouillez dans les narines en tournant le coton sur lui-même et retirez les mucosités [15]. »

Il en va de même pour les autres orifices : « Les oreilles doivent être nettoyées chaque jour ; le cérumen s'enlève à sec avec un petit outil en os rond recouvert d'un linge fin [16] » ; et les yeux sont investis à leur tour, « avec un petit linge trempé dans l'eau bouillie » (idem).

Bien que les instruments varient, ces trois moments culminants se célèbrent encore au début des années soixante-dix : « Nettoyez les oreilles avec du sérum physiologique : commencer par le pavillon de l'oreille et nettoyer ensuite l'intérieur avec un autre bâtonnet, terminer la toilette en passant un bâtonnet derrière l'oreille [17]. »

Comme on le voit, le rite est devenu plus complexe, s'est étiré pour introduire des éléments nouveaux. Néanmoins, il est resté ternaire, alors qu'il a failli comprendre un épisode supplémentaire : le nettoyage de la bouche.

En effet, bien des puristes vouent cette pratique aux orties : « Ne

15. Mme Chouquet, op. cit., p. 42.
16. Mme Bressan, op. cit., p. 42.
17. Le Guide médical des parents, op. cit., p. 17-18.

lavez pas l'intérieur de la bouche. Personne ne le fait aux petits chats et aux petits chiens, et pourtant la leur est bien fraîche et bien rose[18]. » La secte de Gay et Cousin tente pourtant, durant plusieurs décennies, de l'imposer : « Le nettoyage de la bouche doit être quotidien aussi ; on l'opère au moyen d'un tampon de ouate imbibée d'eau bouillie[19]. »

Cette éphémère fioriture n'empêcha pas la suprématie de la Triple Agression durant un demi-siècle.

Affadissement du rite

Mais tout culte évolue, et tempère les excès de sa célébration ; progressivement, le sacrifice humain a cédé la place à l'animal, et celui-ci, à son tour, est remplacé par une offrande symbolique. De même, l'agression des orifices du bébé connaît-elle aujourd'hui une période de déclin. Depuis le milieu des années soixante-dix, cette part de la cérémonie perd de sa matérialité. Les conseils insistent d'abord sur la modération dont la mère doit faire preuve lorsqu'elle procède à l'engagement de ses instruments dans les différentes cavités : l'officiante ne doit plus violenter sa victime, mais plutôt prendre possession d'elle, désormais, en indiquant symboliquement les zones importantes de sa tête. Aussi la prescription tend-elle à se muer en interdit, l'agression en tabou, la pénétration de la triade nez-oreilles-yeux en simulacre, en désir insatisfait d'introduction d'instruments désormais inutiles : « Vous serez peut-être tentée de nettoyer le conduit auditif avec un coton monté (coton-tige ou autre) ; n'en faites rien. Seul le pavillon de l'oreille a besoin d'être entretenu et pour cela un gant de toilette ou une serviette humide au bout d'un doigt convient. Le conduit auditif est muni de son propre système de nettoyage sous la forme de petits cils qui le tapissent ; ils propulsent progressivement vers l'extérieur la cire (cérumen) et les poussières qu'ils ont fixées. L'usage de ces cotons montés n'aboutit en fait qu'à créer des bouchons de cérumen quand ce n'est pas une blessure du tympan[20]. »

---

18. Mme Champendal, *op. cit.* (1937), p. 24.
19. Mme Francisque Gay et L. Cousin, *op. cit.* (1960), p. 53.
20. Drs Cohen et Goirand, *op. cit.*, p. 271.

Cette subite révélation de notions anatomiques vraisemblablement anciennes justifie aussi les précautions vis-à-vis des orifices du nez : « Comme pour le conduit auditif, n'essayez pas de curer les narines avec un coton monté. Bébé éternue de temps en temps et cela suffit en général. [...] N'essayez pas de les retirer [les mucosités] avec un bâtonnet, vous risqueriez d'occasionner quelques dégâts. Il vous suffit de mettre dans chaque narine une goutte de sérum physiologique matin et soir pendant quelques jours pour ramollir ces mucosités qui seront ensuite éliminées par un éternuement [21]. »

Plus restrictives encore sont les opérations indiquées par L. Pernoud : « Je nettoie les narines, sans les "ramoner". Là aussi de minuscules petits poils repoussent à l'extérieur mucosités et poussières » ; quant aux yeux, cet auteur précise que l'on n'en doit effleurer que la partie pileuse : « Je passe sur les cils un coton imbibé de sérum physiologique en allant de l'angle interne de l'œil vers l'angle externe, sans jamais repasser le coton sale [22]. »

Ainsi, la triple purification était au plus nuisible, au moins inutile. Mais, si son abandon est récent et encore très incomplet, c'est qu'il y a loin entre l'efficience d'une technique matérielle et l'efficacité symbolique du rite.

Fin des rites de marge

Tantôt avant, tantôt après l'épreuve des orifices, il est ordonné, durant plusieurs décennies, de procéder de temps en temps à une « légère friction avec l'alcool à 70°. Poudrer soigneusement avec le talc, surtout au niveau du siège et des plis de flexion [23] ».

Ici encore, le cérémonial va connaître certaines simplifications ces dernières années : « Il vous serait peut-être très agréable de parfumer votre bébé. Cependant, les eaux de Cologne et autres lotions spéciales pour enfant sont des produits parfois nocifs. Sa peau très fine absorbe l'alcool ; les essences parfumées sont parfois irritantes ou allergisantes [24]. »

---

21. *Ibid.*
22. L. Pernoud, *J'élève mon enfant, op. cit.* (1979), p. 47.
23. *Nouveau Larousse ménager*, p. 790.
24. Drs Cohen et Goirand, *op. cit.*, p. 272.

Bref, l'encens est refusé au culte. « Quant au talc, il en existe de toutes sortes de présentations, de qualités très variables. L'utilité de ce produit est extrêmement limitée[25]. » Ces pratiques, que Van Gennep qualifierait certainement de « contagionnistes », puisqu'elles se fondent sur la transmission, par contact, de propriétés inverses de celles du corps enfantin (l'aspect immaculé du talc vis-à-vis de la peau souvent irritée du bébé, le parfum vis-à-vis des odeurs fécales ou lactées), sont donc à leur tour condamnées. Dorénavant, elles sont jugées plus magiques (et participant à la magie noire, si l'on se rappelle les effets mortifères de certain talc il y a quelques années) que religieuses.

Enfin, l'habillement clôt l'ensemble de ces rites de marge, et réintègre l'enfant dans le cours de sa vie ordinaire.

Interprétation

Cette suite séquentielle d'actes rituels fortement articulés associe deux processus religieux généralement distincts, le sacrifice et l'initiation.

En effet, pour la mère, le bain est une cérémonie cyclique (aux périodes fort rapprochées) de régénération : elle offre, à une divinité innomée, les impuretés enfantines. Cette dernière les élimine, les transmue en éléments bienfaisants, et octroie une protection renforcée à la mère et à l'enfant. Il s'agit donc d'un sacrifice rituel par lequel les partenaires humains et divins échangent leurs dons, et renforcent ainsi leur alliance.

Mais, en ce qui concerne l'enfant, il semble subir un véritable rite de passage. L'ambivalence et la polarité des étapes qu'il franchit — le bain et ses agréments, suivi du déplaisir du nettoyage des orifices, l'alternance des attitudes empreintes de douceur et de brutalité contrôlée de la mère à son égard — font de ces moments contrastés un rituel initiatique évoquant la « mort et la renaissance » du baptisé ou du jeune circoncis[26]. N'oublions pas que l'initiation est moins l'apprentissage d'un savoir que le marquage

---

25. *Ibid.*
26. A. Van Gennep, *op. cit.*

(éphémère ou indélébile) d'un néophyte, ainsi intégré, volontairement ou non, à une communauté.

Toujours dans son ouvrage sur les rites, A. Van Gennep remarque que la période de grossesse est caractérisée chez un grand nombre de populations européennes par un état d'isolement : la réclusion, les interdictions de rapports sexuels, l'arrêt des activités économiques sont autant de procédés traditionnels qui dissocient la femme enceinte de son entourage ordinaire ; ils visent à la protéger des puissances invisibles hostiles, mais ils préservent aussi le reste de la famille et le groupe social de la future mère, ressentie comme impure et dangereuse. Chez nous aussi, cette marginalisation a cours : les droits au repos de la salariée avant l'accouchement en sont la forme institutionnalisée. Mais il en est d'autres, comme l'interruption de la « vie mondaine » préconisée par L. Pouliot en 1921, ou, à un niveau plus humble, l'arrêt momentané des sorties nocturnes, des sports et des déplacements, sur lesquels les auteurs de la période suivant la Seconde Guerre insistent beaucoup. La plupart des activités de loisir se ferment alors aux femmes des classes moyennes, comme le prouve l'ouvrage de Gay et Cousin (1960), interdisant bicyclette et natation, limitant l'accès aux salles de spectacle et recommandant... la radio et la télévision comme distraction durant cette période[27].

Mais il est encore une autre forme de marginalisation qui affecte les femmes enceintes : ce sont les modifications relatives à leur tenue extérieure.

Rites de disjonction et vêtement

Comme on l'a vu dans le premier chapitre, jusqu'à une époque très récente, la future mère est incitée à dissimuler sa grossesse, mais aussi, fort explicitement, à se dissimuler elle-même. La

---

27. Mme Francisque Gay et L. Cousin, *op. cit.* (1960), p. 10-13.

crainte du ridicule — moderne sanction des ruptures d'interdits diffus, dans notre société — la dissuadait de revêtir des tenues appropriées à son âge mais non à son état. Comme nous l'avons montré, le recours aux « pièces les plus usagées de sa garde-robe [28] », puis aux couleurs ternes et aux habits amples indiquait surabondamment l'existence d'un rite de séparation de la femme enceinte d'avec la communauté des personnes jeunes et susceptibles de plaire : momentanément, elle renonçait à toute manifestation de coquetterie, à toute séduction.

Mais, dans les manuels, cette injonction au port de vêtements particuliers, en très petit nombre, gage du retrait quasi monastique de la femme enceinte, est néanmoins assortie, compensée pourrait-on dire, par les directives concernant la préparation d'un autre trousseau : celui de son futur enfant.

Celui-ci, en effet, était considérable. En 1917, il comprend cent cinquante pièces ; en 1946 (Oria-Raffin), quatre-vingt-quatre éléments ; en 1951, quatre-vingt-onze (*Petit guide de la jeune maman*) — dont les trois types de brassières, les langes de coton et de laine, les couches, les carrés de tissu éponge, les bas, barboteuses, passe-couloirs, burnous, etc.

Précisions que cette liste des années cinquante n'était nullement limitative, et que toute layette digne de ce nom devait en outre comporter une guimpe de nansouk fileté garni de croquet ou de dentelle, un cache-maillot, une petite jaquette, un sac à bretelles, un nid, signes d'un savoir féminin qui s'est perdu et dont les termes mêmes nous sont aujourd'hui obscurs. Ce trousseau est d'une telle importance qu'il doit absorber tout le loisir de la femme enceinte. Car, s'il allait de soi que les femmes des couches populaires le confectionnaient elles-mêmes, les auteurs de puériculture en déconseillent l'achat même aux bourgeoises : « Pour ma part », dit A. Moll-Weiss dont le niveau de vie, décrit en filigrane dans *La Femme, la Mère, l'Enfant* ne suscite guère de compassion, « voilà comment j'agissais : j'achetais dans un bon magasin un spécimen de chaque objet de la layette, que je recopiais [29]. » Ainsi, les unes

28. *Petit guide de la jeune maman, op. cit.*, p. 11.
29. Mme Moll-Weiss, *op. cit.*, p. 36.

pour des raisons matérielles, les autres pour des motifs plus obscurs (faire le trousseau de l'enfant remplace celui qu'on ne peut pas porter, et atteste, sur le plan symbolique, les capacités d'accueil de la future mère) travaillent, copient des patrons donnés par les manuels, cousent et tricotent.

Même après la Seconde Guerre, les brochures (voir notamment le *Petit Guide de la jeune maman*) ne ménagent pas les conseils sur les textiles à utiliser — pour les langes, prélevez « les parties encore bonnes d'une couverture de laine », les brassières, « confectionnez-les en flanelle », le manteau « tricotez-le ample mais court » —, incitent les femmes à ne dépenser que pour les fournitures nécessaires à leur confection. D'ailleurs, l'argent des prestations ne saurait trouver meilleur usage : « Choisissez avec un soin particulier la layette du bébé. C'est une grosse dépense : réservez donc vos allocations prénatales [30]. »

La bonne ménagère est ainsi celle qui confectionne elle-même le plus d'éléments possibles de cet ensemble vestimentaire. Cette tendance à la production autoconsommée dans la cellule familiale présente des caractéristiques archaïques, explicables par le fait que le ménage, la « communauté domestique », comme l'appelle C. Meillassoux [31], présente des retards et des spécificités dus à son insertion particulière dans la société globale. Elle représente, en effet, selon lui, une enclave, économiquement nécessaire, reliquat des modes de production antérieurs.

Car cet énorme trousseau, fruit partiel ou total d'un travail à domicile, a pour particularité de devenir absolument inutilisable en quelques mois (du fait de l'accroissement du poids et de la taille, un habit convenant à un bébé de trois mois est trop petit lorsqu'il en a cinq) ; et dans une période de démographie déclinante il n'est pas sûr qu'il puisse servir à nouveau. Il aura mis presque plus de temps (celui de la grossesse) a être préparé, rassemblé, que porté. Aussi sa constitution minutieuse et sa brève utilisation évoquent-elles les dépenses improductives dont parle

30. *op. cit.*, p. 43.
31. C. Meillassoux, *Femmes, greniers et capitaux*, Paris, Maspero, 1975.

M. Mauss [32] et la consomption ostentatoire de G. Bataille [33]. Toujours est-il que les déploiements vestimentaires, momentanément interdits à la jeune femme, sont détournés, par les manuels, sur la confection du trousseau enfantin : « Je m'arrête, car la coquetterie maternelle n'a pas besoin de beaucoup d'indications ; toutes les fois qu'elle ne lui est pas contraire, elle peut avec avantage accompagner l'hygiène [34]. »

Durant cette période liminaire, la semi-recluse, vêtue de manière terne, accumule le plus grand nombre possible de petits habits clairs et agréables à l'œil qui véhiculent, semble-t-il, deux types de messages symboliques. Ils signifient d'abord que la beauté de l'enfant va bientôt se substituer à celle de la mère, laquelle doit mettre un terme (momentané ou définitif) aux activités visant à rehausser son propre aspect physique : l'amas inutile et complexe de plusieurs dizaines d'habits est un hommage de la femme à son (ou sa) descendant(e). Et ils indiquent aussi, en le préparant, le terme de la période rituelle de séparation : les premières sorties, après l'accouchement, de la femme et de l'enfant, vêtus d'habits neufs, marquent la réintégration de la mère dans le groupe social. L'agrégation de l'enfant à son nouveau statut de membre de la communauté sociale est aussi indiquée par ces multiples vêtements, excédentaires par rapport aux besoins, dont les couleurs codifiées (rose, bleu pâle, déjà indiquées en 1917) signalent le sexe de l'enfant et rehaussent l'éclat de son teint, en attirant les regards.

Puis, durant les années soixante, les rédacteurs tempèrent les aspects impératifs et exhaustifs du trousseau, et la place qui y est consacrée dans les manuels et brochures tend à être considérablement réduite.

Retour inévitable de bâton en 1975 : « Ne vous laissez pas aller aux erreurs habituelles : prévoir trop pour le premier âge... L'habillement de l'enfant est sujet à des modes qui changent d'année en année ; c'est pourquoi nous jugeons inutile de dresser une liste du

32. M. Mauss, « Essai sur le don », *L'Année sociologique*, 1925.
33. G. Bataille, *La Part maudite*, précédée de *La Notion de dépense*, Paris, Éd. de Minuit, coll. « Critique », 1957.
34. Mme Moll-Weiss, *op. cit.* (1917), p. 53.

trousseau du nouveau-né[35]. » Car, de même que le rite de marge vestimentaire suivi par la femme durant sa grossesse tend à s'amenuiser, ou du moins à prendre un sens différent — on a vu, dans le chapitre 1, que les femmes ne doivent plus renoncer à toute démonstration esthétique extérieure, mais bien au contraire affirmer leurs prétentions en ce domaine —, de même actuellement les auteurs ne convient-ils plus leurs lectrices à consacrer le temps de leur grossesse à confectionner le trousseau de bébé. Il n'y a plus, donc, dans ces livres ni exigences d'abandon des séductions vestimentaires pour la mère, ni report substitutif sur l'enfant.

Reste à savoir si le très officiel éloge de la mode vestimentaire pour bébés qui figure dans une brochure officielle assez récente (*Spécial Naissance*, 1973) constitue réellement un progrès dans les mentalités : l'habillement présenté est de toute évidence une création commerciale éphémère et complexe que la ménagère ne peut plus ambitionner de confectionner — « combinaison à pieds avec semelles antidérapantes, surpyjama, pantalon stretch à pattes d'éléphant, jeans extensibles » ainsi que les couches et les culottes à jeter. Le « bien dépenser son argent » a supplanté les consignes du « bien faire », et si le vêtement enfantin ne semble pas vraiment avoir renoncé à ses aspects de parade, il ne prétend plus opposer sa munificence aux discrètes vertus de patience, de travail et d'économie de sa productrice. Il ne se pare désormais que des qualités de circonspection, de choix judicieux de son acheteuse.

Ainsi meurent les rites, ainsi renaissent-ils de leurs cendres : si le rite de séparation maternel s'estompe, le rite d'agrégation enfantin par le biais du vêtement perd de son éclat. Mais l'industrie centrée sur la production des objets pour la mère et le bébé et leurs relais publicitaires savent raviver les pratiques cultuelles déclinantes.

Sacralité de l'habillement du bébé

• Brassières.

Du début du siècle jusqu'aux années soixante-dix, l'habillement du nourrisson est placé sous le signe (magico-religieux) du chiffre

---

35. *L'Enfant du premier âge, op. cit.* (1975), p. 83.

trois dont on a déjà vu l'importance à propos du bain. Le bébé est vêtu de trois brassières superposées que la mère enfile les unes dans les autres avant d'en recouvrir l'enfant. La brassière du dessous (quelquefois appelée chemise) est en toile ; celle du milieu, en piqué ou en flanelle ; celle du dessus enfin, en laine ou en piqué molletonné pour l'été. Très précisément décrites par A. Moll-Weiss au début de ce siècle, on les retrouve inchangées dans la brochure *L'Enfant du premier âge* des années soixante. Et ce n'est que vers 1975 que la brassière intermédiaire disparaît de l'inventaire des trousseaux. Personne ne s'était jamais expliqué sur son usage. Représentait-elle un apport de chaleur désormais inutile à l'enfant, ou n'était-elle là que pour la beauté et le caractère sacré du nombre ? Qu'elle repose en paix.

• Vêtements des membres inférieurs.

Mais si le haut du corps de l'enfant n'a jamais occasionné d'affrontements entre puériculteurs, il n'en va pas de même du bas. Car, dès après la Première Guerre, ceux-ci opposent l'habillement dit « à l'anglaise » (enfant en culotte), qui laisse au bébé la liberté des mouvements de ses jambes, à l'habillement « à la française », reliquat du traditionnel maillot qui enserrait, tel un cocon, le corps avec des bandelettes, le dernier avatar en étant le lange.

Durant les années vingt, plusieurs auteurs se déclarent séduits par la méthode étrangère. Ainsi, L. Pouliot : « Toutes mes préférences vont à la layette anglaise. Néanmoins je vous conseillerai un type mixte qui consiste à habiller l'enfant à l'anglaise, quitte à l'envelopper lâchement dans un lange de laine s'il naît en hiver. Au bout de quelques jours, même dans la mauvaise saison, vous ne mettrez plus le lange que la nuit[36]. » Quant au Dr L. Genest, il ne s'embarrasse même plus des concessions modiques consenties par son prédécesseur. Mais il se sent gêné aux entournures : « Je sais qu'en parlant ainsi je heurte les opinions de bien des vieilles mamans instruites par l'expérience, mais si, en France, la coutume du maillot est encore si ancrée, il n'en est pas de même dans les autres pays, en Angleterre, par exemple, où l'art d'élever les enfants

36. Dr Pouliot, *op. cit.*, p. 224.

est à son maximum. Il faut, dès la naissance, laisser la tête, les bras et les jambes nus[37]. » Ce médecin explique qu'il est aisé d'accoutumer le corps du bébé à des changements de température modérés, que sa peau doit respirer, et que le froid (qu'il ne faut pas confondre avec le refroidissement) lui est moins préjudiciable que la chaleur excessive.

Peine perdue : durant trois décennies, les autres puériculteurs multiplient les schémas et les explications facilitant la technique du langeage gaulois, recommandé au moins durant les trois premiers mois de la vie de l'enfant. Et, dans les brochures des années cinquante, c'est toujours la méthode française qui est préconisée, non celle de la perfide Albion : « Méfiez-vous de l'habillement à l'anglaise[38] », car les langes de chez nous « protègent bébé du froid et le maintiennent dans une bonne position[39] ».

Pourtant, même à propos de cette « bonne position », quelques voix s'élèvent, durant cette décennie. Ainsi, celle du Dr P. Thibault, se faisant l'écho d'une campagne menée à l'époque par son confrère Laurence : lorsque, après avoir passé la pointe ou la couche, on allonge les jambes de l'enfant pour les emmailloter, et que l'on rapproche ses genoux par le lange, « on tend à faire sortir la tête fémorale de la cavité cotyloïde ». Bravement, dit encore le Pr Laurence, « sages-femmes, nourrices, infirmières et mamans continuent à préparer des luxations, parce que c'est la coutume et parce que l'emmaillotage assure une manipulation et un transport plus commodes[40] ».

Cette « coutume », alors propagée par la quasi-totalité des ouvrages et non par la seule tradition orale féminine comme le sous-entend P. Thibault, va-t-elle, du fait de cet inconvénient supplémentaire, être alors abandonnée ? Que non. Simplement, l'habillement à la française va connaître quelques réarrangements techniques, et la guerre qu'on lui fait le transforme de costume

---

37. Dr Genest, *op. cit.*, p. 27 *sq.*
38. *Petit guide de la jeune maman, op. cit.*, p. 49.
39. *Ibid.*, p. 43.
40. P. Thibault, *Un enfant grandit. Les petites inquiétudes maternelles*, Paris, ESF, 1956, p. 47.

de parade en revêtement de maquisard : « En vérité, le maillot ne s'emploie plus guère que la nuit. Or, la nuit, l'enfant se mouille sans être changé. [...] Pendant ces longues heures de sommeil, le lange de laine l'empêche d'avoir froid. De plus, il filtre un peu l'humidité qui passe à travers la laine sans la mouiller profondément[41]. » Et, toujours dans les années soixante, « Comment emmailloter bébé », dans *L'Enfant du premier âge*, ne fait pas l'objet de moins de dix dessins dont les légendes ne cessent de mettre en garde la mère contre les périls d'une contention excessive : « Laisser un écart entre les pieds du bébé et l'extrémité du lange pour que les membres inférieurs soient à l'aise », « attacher avec un ruban, sans trop serrer, afin que bébé puisse remuer les jambes[42] ».

Cette démonstration de deux pages constitue-t-elle un ultime hommage à notre premier vêtement national, une sorte de cocorico final ? On pourrait le croire en lisant la nouvelle brochure de *L'Enfant du premier âge* : « Le langeage qui était classique autrefois est maintenant à peu près abandonné. Il faudrait vraiment se trouver dans des conditions de température anormalement basses pour recourir encore à l'emmaillotement[43]. » Et l'ouvrage de Cohen et Goirand se montre encore plus réticent : « Le système ancien (qualifié de "manière française") consiste à enrouler un bébé dans un lange épais qui le serre autour des reins et immobilise ses jambes. Il doit être formellement rejeté. Outre les difficultés qu'il présente pour les multiples changées, ce mode d'habillement bloque tout mouvement et maintient les cuisses de bébé dans une position qui aggrave les luxations congénitales des hanches[44]. »

Pourtant, malgré ces dénigrements, le lange subsiste encore : on le retrouve en 1979 dans L. Pernoud, recommandé la nuit, l'hiver, et assorti d'un dessin[45]. Mais, après tout, les cultes patriotiques valent bien ceux que l'on voue à de chimériques divinités. Aristote n'avait-il pas remarqué que, selon la manière dont on enveloppait

---

41. Mme Francisque Gay et L. Cousin, *op. cit.* (1960), p. 75.
42. *L'Enfant du premier âge, op. cit.* (1963), p. 33-34.
43. *Ibid.* (1973), p. 62.
44. Drs Cohen et Goirand, *op. cit.*, p. 275.
45. L. Pernoud, *op. cit.* (1979), p. 46 et 50.

le nourrisson, on procurait à la communauté un pacifiste ou un guerrier ?

• La bande sacrée.

Mais l'entrave aux jambes du nourrisson n'était pas la seule imposée à l'enfant : on lui « maintenait » le ventre par des bandes, le dos par des corsets. Mme Moll-Weiss montre des exemples de ces ceintures-corselets « qui servent à consolider tout le maillot durant les premières semaines » et de la ceinture de flanelle utile pour le pansement du cordon, ou pour tenir le ventre du bébé au chaud.

Or, en 1950, le Dr J. Dayras s'indigne : « Jusqu'à quand laisser une bande autour du ventre ? Son unique raison d'être est de maintenir le pansement du cordon ombilical pendant les premières semaines. Une fois la plaie cicatrisée, soit par peur de refroidir l'enfant, soit pour maintenir un nombril un peu saillant, soit par simple habitude machinale, on remet indéfiniment la bande qui s'étire en vieillissant, se réduit à l'état de simple ficelle et finit par n'avoir plus qu'un rôle symbolique. À partir de ce moment, la bande est devenue sacrée, inamovible[46]. »

Ce n'est pas nous qui dénierons à la bande son aspect magico-religieux. Mais, à notre avis, J. Dayras ne lit pas assez les autres ouvrages de puériculture. Il verrait alors que la pratique de l'enroulement d'une bande autour du ventre n'est guère « machinale » : elle est ordonnée par les manuels contemporains, voire ultérieurs. Mme Foulon-Lefranc, en 1959, explique par exemple que l'« habillement à la française » (encore lui !) « comprend d'abord une bande de crêpe Velpeau qu'on enroule autour du corps afin de protéger le ventre contre tout refroidissement[47] ». Mme Gay et M. Cousin renchérissent en 1960 : « Cette bande, qui, les premiers jours, maintient le pansement du cordon, doit être mise chaque jour, pendant quelques semaines, surtout en hiver... Elle maintient le ventre très chaud, et sert également à soutenir le buste du bébé[48]. » Et ce n'est que dans cette dernière décennie que

46. Dr Dayras, *op. cit.*, p. 26-27.
47. Mme Foulon-Lefranc, *op. cit.*, p. 272.
48. Mme Francisque Gay et L. Cousin, *op. cit.* (1960), p. 74.

J. Dayras, ce dangereux iconoclaste, a obtenu gain de cause auprès des autres auteurs.

Chez un grand nombre de populations d'Afrique de l'Ouest, la première sortie de l'enfant représente un moment important pour ses proches : il franchit l'espace protecteur de la résidence familiale pour affronter le monde extérieur et ses dangers matériels et mystiques. Aussi ce contact initial de l'enfant avec un milieu étranger et réputé hostile se fait-il progressivement, et selon certaines règles magico-religieuses : on l'emmène dans la cour de la demeure, puis dans le village, enfin dans la brousse. Ces diverses étapes lui permettant d'affronter des environnements de plus en plus périlleux s'effectueront sous le signe du chiffre trois s'il est garçon, quatre s'il s'agit d'une fille.

Cette temporalité sacrée, qui régit donc aussi les actes de la mère (elle a droit à trois jours de repos pour la venue d'un être masculin, quatre pour un être féminin, treize jours d'interdit de circulation dans les sentiers écartés dans le premier cas, quatorze dans le second, etc.), n'en trouverions-nous pas quelque écho dans notre société ? Il semble que si, à en juger par les textes sur les sorties-promenades des bébés.

En effet, celles-ci obéissent aux normes d'association des interdits et des prescriptions : il est prohibé de sortir le nouveau-né avant une certaine date, fixée avec précision par les puériculteurs ; mais, au-delà de celle-ci, il est obligatoire d'emmener à l'extérieur l'enfant tous les jours. En outre, les chiffres sacrés, quoique variables d'un auteur à l'autre, régissent ces passages du « monde du dedans » sécurisant, au « monde du dehors » et à ses périls.

Selon M. Reynier, le nombre quinze est particulièrement propice à ces aventureuses incursions hors de l'espace domestique : « S'il est né à la belle saison, on le sort vers le quinzième jour ; s'il est né en hiver, sa première promenade n'a pas lieu avant la fin du premier mois [= 15 x 2]. Elle doit s'effectuer par un temps très beau et ne pas dépasser un quart d'heure [= 15 minutes]. Peu à peu on augmente la durée des sorties, mais le bébé doit toujours être rentré vers 15 heures[49]. »

Cette exigence de « perfection des commencements », comme dirait M. Eliade[50], se retrouve dans les détails régissant la progressive agrégation de l'enfant à l'environnement extérieur : « Les heures de sortie doivent être adaptées à la saison et non pas aux commodités des parents ; celles du milieu du jour (de 10 heures à 16 heures) seront les plus favorables en hiver ; elles correspondent, au contraire, à la grande chaleur en été et c'est en dehors d'elles que les sorties auront lieu[51]. »

Ces horaires mutuellement exclusifs selon les moments de l'année témoignent de l'univers dichotomisé dans lequel se meuvent les ascendants ; le temps qu'ils consacrent à la promenade est aussi scrupuleusement découpé, cloisonné que les lieux où ils doivent mener leur rejeton. Des périls insoupçonnés jalonnent leurs pas : « C'est toujours commettre une imprudence que d'emporter le bébé dans les foules, particulièrement dans les magasins et les lieux publics[52]. » Ils doivent rejeter l'attrait des lieux infernaux : « Les sorties du bébé doivent être préparées pour lui. Les parents ne sauraient trouver de plaisir dans un déplacement, dans une fête qui compromettrait la santé de l'enfant[53]. » Et même à l'intérieur des parcours autorisés, squares et jardins publics, les puériculteurs circonscrivent des zones propices ou maléfiques : « Évitez les endroits où il y a beaucoup d'enfants, de peur des contagions[54]. » « Au premier âge, il faut rechercher un endroit calme et ensoleillé où l'on aura la faculté d'exposer la voiture au midi et non pas au vent du nord... suivant la saison, la température, l'âge du bébé, il faudra agir de façon différente[55]. »

Enfin, tels ces rois archaïques décrits par Frazer, à la fois trop

---

49. M. Reynier, *op. cit.*, p. 38.
50. M. Eliade, *op. cit.*
51. Dr Ferru, *Pour mieux élever nos tout-petits ; conférences de puériculture appliquée*, Paris, CDU, 1943, p. 53-54.
52. Mme Boutier, *op. cit.*, p. 284.
53. *Ibid.*
54. R. Berni, *op. cit.*, p. 280.
55. Mme Champendal, *op. cit.*, p. 26.

sacrés et trop vulnérables pour révéler sans écran leur face à leurs sujets[56], le bébé doit être dissimulé, jusque durant les années soixante, par une gaze : « Pendant les premières années de sa vie, on met au bébé un voile qui le préserve tout à la fois du vent, des poussières et des insectes. Le voile de mariée de la maman trouve là un excellent usage[57] » : n'oublions pas que chez nous le tulle nuptial porte bonheur à qui en conserve un morceau.

Peut-on rêver meilleures auspices pour l'accomplissement de ces premières sorties, complexes cérémonies de présentation de l'enfant au monde extérieur ? Mais ce rite de sortie (au sens fort du mot : il s'agit effectivement de la fin de la période de réclusion du nouveau-né et de sa mère) tend à éliminer, depuis quatre ou cinq ans, ses excès de codification : « Elles [les sorties] ne doivent pas représenter pour vous la bonne action quotidienne et détestée si vous n'aimez pas le jardin public et si bébé a chez lui de l'air et du soleil[58]. » En outre, la mère est autorisée à y trouver un certain plaisir : « Elles ont souvent un effet bénéfique sur la maman qui est ainsi obligée de sortir et de se détendre[59]. »

Le devoir sacré va-t-il devenir une cérémonie festive ?

FONCTION DES RITUELS ET DES TABOUS

On peut se demander à quel moment un geste quotidien devient un rite. Il faut que son exécutant le ressente comme transcendant par rapport aux actes qu'il effectue ordinairement ; il faut qu'il soit investi d'un sens qui dépasse l'efficacité immédiate qu'on lui confère aussi. Ce sens, ou cette tension vers un sens non matériel, les auteurs des manuels le suggèrent, à propos des diverses besognes indiquées à la mère : protéger mystiquement son enfant, le socialiser, l'intégrer à sa communauté particulière...

---

56. J. G. F. Frazer, *Tabou et les périls de l'âme*, Paris, Geuthner, 1927, p. 100 *sq.*

57. Mme Francisque Gay et L. Cousin, *op. cit.* (1960), p. 76.

58. Dr Cohen-Solal, *op. cit.*, p. 227.

59. *L'Enfant du premier âge*, *op. cit.* (1977), p. 63 (Dr Arnaud).

Mais cette sacralité du geste, dont la portée est sans mesure avec sa signification matérielle — un bain nettoie, mais il peut aussi purifier, un habit réchauffe mais peut aussi intégrer à un pays, une promenade égaie mais aussi met en contact avec le monde social et les puissances de l'atmosphère —, n'a pas que des avantages. En effet, si elle transfigure de menus faits quotidiens, si elle leur prête une portée qui leur évite d'être ressentis comme ternes et répétitifs, elle incite la personne qui les effectue à observer minutieusement les prescriptions selon lesquelles ils doivent s'ordonner : ils gagnent une efficience symbolique à mesure que leur exécutant renonce à sa propre créativité.

Tel semble en effet le marché sous-jacent proposé par les puériculteurs à leurs lecteurs-parents : guidés, pris en charge de la période de la grossesse à celle des premières années du nourrisson, ils s'initient à des tâches dont on leur dénie l'initiative et le contrôle. Car toute besogne « laïque » est toujours susceptible d'être critiquée, réaménagée, améliorée par qui l'effectue ; or, de cette indépendance relative, et de ces initiatives, les auteurs ne veulent point. D'où cette tentative de sacralisation des travaux du maternage, grâce aux recours à l'injonction et à l'interdiction, grâce aussi à la recherche d'exhaustivité dans la description des états et des actes à effectuer. Prédisant les sentiments et codifiant les plus minimes conduites, les puériculteurs étaient leur autorité et préviennent toute manifestation d'indépendance des géniteurs — celle-ci se transformant alors en désobéissance.

En effet, le rite ne souffre pas de modifications de la part de l'officiant ; seuls les prêtres de plus haut niveau, seuls ceux qui ont accès à la connaissance ésotérique peuvent en supprimer des éléments ou rajeunir certains aspects. Non la foule des officiants sur lesquels plane la menace de changer — par défi ou maladresse — le sacré en sacrilège.

Aussi, entre la mère et le puériculteur, le marché implicite — et inconscient — est-il le suivant : le puériculteur rehausse la tâche de la femme moyennant sa docilité et l'absolu respect des indications données. Quant à la mère, assurée de la survie et de la bonne socialisation de son enfant, de manière quasi magique, elle reconnaît au puériculteur la supériorité de son savoir et son droit exclusif de modifier la complexe ritologie inhérente au maternage.

Mais ne peut-on aller plus loin dans le décryptage de cette ritologie ? La psychanalyse, là encore, fait apparaître d'autres aspects de la question.

N'est-ce pas Freud en effet qui, dans *Totem et tabou*, a fait apparaître les interpénétrations de la croyance et du tabou, et, à travers l'analyse des rites de sacrifice, les caractéristiques affectives essentielles auxquelles la religion doit son origine ? Le discours sur le maternage procède, pensons-nous, de la même origine ; ses rites et ses tabous apparaissent comme les conséquences de complexes affectifs inconscients manifestant l'ambivalence des sentiments portés à l'enfant.

Ainsi les rites puériculteurs représentent ou catalysent la masse d'affects conscients ou inconscients de l'adulte face au jeune.

Les rituels

Fidèle à la technique psychanalytique, le point de vue présenté ici part de détails de la puériculture habituellement admis comme allant de soi, pour obtenir de leur approfondissement une explication des *a priori* de l'éducation des enfants et de ses buts derniers. Ce genre de démarche permet de mieux saisir le pourquoi de ces rituels quelquefois aberrants et souvent contradictoires ; le psychanalyste essaie ainsi de reconstruire de manière déductive la nature des pulsions originelles dont le rituel est considéré comme le résultat.

D'après les indices recueillis, le rituel semble être une tentative de maîtrise :

— de l'ambivalence de l'adulte face à l'enfant ;

— de celle que le spécialiste prête aux parents dans les manuels de puériculture, peut-être en se référant à lui-même ;

— de celle du spécialiste lui-même.

Ainsi la puériculture offre — face au « précipité » pulsionnel parental — un certain nombre de défenses, principalement de style obsessionnel et phobique, comme nous allons le voir à travers quelques exemples.

Sans vouloir entrer dans les détails de la symptomatologie psychiatrique, on ne peut pas ne pas remarquer que le tableau des rituels éducatifs correspond presque point par point au tableau clinique de la névrose obsessionnelle ; l'on retrouve ici parfaitement la similarité défensive des cultures et des névroses individuelles relevée par G. Roheim. D'ailleurs, et au même titre que le cérémonial des névroses obsessionnelles, le rituel est le premier objet et le plus facilement saisissable auquel doive s'attacher le travail analytique.

Pour le psychiatre, les rituels obsessionnels sont classiquement ceux : « du coucher, de la nourriture, séparation des bons et des mauvais lieux, des bonnes et mauvaises nourritures[60] » ; quant aux symptômes phobiques, « ils s'apparentent en réalité à ceux de la névrose obsessionnelle comme la peur des objets sales, des excréments, des microbes[61] »...

Évoquons ici simplement les rituels puériculteurs correspondants, où les fantasmes des adultes concernés subissent, pourrait-on dire, un processus de ritualisation. Les règles du dressage sphinctérien, par exemple, apparaissent à bien des égards comme l'expression d'un évitement — général (et compulsif) de la contamination — centré par des adultes tant soit peu phobiques sur la zone anale[62].

Remarquons au passage que ces rituels éducatifs sont loin d'être neutres au regard de l'avenir psychologique de l'enfant ; deux spécialistes de la clinique infantile[63], étudiant les obsessions chez l'enfant, démontent l'engrenage de l'organisation obsessionnelle qui ne peut apparaître qu'à travers une étude des « méthodes » éducatives et des idéaux sociaux et scolaires. En effet, disent les auteurs, l'éducation du petit enfant a pour but l'apprentissage de *rituels* (repas, propreté, miction et défécation réglés) ; pour obtenir

60. J. Bergeret *et al.*, *Abrégé de psychologie pathologique*, Paris, Masson, 1974, p. 245.
61. *Ibid.*, p. 143.
62. Voir chap. 4 « Apprentissage et dressages : l'importance de la norme ».
63. Drs Lebovici et Diatkine, « Les obsessions chez l'enfant », in *Revue française de psychanalyse*, Paris, PUF, 1957, n° 3.

l'amour de ses parents, l'enfant se plie à ces rituels, les intègre ; il peut cependant aussi les utiliser de façon agressive, y compris contre lui-même, en en élaborant d'autres dans un but de maîtrise et de défense (par exemple, des jeux répétitifs). C'est une défense classique intitulée « identification à l'agresseur » (on devient celui dont on avait jadis peur) qui fonctionne bien, mais au prix, comme toujours, d'un certain appauvrissement, et c'est ainsi que se fabriquent des générations d'obsessionnels.

Pour aller plus avant, voyons quels sont les mécanismes de défense à l'œuvre, chez un individu donné, derrière cette symptomatologie obsessionnelle. L'un des plus classiques est l'isolation, défense qui inclut des procédés divers dont les rituels. Or, dans l'isolation : « La première chose qui frappe est la stérilisation de l'affectivité, car, chez l'obsessionnel, la pensée se substitue aux actes au point qu'il y a disparition quasi totale de l'affectivité [...]. Cette isolation permet en effet une mise à distance de toute proximité affective, d'où la froideur de ses gestes et l'absence d'émotivité [64] » ; et encore : « Son esprit [celui de l'obsessionnel] est d'une logique intarissable même si elle n'est pas toujours très adaptée [65]. » Reconnaissons, dans ce tableau, la névrose obsessionnelle — celle-ci était, rappelons-le, « considérée au début du siècle dernier comme faisant partie de la folie, c'est-à-dire que d'emblée elle avait été mise au rang des maladies mentales [66] » — et évoquons, ce, non sans une certaine consternation amusée, les comportements mécaniques et glacés qui sont conseillés aux mères par bon nombre de nos puériculteurs, leurs manies au sujet de la propreté, de l'heure, de l'ordre, leur hantise de l'imprévu qui les amène à découper les journées de la mère en « rondelles de saucisson » avec une précision... obsessionnelle !

Il n'est pas non plus inintéressant de remarquer que l'une des causes de la névrose consiste, au niveau de la vie pulsionnelle, en ce que le refoulement des pulsions est insuffisamment réussi, d'où mise en jeu de défenses complémentaires, tels la formation réac-

---

64. J. Bergeret *et al., op. cit.*, p. 153.
65. *Ibid.*
66. *Ibid.*, p. 152.

tionnelle et le déplacement. Là encore, un parallélisme avec ce que nous proposons d'appeler la « névrose puéricultrice » peut être établi. La sollicitude exagérée (ou prétendue) de certains auteurs à l'égard de la mère (quand elle accouche ou allaite) ou du bébé (quand il crie ou salit) n'est-elle pas parfois une formation réactionnelle[67] contre des sentiments plus agressifs et qui s'expriment ailleurs ouvertement ? Quant au déplacement, nous avons montré que l'on assistait à une modification dans le lieu de la dramatisation : pour éviter de la faire porter sur le contenu des rapports parents/enfants (ce qui est bien le lieu du drame), la défense de la puériculture consiste à la déplacer sur les moyens d'en parler. Ainsi, l'image idyllique du couple mère/enfant est-elle protégée.

La compréhension psychanalytique de la névrose obsessionnelle fait ressortir enfin ce qu'on pourrait appeler sa causalité fondamentale : le besoin de maîtriser les sentiments ambivalents que le sujet ressent à l'égard d'un objet (personne ou image). Ici encore, nous sommes en pays connu puisque le discours sur le maternage, en même temps qu'il propose aux parents des défenses contre leur ambivalence à l'égard de leurs enfants, consiste aussi en un essai de maîtrise de l'ambivalence du puériculteur : à l'égard de cette femme-mère qu'il n'est pas et dont pourtant il sait tout ; à l'égard de ces enfants qui ne sont pas les siens et sur lesquels il a pourtant certaines visées ; à l'égard de ce père enfin qu'il n'est décidément pas non plus, bien qu'il le dépouille volontiers de sa paternité pour l'endosser à sa place.

Qui dit rituels dit tabous. Ceux-ci en effet sont tout aussi révélateurs que ceux-là des affects inconscients des adultes face à l'enfant.

Les tabous

Tant par leur nombre que par leur caractère impératif, les tabous complètent l'ossature des prescriptions des puériculteurs.

Un chercheur français, étudiant les interdits parentaux au niveau des attitudes éducatives[68], a établi un tableau d'une liste de

---

67. Attitude ou comportement opposé à la pulsion refoulée.
68. I. Lézine, *op. cit.*, p. 183-184.

tabous de comportements et d'attitudes auxquels sont soumis les enfants de moins d'un an ; citons-en quelques-uns :

« — interdiction de toucher aux objets dangereux... mais aussi aux objets pour lesquels il existe des tabous parentaux (livres, disques, tiroirs, etc.) ;

— interdiction relative aux mesures employées par l'enfant pour soulager son état tensionnel (ne pas sucer son pouce, ne pas se « toucher ») ;

— interdiction portant sur l'usage de la main gauche ;

— restrictions fréquentes de toute activité d'exploration (ne pas pénétrer dans certaines pièces [...] à certaines heures, l'enfant étant confiné dans son parc ou dans sa chambre). »

L'auteur cite aussi le tabou du bruit (ne pas crier), également un certain nombre de conduites rituelles auxquelles les parents tiennent beaucoup (dire bonjour, au revoir, merci, pardon [vers 10 mois]). Nous ne sortons pas ici du système défensif dont il a été question plus haut : il s'agit d'une autre facette de ce carcan protecteur.

Les tabous que nous allons repérer consistent en un certain nombre de prohibitions dont la principale, celle du *tabou de contact*, est typique, elle aussi, de la névrose obsessionnelle à l'égard du rituel. Et, comme les défenses de style obsessionnel et phobiques, ces dernières consistent en des mécanismes d'isolation, de mise à distance, engageant plus radicalement encore le problème de l'ambivalence parentale ; réelle ou supposée par le puériculteur, à l'égard de l'enfant.

Mais ces tabous ont peut-être aussi une autre fonction : ils constituent une espèce de maîtrise, de la part du puériculteur, du plaisir réciproque que mère et enfant pourraient trouver à leur proximité mutuelle, plaisir qui se trouve, pour ainsi dire, retiré du couple mère/bébé au profit, peut-être (?), des spécialistes (gynécologues, pédiatres, infirmières et rédacteurs des ouvrages), comme nous allons le voir à travers l'analyse de quelques exemples.

Enfin, et cette fois comme les rituels, le système protecteur que constituent les tabous de contact prend en charge, à sa façon, l'angoisse qui existe chez tout parent en face de l'enfant et complète ainsi l'arsenal défensif du géniteur.

Prenons-en pour premier exemple le berceau et le bercement. L'intérêt principal du berceau, comme l'indique l'un des ouvrages[69], est d'empêcher la mère de prendre le bébé dans son lit à cause, disent les auteurs, des risques d'étouffement. La proximité est présentée clairement ici sous son aspect mortifère, ce qu'elle était réellement d'ailleurs, il n'y a pas si longtemps : l'historien J.-L. Flandrin[70] a montré comment, jusqu'à la fin du XVIIᵉ siècle, il existait un infanticide toléré qui consistait à camoufler sous forme d'accident le fait que de nombreux enfants mouraient étouffés dans le lit des parents où ils couchaient, sortes d'actes manqués, dirait-on maintenant. Et, avant les spécialistes en puériculture, le même auteur montre que ce sont les évêques qui, au début du XVIIIᵉ siècle, ont défendu que l'on couche les enfants dans le lit de leurs parents. Tout se passe comme si l'invention du berceau avait consisté à protéger les parents de leur ambivalence et à éviter au maximum tout acte manqué en ce domaine.

Quoi qu'il en soit, le berceau met de la distance — au propre comme au figuré — entre le parent et l'enfant et, par ce fait, met aussi à distance les pulsions agressives des parents. Notons, en outre, que cette distance, dans l'esprit du puériculteur, doit être maintenue à tout prix ; et le même ouvrage[71] reprend à son compte l'aphorisme célèbre du Pr Pinard : « Le meilleur berceau est celui qu'on ne peut pas bercer » ; ce dernier doit en outre être « stable » et « *fixe*[72] ». Derrière cet évitement systématique du contact, se cache également, pensons-nous, la volonté inconsciente d'interdire et d'évacuer le plaisir réciproque mère/enfant. Il est dit : « Évitez de le prendre, de l'amuser, de répondre à ses appels, sauf s'ils paraissent provenir d'une souffrance[73] » ; il est également recommandé de ne pas rester auprès du bébé pour l'aider à s'endormir, et, de même, il est conseillé aux mères de ne pas couvrir leurs enfants de baisers... à cause des microbes. Cette défense par la

69. Dr Oria et J. Raffin, *op. cit.*, p. 13.
70. J.-L. Flandrin, *Familles, parenté, maison, sexualité dans l'ancienne société*, Paris, Hachette, 1973.
71. Dr Oria et J. Raffin, *op. cit.*, p. 13.
72. Souligné dans le texte.
73. *Petit guide de la jeune maman, op. cit.*, p. 36.

mise à distance prend parfois une coloration nettement phobique :
« Vers six mois, bébé est éveillé... Il jase et joue avec ses mains, il
vous sourit. Vous êtes tentée de le prendre, n'en faites rien car
vous deviendriez son esclave... *Il est beaucoup mieux étendu dans
son lit que mal installé sur votre bras* [74]. »

Les années passant, les interdictions de contact se nuancent,
mais elles persistent néanmoins bien que sous une forme plus sub-
tile, et il est intéressant de remarquer que ce n'est plus, en général,
au nom de la dangerosité réciproque parent-enfant que ces
contacts sont proscrits, mais, de plus en plus, au nom d'un plaisir
interdit : dans l'ouvrage de L. Kreisler, on retrouve le même tabou
du lit des parents [75] que celui des premiers fascicules, mais ici c'est
en vertu d'un trop fort agrément réciproque qu'il est imposé.
Même constatation à propos du fait de prendre dans les bras un
bébé qui crie : ce n'est plus au nom des microbes qu'il est déconseillé de le prendre trop souvent, mais à cause du « risque libidinal » trop grand de la part du bébé. Curieusement, il n'est pas fait
état, dans ce cas, du plaisir que la mère risque d'y trouver ! Le
bercement, en revanche, se trouve avoir droit de cité, ce qui n'était
pas le cas avant, mais ceci de façon ambiguë : la distinction est
nettement faite entre la bonne mère qui berce son enfant pour son
plaisir, ce qui est permis... tout juste : « Rien ne s'y oppose [76] », et
la mauvaise mère « qui secoue le bébé avec vigueur et nervosité...
étant moins intéressée par le retour au calme de son enfant que
par sa tranquillité personnelle [77] ». On retrouve ici le thème de la
« dangerosité » maternelle potentielle « pour cause d'ambivalence » qui est souvent mise en avant dans les manuels.

Tout se passe comme si la puériculture voulait tantôt protéger
l'enfant des pulsions agressives (principalement infanticides ou
cannibaliques) des parents, tantôt protéger les parents et l'enfant
de leurs pulsions libidinales (pulsions orales, pulsions de maîtrise,
pulsions incestueuses), ces deux aspects étant, selon les époques
et selon les auteurs, alternativement mis en avant.

---

74. Dr Oria et J. Raffin, *op. cit.*, p. 53 (c'est nous qui soulignons).
75. Dr Kreisler, *op. cit.*, p. 77.
76. *Ibid.*
77. *Ibid.*

À un autre niveau d'analyse, il n'est pas inutile de relativiser la place du berceau et du bercement dans une culture donnée. Sa construction particulière, sa place dans la maison, la durée de son usage sont des éléments extrêmement variables d'une société à une autre et sont « utilisées » par les différentes cultures pour amplifier les expériences initiales et les traits principaux qu'elles veulent développer chez les enfants. Erikson rapporte, par exemple, que chez les Sioux, le bébé, quand il était en colère, était emmailloté jusqu'au cou et attaché dans son berceau ; il ne pouvait pas exprimer sa rage par de violents mouvements des membres comme chez nous. Et, ce n'est sans doute pas un hasard si la vertu privilégiée chez les Sioux est la force, qualité qui, chez les Indiens, implique férocité mais aussi stoïcisme, capacité de supporter des souffrances extrêmes sous les tortures infligées par les autres ou par soi-même.

De même, dans la population russe paysanne du XIXᵉ siècle, on emmaillotait le nouveau-né jusqu'au cou et assez serré pour faire de l'ensemble une « bûche de bois », facile à manier, de jour comme de nuit, pendant neuf mois. Erikson interprète cette pratique de la façon suivante : « Il faut emmailloter l'enfant pour le protéger contre lui-même ; il doit rester emmailloté émotionnellement pour ne pas être victime d'émotions sauvages. Le bébé emmailloté ainsi ne peut que se laisser couler, abandonner, être patient, rêver, et se concentrer sur ses sensations vasomotrices et les événements de son intérieur[78]. » L'auteur voit une relation significative entre cet élément de puériculture et le caractère russe traditionnel. Exemple de plus montrant que rien n'est « neutre » dans un système d'éducation des enfants.

Par ailleurs, on peut se demander si l'existence du berceau, ou, plus exactement, si ce tabou du lit des parents qu'il suppose, est vraiment fondé. En dépit des sentiments ambivalents des parents, en dépit aussi de ce qu'en disent les psychanalystes, là encore, une relativisation culturelle s'impose : dans de très nombreuses sociétés traditionnelles — y compris en Europe —, il est anormal de laisser un jeune enfant coucher seul et la demande de l'enfant

---

78. E. Erikson, *op. cit.*, p. 257.

d'avoir un corps chaud contre lui la nuit semble parfaitement naturelle (et peut-être l'est-elle...). En Afrique de l'Ouest, par exemple, le bébé dort successivement : contre le ventre de sa mère, puis contre le dos de celle-ci, puis avec une autre « mère » (classificatoire), enfin avec un enfant de sa classe d'âge. En Amérique du Sud, chez les Txicao, le bébé dort dans le hamac de sa mère jusqu'à ce qu'il y ait un autre enfant, puis il dort dans le hamac du père, et ce souvent pendant plusieurs années. Ce n'est peut-être pas par hasard, là encore, que les relations père/enfant ne sont pas, chez ces populations, empreintes de la distance qui a cours chez nous !

Par ailleurs, il semble que la psychanalyse, poussée par la terreur que l'enfant assiste à la fameuse « scène primitive » (coït des parents), ait trop insisté sur la nécessité de la séparation nocturne ascendants/enfants. Dans les sociétés rurales traditionnelles de presque tous les continents, cette mise à l'écart n'a pas cours, en tout cas de façon systématique, et on ne peut en inférer pour autant, loin de là, que tous les enfants de ces pays sont de grands névrosés ! Bien souvent, en effet, ce qu'on imagine ou entrevoit est pire que ce qu'on voit. Sur ce plan, les conseils des psychanalystes, en matière de puériculture, ne sont-ils pas eux-mêmes quelque peu phobiques ?

Signalons un autre tabou de contact, dont il sera question au chapitre sur le langage, celui du vocabulaire employé par les spécialistes pour parler du bébé. Un des résultats de cette phraséologie — et non des moindres — consiste en effet à mettre l'enfant à distance des adultes, comme nous le verrons. Quelle distance, en effet, que celle qui consiste à le situer en dehors du genre humain ! Et quel plaisir peut prendre une mère à câliner un paquet ou à parler à une plante verte !

Rappelons aussi les tabous qui concernent les satisfactions orales du bébé (succion du sein — après la tétée —, du pouce, de la sucette dont il a déjà été question).

En ce qui concerne l'alimentation, il semblerait qu'il faille absolument dissocier alimentation et plaisir, et protéger mère et enfant de la satisfaction que l'un et l'autre pourraient prendre à cette activité[79]. Il apparaît clairement dans ce cas que la puériculture tente,

---

79. Tout plaisir, celui de la mère comme celui de l'enfant, est inlassablement traqué, dépisté dans les manuels ; les auteurs de *Comment*

par ces tabous dérisoires, de maintenir à tout prix la dissociation :
se nourrir/sucer et/ou prolonger le corps à corps avec la mère.

Restant toujours au niveau de la cavité bucco-pharyngée, l'on
constate que l'attitude du puériculteur à l'égard des cris est très
symptomatique de ce que nous avons pu dire sur les tabous de
contact et les mécanismes de mise à distance. Comme le dit J. de
Ajuriaguerra, les cris du nourrisson ont de multiples significations
(faim, souffrance, jeu, appel), et la particularité de l'espèce
humaine réside en ce que cette première expression se trouve être
plus ou moins connotée d'agressivité par l'adulte, la mère pouvant
en effet leur trouver une valeur agressive insupportable : ils deviennent alors un support tout trouvé pour son ambivalence et, éventuellement, pour son agressivité vis-à-vis du nouveau-né[80].

La puériculture est là, une fois encore, avec son arsenal de
moyens de défense. Comme pour prévenir ou empêcher cette
contre-attitude agressive de la mère, résultant de la perception
peut-être menaçante qu'elle pourrait avoir des cris de son enfant,
ceux-ci sont souvent présentés comme de simples exercices respi-
ratoires, comme des cris physiologiques normaux et même obligatoires auxquels il n'y a pas lieu de répondre sous peine de risques
plus ou moins graves pour la mère comme pour l'enfant : esclavage
de la mère, maladies de l'enfant. Quant aux cris de faim, si bébé a
été bien dressé, disent les auteurs, il finira par ne plus crier que
s'il a besoin d'être changé. D'ailleurs, il est connu chez les uro-
logues que, à cause de ces principes, l'on trouve relativement fréquemment des calculs rénaux chez les bébés français — ainsi que
dans les pays latins —, alors qu'aux États-Unis, où l'on donne de
l'eau à boire au bébé autant qu'il le désire, cette pathologie est
pratiquement inconnue.

Au fil des ans, les recommandations dans ce domaine se font

---

j'élève mon enfant écrivent à propos du « dressage sphinctérien » : « Les
selles régulières ont une grande influence sur le bon équilibre physique ; elles évitent des échauffements qui peuvent n'être pas sans danger pour le bon équilibre moral » (Mme Francisque Gay et L. Cousin,
op. cit. (1954), p. 489).

80. Les passages à l'acte de mères (et de pères) ne pouvant supporter
les cris de leurs bébés sont bien connus...

plus nuancées, mais la doctrine joue toujours aussi efficacement son rôle de protection en tablant sur des arguments quantitatifs et objectifs dont le but essentiel paraît être d'évacuer aussi bien l'ambivalence de la mère que son désir de contact : « Il est normal qu'un nourrisson exerce sa voix une heure par jour environ », « mais s'il crie davantage, plusieurs causes peuvent être recherchées[81] ». Ces dernières sont parfaitement réelles — il est sale, une épingle le pique, il a trop chaud, il a faim, il a une rage de dents, son renvoi ne s'est pas fait, il y a eu du bruit, etc.[82] —, mais il n'y a visiblement nulle place pour d'autres raisons tout aussi réelles comme le besoin de contact (on ne trouve pas : « il appelle », « il a envie d'être pris »), l'anxiété ou l'agressivité (on ne trouve pas : « il crie parce qu'il est méchant ou parce qu'il est en colère contre vous »). Ne sourions pas de ces propositions que l'on trouvait couramment dans les manuels un peu plus anciens et contre lesquelles le Dr Cohen-Solal s'est fortement insurgé : « J'ai surtout essayé d'expliquer qu'un enfant ne vient pas au monde agité, paresseux ou méchant[83]... » Nous voyons ici comment la puériculture est intervenue pour dédramatiser les cris du bébé, leur enlevant toute valeur que les parents risqueraient de trouver agressive comme pour supprimer ainsi toute contre-attitude parentale de même nature.

Remarquons encore une fois que la norme occidentale en matière de réponse aux cris du bébé peut sembler « exotique », pour ne pas dire tout à fait folle, à nombre de sociétés. Pour les Sioux : « Ils [les Blancs] apprennent à leurs enfants à pleurer », telle fut la remarque indignée d'une femme indienne lorsqu'elle entendit dire par les nurses qu'il était bon pour les bébés de crier jusqu'à ce que leur visage devienne bleu de colère. Pour les femmes indiennes, accoucher à l'hôpital, c'était une injustice pour le bébé qui allait apprendre à crier comme un bébé blanc. Les Blancs, pensent les Indiens, veulent éloigner leurs enfants de ce monde pour les faire passer dans l'autre monde le plus rapidement pos-

---

81. *L'Enfant du premier âge, op. cit.* (1972), p. 75.
82. *Ibid.* (1977), p. 70.
83. Dr Cohen-Solal, *op. cit.*, p. 693.

sible (cité par Erikson[84]). Cette erreur de perception est lourde d'enseignement[85] ! Comme nous le verrons plus loin, les Africains pensent également que laisser pleurer un bébé, c'est le renvoyer *ad patres*[86].

On peut s'interroger sur les conséquences de cette extraordinaire abrasion de l'affectivité de part et d'autre, telle qu'elle est proposée par plusieurs générations de puériculteurs. On constate, une fois de plus, que les défenses, pour être efficaces, se font au prix d'un appauvrissement et, dans le cas qui nous occupe, au prix d'une suppression de toute relation chaleureuse entre le bébé et ses parents.

Le discours que tiennent ces ouvrages touche au fond à une angoisse bipolaire dont l'axe est la dépendance, angoisse qui est peut-être une caractéristique de la relation entre le nourrisson et l'adulte qui s'occupe de lui. Il s'agit d'abord de celle qui est ressentie par la mère devant sa toute-puissance en face de la très grande dépendance du bébé : son aspect physique, ne serait-ce que du point de vue de sa taille comparée à celle de l'adulte, peut donner à ce dernier l'impression que s'il le serre trop fort ou le heurte, il va l'étouffer ou le tuer. Mais cette angoisse est aussi celle de la toute-puissance du nourrisson et de la très grande dépendance de l'adulte ; la néoténie[87] du nourrisson entraîne sa dépendance fondamentale ; avec le psychanalyste anglais Winnicott, on peut affirmer qu'un nourrisson n'existe pas en soi, mais seulement en fonction des bras qui le tiennent. En conséquence, *l'adulte ne peut pas ne pas s'occuper de lui* (s'il a faim, il faut le nourrir ; s'il est sale, il faut le changer), ce qui peut certes être générateur d'an-

---

84. E. Erikson, *op. cit.*, p. 106.

85. Voir aussi chap. 4 « Apprentissage et dressages : l'importance de la norme ».

86. Voir sur ce point S. Lallemand, « L'enfant dédoublé », in *Nouvelle revue de psychanalyse*, Paris, Gallimard, 1979 ; J. Rabain et Dr Collomb, « L'enfant qui part et l'enfant qui revient », in *L'Enfant dans la famille*, Paris, Masson, 1974.

87. Caractéristique du nouveau-né humain qui, seul parmi les espèces animales, meurt si on ne prend pas soin de lui de façon appropriée. L'être humain naît prématuré, au sens originel du terme.

xiété. Cette peur de l'esclavage est d'ailleurs évoquée et même brandie, on l'a vu, par de nombreux auteurs.

Ce n'est pas la nécessité de trouver des défenses devant cette double angoisse que nous contestons. Les critiques que nous avons adressées dans ce chapitre aux moyens de défense étudiés reposent sur le fait que leur palette est pauvre et monocorde, que leurs mécanismes manquent de diversité, de souplesse, de subtilité, d'efficacité enfin. Il est, par exemple, peu défendable qu'une méthode de puériculture, sous prétexte de protection, court-circuite — éventuellement s'approprie — une bonne part du plaisir réciproque que parents et enfants peuvent trouver à leur commerce mutuel.

La clinique psychanalytique le montre bien : au bout d'un certain temps, tout moyen de défense univoque devient inefficace et se transforme en obsession[88]. Dans d'autres sociétés, dites primitives, les systèmes de maternage font apparaître des défenses plus riches et plus diversifiées. Nous y reviendrons.

---

88. M. Bouvet, « La clinique psychanalytique », in *La Psychanalyse d'aujourd'hui*, Paris, PUF, 1967.

CHAPITRE IV

Apprentissage et dressages : l'importance de la norme

Aux rituels décrits précédemment correspondent des enfants passifs, quasi-objets subissant les manipulations adultes. Mais, très vite, les soins effectués font place à des enseignements gestuels puis verbaux : les pratiques d'hygiène et d'alimentation se muent en dressages et en apprentissages. À travers eux, et par le biais des normes qui les sous-tendent, nous tenterons d'esquisser les caractéristiques d'une prime éducation « à la française ».

LA MARCHE

Des recherches effectuées sur l'enfance dans la France traditionnelle[1] nous apprennent que l'étape de la marche faisait l'objet d'une sollicitude particulière de la part des parents : lisières aux vêtements du bambin, tuteurs à roulettes, bonnets à bourrelets contre les chocs, exercices quotidiens menés par les nourrices dès trois ou quatre mois attestent de l'importance accordée à la station verticale et aux premiers pas. J. Gélis, M. Laget et M.-F. Morel nous en expliquent les raisons, à la fois d'ordre pratique — la fraîcheur du sol des maisons — et d'ordre symbolique : ramper étant signe d'animalité, il fallait donc pousser l'enfant à accéder au plus

---

1. *Entrer dans la vie, op. cit.*

vite à un stade supérieur de développement. Ces auteurs soulignent également l'opposition des médecins vis-à-vis de la hâte
parentale, et leur désapprobation devant les moyens employés.

On peut donc se demander, à ce sujet, quelle est l'attitude des
puériculteurs de notre temps. Or il semble que depuis le
XVIIIᵉ siècle (terme de la période étudiée par Gélis, Laget et Morel)
les positions des médecins et des parents soient restées figées.

Dans les manuels que nous examinons, les mères passent pour
être impatientes, et les spécialistes se montrent réticents et modé-
rateurs : « Tant qu'il n'aura pas l'idée de se mettre debout, laissez-
lui faire le quadrupède, rien ne saurait mieux lui convenir. Il n'est
pas nécessaire d'apprendre aux enfants à marcher, ils le feront
tout seuls quand leurs jambes seront assez fortes pour les soutenir.
[...] Si l'enfant ne marche pas à un an, il marchera à treize mois,
ce ne sera pas un grand malheur [2]. » Cet extrait tend à imposer, en
creux, l'image d'adultes anxieux face à cette période de l'évolution
de leurs rejetons, prompts à s'immiscer et à déployer un zèle éducateur intempestif. Aussi, de même que cet auteur, les puéricultrices et les médecins soulignent, ultérieurement, les risques
encourus par le bébé entraîné trop précocement à un exercice que
la bonne volonté des parents peut rendre nuisible : « L'enfant,
quand il se sent assez fort, commence seul à marcher. Peut-être
marchera-t-il ainsi moins vite que le petit voisin que sa mère a
traîné, poussé, tiré dès 8 à 9 mois pour le faire marcher de bonne
heure ; mais au moins il aura les jambes droites, tandis que le petit
voisin les aura fortement arquées pour avoir marché trop tôt [3]. »

De la balancelle au trotteur

Pourtant, après cette prise de position fort nette, l'auteur recommande l'achat d'un parc, qui faciliterait l'apprentissage : « Vers
10 mois, il s'accroche à la barrière pour se mettre debout ; puis,
un beau jour, il y essaie ses premiers pas [4]. » L'action directe de la
mère n'est pas conseillée, mais il est recommandé de donner à

---

2. Mme Moll-Weiss, *op. cit.* (1917), p. 151-152.
3. Mme Bressan, *op. cit.*, p. 37.
4. *Ibid.*

l'enfant des instruments appropriés pour son apprentissage. Cette attitude mitigée des spécialistes, niant l'effet du comportement « interventionniste » des géniteurs mais leur prescrivant des objets qui ont des rapports certains avec ceux qui étaient utilisés au cours des siècles précédents, se retrouve durant plusieurs décennies.

Ainsi, tandis qu'ils persistent à interdire aux parents « de "mettre" un bébé debout — c'est lui-même qui vous indiquera que c'est le moment de le faire [5] — », ils permettent, voire encouragent, l'achat d'une série de petits meubles censés être en rapport avec les possibilités de l'enfant et contribuer aux diverses étapes de la maîtrise de la marche. Que l'on en juge par la liste du *Petit guide de la jeune maman* [6] :

« À 6 mois : Bébé aime à s'asseoir et commence à jouer. Dotez-le d'une chaise pliable en deux et sur roues.

À 8 mois : Bébé éprouve le besoin de faire ses muscles en remuant tout le temps. Mettez-le dans un "youpa-là", petit hamac avec deux trous pour passer les jambes et quatre élastiques souples attachés par un anneau. Accrochez l'anneau au plafond ou à une branche d'arbre.

À 10 mois : Pour que Bébé puisse sans danger s'essayer à la marche, mettez-le dans un parc [...]. À défaut, achetez un "trotteur". Choisissez-le à deux positions, pour pouvoir, sans sortir l'enfant, l'immobiliser ou le laisser se déplacer. »

À la même époque, l'ouvrage du Dr S. Lemaire conseille également le « youpa-là » ou le « trotte-bébé » (variante du "trotteur") qui présente, pour le jeune enfant, l'avantage de lui donner « la possibilité de s'exercer à marcher [7] ».

Dans ces conditions, le débat apparemment clos au début du siècle par A. Moll-Weiss reste toujours ouvert : doit-on laisser à chaque enfant l'initiative des différents gestes et postures impliqués dans le processus de la marche (station assise, puis station debout, puis marche avec soutiens adventices — murs, table, chaise ordinaire —, enfin marche indépendante) ou bien le rôle

---

5. Mme Champendal, *op. cit.* (1937), p. 14.
6. *Petit guide de la jeune maman, op. cit.*, p. 35.
7. Dr Lemaire, *op. cit.*, p. 14.

des parents est-il d'enseigner activement à leur progéniture l'art de se déplacer en les y aidant soit directement, soit indirectement avec les objets du commerce ? En d'autres termes, la marche relève-t-elle d'une maturation ou bien d'un apprentissage ?

Pour sa part, R. Vincent s'oppose avec véhémence à l'usage de meubles spécifiques : « Pendant toute cette période, l'enfant ne se plaît plus du tout dans son parc et il n'est pas sage de le forcer à y rester[8] », et ne mentionne même pas les autres appareils. Et elle interdit aux parents toute intervention directe, qualifiant d'« ambitieux » les géniteurs qui « peuvent probablement gagner quelques semaines en habituant le bébé à marcher en donnant la main » ; elle adjure ceux-ci de le « laisser se débrouiller » et ne leur concède que le droit de choisir des souliers adéquats lorsque l'enfant a conquis la station verticale. Pourtant — traîtrise involontaire de l'iconographie ? —, la photo qui illustre ce paragraphe en dément la teneur : on y voit un bambin dont un aîné soutient les deux bras et qui, selon la légende, « fait l'apprentissage de la marche ». Ce curieux écart entre le texte et l'image nous paraît encore témoigner de l'ambiguïté habituelle des ouvrages vis-à-vis de cette étape du développement.

Les années soixante-dix ne dissipent pas la confusion. Certes, R. Gilly assure : « Il ne faut pas croire qu'on peut apprendre à marcher à un enfant. La marche est un automatisme[9] » ; les parents sont cantonnés dans le rôle de « modèle » que l'enfant va essayer de copier lorsqu'il en sera apte sur le plan psycho-physiologique. Et il déconseille le parc où « l'enfant peut garder trop longtemps l'habitude de se tenir à quelque chose dans un souci de sécurité ». Pour lui, comme précédemment pour R. Vincent, l'objet conçu pour faciliter l'apprentissage est dénoncé comme une entrave à l'accès même de la technique à acquérir.

Cependant, à la même époque, *L'Enfant du premier âge* proposait dans ses pages de publicité un grand choix d'instruments destinés à permettre artificiellement aux bébés l'exercice de la marche.

---

8. R. Vincent, in *Le Conseiller de la femme, op. cit.*, p. 758.
9. Dr Gilly, *op. cit.*, p. 161.

En outre, tous les médecins ne pensent pas que la mère doive se cantonner au rôle passif d'observatrice : « C'est à partir de cette phase où il se met debout souvent, des heures dans la journée, que vous lui apprendrez à marcher en le tenant par les deux mains ou sous les aisselles [10]. »

Les dernières parutions reflètent d'ailleurs l'indécision ou l'embarras des spécialistes. Il n'est certes plus question d'obliger le bébé à des performances au-dessus de ses forces et de son âge, mais il n'est jamais dit clairement non plus que les parents doivent renoncer aux initiatives pédagogiques directes ou au recours à des objets que les publications antérieures ont pourtant jugés nuisibles :

« Il existe, pour l'âge où l'enfant commence à marcher, toute une gamme de "trotteurs" et de "porteuses" qui ont pour but de préparer à la marche. Que faut-il en penser ? Deux choses.

1° On n'enseigne pas à marcher à un enfant. Il a une merveilleuse monitrice qui vaut tous les appareils du monde : la nature. Il marchera à son heure. Donc, aucun accessoire ne fera marcher votre enfant plus tôt [...].

2° Si on laisse un enfant debout trop longtemps, même son siège étant soutenu, cela peut fatiguer sa colonne vertébrale.

Ne me faites pas dire que les trotteurs et autres accessoires sont tous à proscrire. Si cela vous fait plaisir ou si cela amuse votre enfant, offrez-lui-en un. Mais alors, choisissez-le de manière qu'il n'oblige pas l'enfant à écarter les jambes ; qu'il ne lui serre pas les cuisses [11]... »

On ne saurait mieux dire que ces appareils censés faciliter la tâche enfantine présentent plus d'inconvénients que d'avantages. Néanmoins, il apparaît que les auteurs hésitent à les proscrire définitivement. Serait-ce à cause de la pression de la production industrielle, et de l'attrait de ces objets auprès des consommateurs, parents et médecins inclus ? Ou bien le pédagogue répugnerait-il à contribuer à la disparition d'un secteur de l'industrie dont la nocivité est, somme toute, fort limitée ?

---

10. Dr Cohen-Solal, *op. cit.*, p. 179.
11. L. Pernoud, *J'élève mon enfant, op. cit.* (1979), p. 388.

Il est possible, aussi, que la tolérance des puériculteurs soit due à une propriété particulière de ces objets, rarement formulée explicitement, mais fort prisée des adultes de notre société : certes, le parc comme la balancelle ou le trotteur permettent certains exercices à l'enfant. Mais surtout ils en empêchent beaucoup d'autres, ils canalisent son activité en la restreignant, ils lui assignent certaines postures (le youpa-là) ou certains lieux fixes (le parc) qui circonscrivent étroitement les formes et l'étendue de ses déplacements. Ils se substituent à la surveillance maternelle en maintenant hors de portée les objets dangereux ou fragiles de l'appartement ; et leur confort même limite l'initiative et l'exploration enfantine ou n'incite qu'à la répétition de certains mouvements précis. En bref, ils ne développent la motricité qu'en appauvrissant le champ où elle pourrait se déployer.

Aussi leur portée pédagogique réelle est-elle infiniment plus complexe que celle dont nos auteurs ont débattu précédemment. Ces instruments facilitent moins la technique de la marche qu'ils ne dressent le bébé à accepter certaines contraintes corporelles (lesquelles peuvent être changées en plaisir, en sentiment de sécurité, par le nourrisson) qui simultanément bornent et stimulent ses actions.

Cette double ambivalence, cette double hésitation du puériculteur entre l'apprentissage et le dressage (matérialisé par les appareils pour la marche), d'une part, entre la pédagogie parentale active et l'attente de la maturation infantile, d'autre part, se retrouve, amplifiée, dans un autre domaine : celui de la propreté vésicale et sphinctérienne.

LA « PROPRETÉ »

Le terme de « propreté », utilisé par tous les spécialistes de la puériculture pour désigner les phénomènes de rétention et d'évacuation en des lieux fixes des urines et fèces, semble d'abord remarquablement inadéquat. Mais cet euphémisme, cette façon indirecte de désigner la maîtrise des produits des « parties honteuses », chez nos premiers auteurs, est peut-être bien aussi, hier comme aujourd'hui, une hyperbole : l'étron dans le pot est la quintessence de la propreté, sa forme première et privilégiée, puisque, comme nous allons le voir, il conclut, en le matérialisant, l'un des apprentissages les plus longs et les plus chargés de valeurs éthiques de la petite enfance.

L'énorme importance que revêt, aux yeux des pédagogues, cet acquis particulier est sensible dans le fait que tout manuel, même celui de la jeune écolière, aborde ce délicat sujet. Et les auteurs introduisent de multiples raffinements dans la progression de cet apprentissage : ils opposent les incontinences diurnes et nocturnes, auxquelles ils fixent des termes différents, et dissocient les moments où l'adulte doit s'intéresser à la propreté vésicale et sphinctérienne de son rejeton. Certains d'entre eux assurent même que les deux sexes ont des performances différentes, les filles montrant des aptitudes plus précoces que les garçons pour l'utilisation du pot[12].

Les miracles du conditionnement

Cependant, durant les premières décennies, médecins et enseignantes insistent sur l'extrême facilité avec laquelle s'effectue ce qu'eux-mêmes nomment un dressage, et dont ils nous exposent le mécanisme : « ... On constate que le *nouveau-né*[13] urine presque chaque fois qu'on le déshabille, quelques instants après avoir senti le contact de l'air.

« Sachant qu'il va uriner, placez-le dans la position accroupie au-dessus d'un vase de nuit, sur lequel vous lui appuierez les fesses : la miction se produira dans cette posture.

« Au bout de quelques jours une association puissante se créera dans l'esprit du nouveau-né entre les deux sensations : écoulement de l'urine, contact du vase de nuit ; il prendra l'habitude de n'uriner (au moins en dehors du sommeil) que dans son vase et vous l'aurez, dès les premières semaines, rendu propre[14]. » Cet auteur

---

12. Dr Boissière, *L'Enfant, la Croissance et la Vie. Les mystères du développement de la conception à la puberté*. Paris, Hachette, 1973, p. 161.
13. C'est nous qui soulignons.
14. Dr Pouliot, *op. cit.*, p. 195.

est-il le seul à préconiser un début de dressage qui nous paraît aujourd'hui bien précoce ? Pas du tout : « Dès que le cordon est tombé, il faut prendre l'habitude de présenter l'enfant sur le vase de nuit pour le faire uriner et aller à la selle. [...] Avec un peu de patience et de persévérance on ne saurait croire comme il est facile d'accoutumer le petit être à la propreté[15]. » Cependant, ailleurs, à propos d'incontinence nocturne, ce médecin tient un tout autre langage : « Normalement, les nourrissons lâchent leurs urines dix à quinze fois par jour. Ils n'ont aucun contrôle sur cette émission. Il n'y a pas à s'inquiéter jusqu'à l'âge de deux ans et demi ; par la suite, on doit considérer qu'il y a lieu de soigner le sujet comme un malade[16]. »

On constate donc un spectaculaire décalage entre les possibilités physiologiques reconnues alors à l'enfant et l'entraînement qu'on lui impose. Mais cet écart temporel entre la demande sociale et la maturation infantile reste un secret bien gardé, que l'on divulgue peut-être aux parents de jeunes énurétiques, mais dont on ne trouve pas trace dans les manuels durant trois ou quatre décennies. Tout au contraire, les auteurs insistent sur l'aptitude du bébé à intégrer volontairement les conduites auxquelles on le dresse : « C'est d'abord l'action du froid qui provoque le réflexe de la miction. Puis, grâce à sa faculté d'observation qui est précoce, le bébé fait l'association d'idées qui le conduit à attendre le changement de couches pour évacuer sa vessie[17]. » Cette séduisante description accorde à l'enfant ces « facultés d'observation » dès le 3e ou le 4e mois. De même, M. Boutier assure que l'enfant lui-même coopère rapidement à l'acquisition de sa propreté : « L'enfant bien tenu, changé après chaque évacuation, supporte mal la sensation désagréable produite par les langues souillés. Très vite, il s'habitue à céder aux sollicitations de la maman qui le présente sur le vase avant chaque tétée[18]. » Il semble donc que, désormais, il y ait une confusion permanente entre conditionnement réflexe et éducation

15. Dr Genest, *op. cit.*, p. 21-22.
16. *Ibid.*, p. 226.
17. Dr Ferru, *op. cit.*, p. 59.
18. Mme Boutier, *op. cit.*, p. 300.

acceptée par l'intéressé ; ou, au moins, une harmonie préétablie entre les volontés des spécialistes et les désirs de l'enfant. Le dressage tend à être assimilé à un apprentissage actif.

Pot et station assise

Mais une autre difficulté demeure si l'on croit, avec les anonymes rédacteurs des *Leçons élémentaires de puériculture*, qu'« il faut apprendre à l'enfant, dès sa naissance, à satisfaire ses besoins à des heures régulières ; il suffit, pour cela, de le placer dans la position appropriée [19] ». Cette remarquable célérité paraît incompatible avec les recommandations données à d'autres pages, indiquant qu'« il faut éviter d'asseoir un enfant trop précocement [20] ». Comment, en effet, concilier la mise sur le pot avec l'interdiction de la station assise ? La posture requise n'est-elle pas dangereuse pour le bébé ?

Heureusement, le petit opuscule d'E. Chouquet nous livre, neuf ans plus tard, la clef du mystère. Fixant l'âge du pot à 3 mois, elle suggère que « la personne qui le tient pose le petit instrument sur ses propres genoux et appuie le dos de l'enfant sur elle-même afin que la position assise ne le fatigue pas prématurément [21] ».

Ainsi, dans leur frénésie de propreté, les hygiénistes aboutissent à cette fascinante assimilation : le giron maternel, support et prolongement matériel du « petit instrument », devient un énorme pot de chambre. Que le nourrisson y trouve quelque confort, et quelque plaisir, c'est possible. Mais que nos auteurs, aux oppositions si tranchées concernant la propreté et la souillure, se fassent les propagateurs de cet arrangement postural est fort suspect : la mère serait-elle donc aussi, dans la pensée symbolique inconsciente des pédagogues, cet égout dont parle l'Écriture ?

Quant au pot-fauteuil muni de sangles qui remplace, après la Seconde Guerre, le « petit vase » dont parlent les ouvrages anté-

---

19. *Leçons élémentaires de puériculture, en dix leçons (pour les fillettes de 10 à 13 ans)*, édité par le Comité national de l'enfance, 1937, p. 11.

20. *Ibid.*, p. 20.

21. Mme Chouquet, *op. cit.*, p. 20.

rieurs, il devient, si l'on peut dire, la pierre angulaire de l'acquisition de la propreté. Aussi, vers les années cinquante, les auteurs font-ils débuter cette acquisition dès que l'enfant peut s'y tenir assis — vers 4 mois dans le *Petit guide de la jeune maman* : « Mettez-le sur le pot dans un siège spécial assez lourd où vous pourrez l'attacher [22] », et un ou deux mois plus tard selon l'ouvrage de S. Lemaire [23].

Avant l'heure, ce n'est pas l'heure...

Enfin vinrent les années soixante. Avec véhémence, les puériculteurs dénoncent les erreurs commises durant les précédentes décennies. M. Lelong démonte l'amalgame opéré entre actes réflexes et maîtrise d'une activité et, après avoir chapitré les mères (toujours elles) — « Trop d'entre elles croient qu'un nourrisson normal peut et doit être propre, au moins le jour, dès 7 ou 8 mois [24] » —, il résume ainsi la portée de leurs efforts passés : « Dans le dressage trop précoce, c'est la mère qui se conditionne et non l'enfant [25]. »

Cette formule lapidaire, qui n'est pas sans fondement (les mères présentaient de dix à douze fois par jour l'enfant sur le vase, avant et après chaque tétée), est développée par R. Vincent : « On cite parfois des mères qui ont été capables de rendre leur enfant propre dès l'âge de 3 mois. Ce n'est pas exact : elles se sont simplement entraînées elles-mêmes à guetter l'heure régulière à laquelle l'enfant se salit et à « attraper » la selle en mettant l'enfant sur le pot au bon moment. Mais l'enfant, lui, n'y est pour rien [26]. »

Cette volonté de « déconditionner » les mères va-t-elle aussi contribuer à alléger leur tâche ? Elle la compliquerait plutôt. En effet, l'automate grondeuse au vase omniprésent se mue en stratège : ce n'est que vers un an qu'elle commence à « habituer gentiment » le bébé au pot en le lui présentant une fois par jour, sans

---

22. *Petit guide de la jeune maman, op. cit.*, p. 35.
23. Dr Lemaire, *op. cit.*
24. Dr Lelong, *op. cit.* (1966), p. 74.
25. *Ibid.*, p. 75.
26. R. Vincent, *op. cit.*, p. 761.

l'y attacher ; vers 14 mois, elle fera deux essais, et vers 15 elle prati-
quera ce que R. Vincent appelle elle-même le « dressage complet ».
Mais l'efficacité ne devra être escomptée qu'à la fin de la deuxième
année. En outre, l'ascendante doit faire preuve, désormais, de qualités psychologiques importantes : elle cache son exaspération si
l'enfant résiste, renonce à lui infliger une punition, et le félicite
chaleureusement lors de tout dépôt occasionnel dans le récipient.
Car, si la maîtrise vésicale et sphinctérienne a perdu de sa rapidité,
elle a gagné une dimension éthique supplémentaire. En témoigne
le lyrisme de L. Lelong, dont le dernier paragraphe traitant ce sujet
débute par : « Au total, l'acquisition de la propreté est pour l'enfant
l'acceptation de la première contrainte... », et finit ainsi : « Telle
est la haute signification, individuelle et sociale, de ce stade de
l'éducation[27]. »

À leur suite, les autres spécialistes se montrent soucieux de freiner toute hâte maternelle. M.-M. Arnaud, dans la brochure de la
Sécurité sociale, reprend le texte de L. Lelong, quelques années
plus tard. En caractères gras, elle souligne le fait qu'il ne faut pas
« commencer trop tôt l'éducation de la propreté » et insiste sur
les nécessaires « préalables physiques » (maturation sur les plans
nerveux et musculaire), « intellectuel » (compréhension et expression verbale) et « affectif » (faire plaisir à autrui)[28].

Car, s'« il est aussi vain de mettre sur le pot un bébé de trois
mois que de vouloir lui apprendre à marcher ou à tenir sa cuillère[29] », il apparaît désormais que les risques en sont graves. Et de
même que les « trotteurs », enserrant l'enfant et le sécurisant, le
dissuadent de tenter de marcher seul, de même le pot présenté
trop tôt peut occasionner les refus du jeune être lorsqu'il est sur le
point de maîtriser ses capacités de rétention et d'évacuation : sans
consentement de l'intéressé, l'étape ne se franchit point. Aussi les
mises en garde se multiplient-elles : « Prenez garde de ne pas
commettre d'erreurs dans ce domaine important, vous retarderiez
l'âge de la vraie propreté[30] », et les auteurs énumèrent les perturba-

27. Dr Lelong, *op. cit.* (1966), p. 85.
28. Dr Arnaud, *op. cit.*, p. 66.
29. Dr Boissière, *op. cit.*, p. 163.
30. Dr Bèbe, *op. cit.*, p. 96.

tions que peuvent entraîner des exigences parentales trop hâtives :
« constipation, colères, lutte sourde et obstinée [31] ».

... mais après l'heure, ce n'est plus l'heure

Il ne faudrait pas croire pour cela que les parents doivent renoncer à certains aspects coercitifs de leur mission éducative. Et si,
pour obtenir la propreté nocturne, il n'est plus question d'assoiffer
l'enfant (« on peut essayer de lui supprimer toute alimentation
liquide après 4 heures de l'après-midi », conseillait E. Chouquet
en 1946 [32] aux parents du rejeton qui se mouillait la nuit après
deux ans), on interrompt son sommeil. En 1960, Mme Francisque
Gay et L. Cousin conseillent de le réveiller deux fois : « La mère le
lève avant de se coucher elle-même et, s'il le faut, une fois encore
vers deux ou trois heures du matin [33]. » En 1974, une fois seulement : « Dans certains cas, il faut apprendre à l'enfant à se réveiller
la nuit, au besoin à l'aide d'un réveil [34]. »

Signalons cependant que les avis des puériculteurs étaient fort
partagés sur ce sujet. Le Dr Spock, dont les traductions sont disponibles en France depuis 1960, se montre peu enthousiaste vis-à-vis
de tout « activisme » nocturne : « Je pense qu'il n'est pas nécessaire
de faire quoi que ce soit pour l'apprentissage de la propreté pendant la nuit [35]. » Et les lecteurs du Dr H. Boissière peuvent, dès
1973, jouir d'un sommeil ininterrompu : car la propreté « apparaît
sans qu'on ait besoin de réveiller l'enfant, qui a horreur d'être
dérangé la nuit, refuse d'uriner sur commande à une heure qui ne
lui convient pas, et a, dans ces conditions, beaucoup de mal à se
rendormir [36] ». Il n'était peut-être pas le seul...

Mais si, depuis une dizaine d'années, on craint de susciter chez
l'enfant un antagonisme qui serait le fruit d'exigences prématurées, on semble redouter tout autant de manquer le moment opti-

---

31. *Notre enfant et nous, op. cit.*, p. 216.
32. Mme Chouquet, *op. cit.*, p. 21.
33. Mme Francisque Gay et L. Cousin, *op. cit.* (1960), p. 60.
34. Dr Ratel, *op. cit.*, p. 280 *sq.*
35. Dr Spock, *op. cit.*, p. 227 (trad. 1976).
36. Dr Boissière, *op. cit.*, p. 164.

mal d'entraînement pour la réussite de cette étape. Et si la précipitation en ce domaine est désormais considérée comme pernicieuse, la négligence (ou la confiance dans les possibilités spontanées de l'enfant ?) est aussi stigmatisée : « Si l'on commence tard, c'est-à-dire vers la fin de la deuxième année, estimant que l'enfant comprendra mieux et réussira plus vite, on risque de le voir se rebeller. Indifférent jusqu'alors à ses culottes souillées, il trouvera injustifiées ces nouvelles exigences [37]. » Tel est aussi l'avis de la brochure anonyme distribuée dans les centres de PMI vers 1976, dont le texte est similaire à celui de L. Pernoud : « Si vous êtes partisan de la plus grande liberté dans ce domaine, sachez cependant que, au-delà de [...], vous aurez beaucoup de peine à créer chez votre enfant l'habitude et le goût de la propreté. Passé l'âge propice, vous aurez du mal à redresser un comportement que vous aurez trop longtemps toléré [38]. Signalons cependant que la barre est fixée « au-delà de 15 à 18 mois » dans l'édition de 1972, et « au-delà de deux ans » dans celle de 1979. Les « négligentes » ont gagné plus de six mois, mais n'obtiennent toujours pas l'indulgence et le feu vert de leurs censeurs.

L'évolution du dressage

Mais peut-être convient-il maintenant de résumer les diverses indications des auteurs précédemment cités, et d'y ajouter les périodes limites d'acquisition de la propreté que l'on trouve dans d'autres ouvrages. Nous obtenons le tableau p. 174-175 qui suggère les observations suivantes :

1° Si l'on se fie aux dates avancées par les puériculteurs, si l'on ne discute pas l'efficacité de leurs méthodes respectives, on constate que des années vingt aux années cinquante, le dressage précoce et intensif proposé a, au moins sur le papier, un énorme avantage : il rend le bébé propre en peu de mois.

En revanche, à partir des années soixante, moment où le dres-

---

37. F. Lecanuet et M. Ricourt, *Mon enfant de un à trois ans*, Verviers, Marabout-Flash, 1972, p. 36-37.

38. L. Pernoud, *J'élève mon enfant, op. cit.*, (1972), p. 369-370 ; (1979), p. 387.

TABLEAU DE L'ÉVOLUTION DE LA PROPRETÉ

	début du dressage	fin du dressage	durée
1921 (Pouliot)	naissance	« quelques semaines »	« quelques semaines »
1922 (Genest)	naissance		
1936 (Bressan)	naissance	4-5 mois (nuit et jour)	3-4 mois
1937 (CNE*)			
1937 (Champendal)	« dès les premiers mois »		
1943 (Ferru)	2-3 mois		
1946 (Chouquet)	3 mois	4-5 mois	1 à 2 mois
1951 (Lerebouillet)	4 mois		
1952 (Berni)	4 mois	« après un an »	+ 6 mois
1952 (*L'Enfant du premier âge*)		« avant 2 ans » (jour) « entre 18 mois et 3 ans » (nuit)	
1960 (Gay et Cousin)	« nourrisson »	2 ans (nuit et jour)	+ 1 an
1963 (Thiry-Vincent)	12 mois	21-24 mois (jour) après 24 mois (nuit)	+ 1 an
1960 (Spock[1], trad.)	18-24 mois (option II) 11-13 mois (option I)	25 mois (miction) 24-30 mois (fèces)[2] 24-36 mois (nuit)	
1966 (Lelong, 2e éd.)	10-12 mois (anal) 15 mois (vésical)	2 ans 1/2 (jour) 3 ans (nuit)	1 an 1/2
1970 (Gilly)	10-14 mois (anal) 15-18 mois (vésical)		« plusieurs mois »

1972 (Lecanuet, Ricourt)	12 mois	18 mois (anal) / 24 mois (jour) / 36 mois (nuit, fille) / + 36 mois (nuit, garçon) / 12-24 mois (jour) / 3-4 ans (nuit)	6 mois-1 an
1973 (Boissière)	8-9 mois		
1975 (Kreisler)	12-15 mois		« plusieurs mois et davantage »
1975 (Cohen-Solal)	vers 12-15 mois	2 ans (jour) / 3 ans, 3 ans 1/2 (nuit)	9-12 mois
1977 (Ratel)	vers 18 mois	20-21 mois	entre 1 et 3 mois
1977 (Azrin, R. Foxx[3], trad.)	20 mois	20 mois	quelques heures
1979 (Osuky)	entre 1 et 2 ans		
1979 (Pernoud)	15-18 mois		3 semaines

Nous voyons d'abord que l'âge du début du dressage varie, suivant les auteurs et les années, entre la naissance et l'âge de 20 mois ; ensuite, que le moment de la fin du dressage varie entre 4 mois et 3 ans pour la propreté diurne, entre 4 mois et 4 ans pour la propreté nocturne. Est-ce la capacité du jeune enfant qui a tellement changé ou la capacité d'évaluation des auteurs qui s'est sensiblement modifiée ?

* Comité national de l'enfance, *Leçons élémentaires de puériculture, en 10 leçons (pour fillettes de 10 à 13 ans)*, *op. cit.*
1. B. Spock, « option I » et « II » : du fait du « refus du pot » susceptible de se produire entre 12 et 18 mois, l'auteur conseille aux parents qui ont choisi de commencer l'apprentissage de la propreté vers un an (option I) de ne pas s'obstiner en cas de résistance, et d'attendre une période plus propice (après 18 mois) ; mais les parents peuvent aussi choisir d'éduquer l'enfant seulement avant cet âge (option II), sans tentative préalable.
2. Avec autonomie des actes complémentaires (aller à la chaise, se dévêtir).
3. Méthode élaborée au Service de la recherche du département de Santé mentale de l'Illinois : avec un petit matériel (chaise à pot amovible, poupée pisseuse, friandises pour récompense) et grâce à un tête-à-tête de plusieurs heures entre la mère et l'enfant, celui-ci peut acquérir en une demi-journée les techniques du déshabillage, de la miction sur le pot, du port et du vidage du récipient.

sage tend à se vouloir apprentissage, les durées extrêmes fixées par les rédacteurs sont beaucoup plus longues et peuvent atteindre plus d'un an.

2° Cependant, si l'on examine les directives de cette seconde période qui débute vers 1960, on se rend compte qu'il existe d'énormes différences entre les délais d'acquisition estimés par les uns et les autres. D'une part, les traductions d'auteurs américains (Spock, Azrin et Foxx) font état de délais fort courts face à leurs confrères français ; d'autre part, les résultats rapides de ceux-ci, ainsi que de certains puériculteurs de notre pays, semblent en relation avec des débuts plus tardifs. Ainsi, un bébé mis sur le pot à un an, en 1963 comme en 1972, ou en 1975, doit être propre vers deux ans. Mais, si l'on ne s'intéresse que vers 18 mois ou deux ans à canaliser en des lieux déterminés ses fonctions vésicales et anales (voir Spock, Ratel, Azrin et Foxx, et peut-être Osusky), on obtient aussi des résultats satisfaisants vers deux ans, pour la propreté diurne.

Propreté et éducation

Mais quittons un instant les puériculteurs français, et voyons la manière dont les membres de sociétés différentes envisagent la question de la propreté enfantine. Par exemple, au centre du Togo, chez les Tem, si le sevrage constitue une étape importante et quelquefois anxiogène, tant pour la mère que pour l'enfant, la maîtrise de l'évacuation vésicale ou anale est vécue comme une progression dont on laisse aux enfants l'initiative partielle, et, au moins, le choix des moments décisifs.

À vrai dire, ce type d'acquisition n'est nullement perçu comme un tournant majeur de l'évolution infantile, comme un processus de socialisation éminemment désirable dont les ascendants devraient guetter toutes les manifestations préliminaires. Au contraire, si les difficultés du sevrage donnent lieu, de la part des mères, à des récits souvent longs, à des exposés comparant l'avantage et l'efficacité de plusieurs méthodes, les questions de l'ethnologue européen concernant les techniques de dressage à la propreté soulèvent généralement un étonnement teinté d'hilarité :

ce sont les chiens de la demeure que l'on dresse à happer les excréments du bébé ; puis plus tard, lorsque les enfants y sont aptes, ils suivent leurs aînés ou leurs ascendants dans les lieux dévolus à cet usage. Nulle injure ne sanctionne ce que les pédagogues français appellent les « accidents » et nulle félicitation ne suit le dépôt d'urines ou de fèces à l'endroit adéquat — puisqu'il ne s'agit pas d'une « performance » dans l'esprit des adultes.

Mais il ne faudrait pas expliquer cette attitude de relative indifférence par une quelconque théorie des climats. Chez d'autres populations africaines, cette préoccupation éducative existe. En Haute-Volta, beaucoup de mères Mossi valorisent les capacités du nourrisson à contrôler ses sphincters, et tentent de les développer le plus tôt possible : dès qu'il peut répondre par « oui » ou par « non » aux interrogations des adultes le voyant se tortiller, gare à lui s'il donne une indication erronée sur l'état de sa physiologie, et se répand sur une natte...

On voit donc que les sociétés découpent différemment les périodes d'évolution infantile, et qu'elles n'investissent pas, sur le plan affectif et éducationnel, les mêmes moments du devenir du jeune individu : en France, des aménagements temporels et qualitatifs ont fait du sevrage une étape mineure, et de la propreté, un acquit essentiel. En Afrique, l'arrêt de l'alimentation au sein est ressenti comme une phase cruciale de la socialisation de l'enfant [39], alors que la rétention et l'évacuation des urines et fèces selon les normes des adultes sont tantôt prisées, tantôt dépouillées de tout contenu émotionnel, sans être négligées.

Mais, au-delà de ces variations culturelles, il importe de se pencher sur les pédagogies qui les régissent. En milieu rural traditionnel togolais, notamment, on n'assigne pas à l'apprentissage de bornes temporelles trop précises ; il se permet donc le luxe de requérir le désir explicite de l'enfant. De plus, qui veut apprendre doit observer, puis imiter.

---

39. L'enfant doit alors renoncer à ses liens exclusifs avec la mère, au profit des relations familiales plus larges. Une cérémonie religieuse marque souvent le terme de l'allaitement (voir *L'Enfant du lignage, op. cit.*).

Cette conception de l'éducation est fort étrangère à l'adulte des sociétés occidentales. Et la mère étant, comme le disent joliment nos manuels, « la première éducatrice », est incitée à appliquer les règles de la pédagogie institutionnelle de sa propre culture. Celle-ci, du fait même de la délimitation d'étapes précises, suggère à l'ascendante une attitude d'intervention qui va au-devant des velléités enfantines, prévient les incitations internes, et tend toujours à substituer, aux initiatives du bébé, un comportement imposé de l'extérieur.

Aussi notre système tend-il toujours à pratiquer l'amalgame, à confondre les résultats d'une maturation psycho-physiologique avec ceux du dressage et de l'apprentissage, à sous-estimer celle-là et à surestimer ceux-ci. On le voit bien, durant la première partie de notre siècle, lorsque les médecins, faisant fi de leur propre savoir sur l'évolution interne du bébé, prônent l'acquisition, dès la naissance, de la propreté. On le voit encore de nos jours, où les auteurs semblent empêtrés dans des credo contradictoires, accroissant le fardeau pédagogique de la mère depuis 1960, mais lui demandant simultanément de respecter les données de la croissance de l'enfant. L'idée d'induire chez le jeune enfant une imitation du comportement des géniteurs semble incongrue et peut-être insupportable dans notre type d'éducation. Attendre l'éclosion du désir de l'enfant apparaît insolite ou superfétatoire : la longueur, encore importante, de la période d'enseignement de la propreté montre que l'on veut, tout au plus, obtenir son acquiescement.

La phase anale d'après la théorie freudienne

On sait qu'au deuxième stade de l'évolution libidinale (de 18 mois à trois ans environ) la libido (énergie pulsionnelle) s'organise autour de la zone érogène anale. Freud a mis en lumière les traits de caractère liés à l'érotisme anal : « L'observation psychanalytique m'a amené à supposer que la rencontre constante de ces trois particularités de caractère : *ordonné, économe* et *obstiné*, dénote un renforcement de la composante érotique anale dans la constitution sexuelle des personnes chez lesquelles il est arrivé au cours du développement que, par la consommation de leur érotisme anal, se forment ces modes de réaction privilégiés du moi [...]. Chacune de ces trois particularités, avarice, pédanterie et obstination, procède des sources pulsionnelles de l'érotisme anal ou... tire de forts subsides de ces sources[40]. » Un disciple contemporain de Freud, K. Abraham, a également trouvé chez les patients fixés à la phase anale les caractéristiques suivantes : rites compulsifs, querelles pédantes, avarice méfiante, besoin de conserver et d'accumuler, etc.

Comment est vécu le stade anal chez les différents individus ? Comment tel ou tel devient-il « fixé » à cette phase de son développement libidinal ? Nous retrouvons ici l'intrication du culturel et de l'individuel.

Reprenant notre hypothèse psychanalytique sur la culture, nous pensons avec Winnicott[41] que ce sont les soins maternels qui, dans les cultures les plus variées, déterminent à un âge très précoce les modèles de défense de l'individu. Constatons en même temps que, pour l'analité comme pour les autres domaines (oralité, divers apprentissages), tout dépend de ce que l'environnement culturel désire en faire, quelle importance il souhaite lui donner.

L'analité de la puériculture occidentale

Ce que montre l'étude de la puériculture dans notre société fait apparaître l'analité comme une zone très conflictuelle, trop et trop particulièrement investie. Le terme même de « propreté » est révélateur par son ellipse même : lourde de sens en effet est cette utilisation abusive, cette appropriation de sens pourrait-on dire, qui consiste à utiliser un qualificatif très général (la propreté) pour désigner un apprentissage spécifique qui ne relève, en soi, d'aucune valeur particulière.

Que peut-on remarquer à ce propos ?

D'abord, on l'a vu, le fait que notre civilisation occidentale a choisi de prendre ce sujet particulièrement au sérieux et s'intéresse

---

40. « Sur les transpositions de pulsion, plus particulièrement dans l'érotisme anal », *La Vie sexuelle*, Paris, PUF, 1969, p. 106.
41. *De la pédiatrie à la psychanalyse*, Paris, Payot, 1969.

excessivement à cet apprentissage. Des chercheurs (anthropo-
logues et psychiatres) ayant étudié les particularités de dressage
de l'enfant dans soixante-quinze sociétés différentes (occidentales
et primitives) ont été d'ailleurs frappés, chiffres à l'appui, de l'extrême sévérité du dressage sphinctérien occidental par comparaison avec son équivalent dans d'autres sociétés : « Notre classe
moyenne américaine présente un modèle en quelque sorte inhabi-
tuel avec un dressage anal jugé comme étant le lieu de la socialisation la plus sévère dans le tableau d'ensemble planétaire[42]. »

Autre constatation : cet apprentissage ne se situe nullement dans
un registre analogue à celui des autres (la nourriture, la marche,
la parole). Dans le domaine du contrôle sphinctérien, le puériculteur se place d'emblée dans le registre de l'affectivité, du chantage,
du cadeau. On l'a vu, il est particulièrement frappant de constater
que l'*imitation*, fondement principal des autres apprentissages, n'a
ici nulle place[43]. Il est toujours dit à l'enfant quelque chose de
l'ordre de : « Fais ta selle pour faire plaisir à maman, à papa, à la
Morale, au Bon Goût, etc. », et jamais : « Fais comme moi, ou
comme ton frère ou ta sœur, ou comme les autres. »

Constatons, sur ce point, une autre caractéristique de ce dressage dans nos sociétés : il se fait en référence à l'adulte (en général
à l'adulte-parent), jamais en référence à la classe d'âge, ou aux
enfants aînés. Dans d'autres cultures — fort nombreuses —, celle
des Sioux par exemple : « Les parents ignorent le comportement
anal et laissent aux enfants plus âgés le soin de conduire le bébé
qui commence à marcher derrière les buissons, afin que son désir
de se conformer dans ce domaine coïncide progressivement avec
son désir d'imiter les grands[44]. » Nombreux sont les exemples ethnologiques susceptibles d'illustrer ce type de comportement[45].

42. Ces mêmes chercheurs ont été également frappés par la grande
indulgence orale des civilisations primitives : G. Mendel, « À propos
du livre de Whiting et Child », in *Anthropologie...*, *op. cit.*, p. 369.
43. Nous y reviendrons dans le dernier chapitre.
44. In E. Erikson, *Enfance et société, op. cit.*, p. 55.
45. Voir sur ce point R. Gessain, *Ammasalik, ou la civilisation obligatoire*, Paris, Flammarion, 1969 ; et G. Delaisi de Parseval et S. Lallemand, *in Perspectives psychiatriques*, vol. 5, n° 59, 1976, p. 372-375.

Il est également considéré comme allant de soi, dans nos sociétés, qu'un entraînement précoce et rigoureux dans ce domaine, « non seulement assure une atmosphère plus agréable à la maison, mais est absolument nécessaire pour le développement de l'ordre de la ponctualité[46] », écrit encore E. Erikson, critiquant le bien-fondé de cette assertion.

Enfin — et cet « oubli » est très symptomatique —, les manuels décrivent cet apprentissage comme pénible et fastidieux pour la mère comme pour l'enfant. Seules la patience, la douceur et la persévérance que l'imagerie accorde à la génitrice — ainsi que son absence d'odorat, on s'en souvient — lui permettent de le mener à bien. Il est pour le moins curieux de constater que, là aussi, l'aspect ludique, voire érotisé de la relation entre mère (ou père) et enfant, a été complètement scotomisé. Pourtant, l'observation — irremplaçable là encore — montre que les séances de change ou de pot peuvent être l'occasion d'échanges très intenses en affects entre les protagonistes. Mais encore faudrait-il que ce soit dit quelque part, c'est-à-dire que la mère-lectrice s'y sente autorisée. Ce n'est sans doute pas un hasard si, comme pour l'allaitement, c'est précisément l'aspect plaisir qui est gommé, ignoré par le spécialiste.

Dans d'autres sociétés, cet aspect fait tout naturellement partie de la vie quotidienne ; par exemple, chez les Mossi de Haute-Volta, l'enfant subit un lavement quotidien jusqu'à deux ans et demi environ, mais il en tire des bénéfices secondaires importants sous forme d'une relation très proche avec sa mère[47]. Et, comme ultime caractéristique du dressage sphinctérien dans notre culture, l'on constate, avec Whiting et Child, son extrême précocité : d'après les recherches des auteurs, dans soixante-quinze sociétés primitives, l'âge moyen du début d'apprentissage de la propreté est de 30 mois, contre 6 mois en Occident[48]...

Toutes ces particularités du « dressage » sphinctérien occidental nous font pleinement souscrire à ce qu'écrivait Erikson à propos

46. E. Erikson, *op. cit.*
47. Voir sur ce point G. Delaisi de Parseval et S. Lallemand, *ibid.*
48. G. Mendel, *op. cit.*, p. 370.

de la puériculture américaine des années cinquante : « Le caractère anal, dans notre culture, apparaît souvent comme le résultat,
sur un enfant prédisposé, de l'action d'un certain type de comportement maternel obnubilé, de façon à la fois narcissique et phobique, par le sujet de l'élimination [49]. »

Pour conclure, nous dirons que la façon dont est conduit cet
apprentissage chez les puériculteurs français étudiés renvoie à une
conception de l'enfant que nous reverrons en étudiant le vocabulaire des ouvrages : celle du bébé-machine, du bébé-paquet, bien
« réglé », bien « dressé ». Tout se passe comme si l'idéal souhaité
par les auteurs était celui de régner sur un corps mécanisé ; dès sa
première enfance, l'enfant a en effet subi un dressage visant à faire
de lui une machine et une horloge, mangeant et excrétant à heures
fixes. Un apprentissage ainsi envisagé ne peut pas être neutre par
rapport à l'avenir psychique du sujet qui y est soumis. Les spécialistes américains l'ont compris depuis longtemps. Comme l'écrit
encore Erikson : « Les connaissances psychiatriques ont
commencé à chasser la superstition que, pour conduire une
machine, on doit devenir une machine, et que, pour élever des
maîtres de machines, il fallait mécaniser les impulsions de l'enfance [50]. » Pour être conforme à l'idéologie des sociétés industrielles,
ce type de « dressage » sphinctérien n'est pas sans présenter des
risques, allant du trait de caractère à la névrose déclarée.

Revenant à Freud, l'on retrouve dans la pathologie caractérielle
des « anciens enfants » les traits de caractère liés à l'érotisme anal :
ordre et économie certes, mais aussi rigidité, avarice, et — ce qui
est peut-être le plus redoutable parce que le plus banal — le *conformisme* [51]. Ici encore, écoutons le diagnostic d'Erikson à propos
d'une étude de cas : « Notre garçon est devenu bien "réglé", mais
il a aussi appris à associer les repas et les selles avec ennui et
haine. Sa campagne [...] pour l'autonomie somatique a ainsi
commencé dans des circonstances déroutantes, et avec un déficit
initial dans l'aptitude du garçon à faire un choix, parce que son

49. E. Erikson, *op. cit.*, p. 123.
50. *Ibid.*, p. 200.
51. C'est nous qui soulignons.

domaine de contrôle a été envahi avant qu'il puisse s'opposer ou accepter de façon raisonnable. J'aimerais suggérer très sérieusement que cet apprentissage précoce de la propreté et les autres procédés inventés pour conditionner l'enfant avant qu'il ne soit capable de se régler lui-même peuvent être une pratique très critiquable[52]. » Cette citation met le doigt sur l'un des dangers majeurs de tout dressage précoce : on produit des robots qui répètent à l'infini ce que le robot parental leur a « appris ». Est-ce là ce que l'on appelle le moule éducatif ?

En outre, ce développement excessif des capacités de rétention et d'élimination fixe, comme le savent les psychanalystes, les sujets dans la zone anale[53]. Or, cette fixation anale est facteur de névrose dans la mesure où elle crée une forte ambivalence chez l'enfant et constitue un facteur d'isolement dans son développement social et sexuel. Erikson le faisait remarquer à propos de la pathologie américaine. Mais n'en est-il pas de même chez nous ? Nos névrosés ne sont-ils pas, pour la plupart, « fabriqués » dans les mêmes conditions ?

Enfin, signalons un danger de plus pour la santé mentale des futurs adultes dans le dressage sphinctérien proposé par nos puériculteurs : effectué précocement, cet apprentissage entraîne, à un niveau inconscient chez l'enfant, un haut degré d'agressivité et de culpabilité. De tels affects étant trop intenses pour être pris en charge par le sujet lui-même, il les projette à l'extérieur sur des personnages ou entités diverses : il devient alors persécuté par ce que les psychanalystes nomment un « surmoi », impitoyable de sévérité et qui, en Occident, comme le remarque le psychiatre G. Mendel, prend la forme d'une image maternelle. Le même auteur, toujours à propos de l'ouvrage de Whiting et Child sur l'éducation des enfants dans diverses sociétés et critiquant lui-même la précocité du dressage sphinctérien, écrit : « S'il est traumatique, véritablement traumatique [...], c'est que la possession par le "moi" de la relation d'échange avec le monde extérieur et d'un certain

---

52. E. Erikson, *op. cit.*, p. 209.
53. Voir Dr Bela Grunberger, « Étude sur la relation objectale anale », *Le Narcissisme*, Paris, Payot, 1971, p. 187.

contrôle de la réalité intérieure est *projetée* sur la mère qui, intériorisée, devient une mère-sphincter, une mère-lavement[54]. » Cette projection, fonctionnant comme support de la pulsion anale, constitue, certes, un édifice protecteur, une défense à son endroit, mais, remarque l'auteur, c'est une défense qui, en Occident, est intériorisée, alors que d'autres cultures offrent, pour cette agressivité, des supports extérieurs, tels, par exemple, certains personnages de sorciers ou de sorcières, qui la cristallisent en lui offrant une cible précise.

L'on peut se demander, en outre, qui est dressé dans cette affaire. Est-ce vraiment l'enfant ? N'est-ce pas aussi le parent, en l'occurrence la mère, comme le suggèrent les auteurs eux-mêmes[55] ?

En fait, cette conception béhavioriste de l'éducation — car c'est bien de cela qu'il s'agit — devient un exercice de formation pour les parents plutôt que pour les enfants, à supposer qu'elle ne se solde pas par un échec pour les uns comme pour les autres... Que l'on songe à ces malheureuses mères qui se sont empoisonné l'existence pendant deux ans ou plus, à mettre leur enfant sur le pot toutes les deux heures, pour obtenir comme résultat un enfant « propre » vers deux ans, deux ans et demi, âge où il serait de toute façon devenu propre si on avait commencé à le lui apprendre un mois plus tôt, ou même sans apprentissage du tout comme l'ont montré certains travaux de psychologues portant sur des études de jumeaux.

Citons un autre exemple qui va dans le même sens : une auditrice (à la radio) de F. Dolto lui écrit pour donner son témoignage sur l'éducation à la propreté de ses cinq enfants ; pour l'aîné, dit-elle, dressage strict dès six mois, puis souplesse de plus en plus grande pour les suivants jusqu'au dernier à qui le pot n'est jamais proposé. Sa conclusion est la suivante : « Tous mes enfants ont été propres à deux ans le jour, deux ans et demi, la nuit. Je pense qu'il est inutile de vouloir à tout prix que son enfant devienne propre[56]. »

---

54. G. Mendel, *op. cit.*, p. 372.
55. Voir R. Vincent et le Dr Lelong cités plus haut dans ce chapitre.
56. *Lorsque l'enfant paraît*, Paris, Éd. du Seuil, 1977, t. I, p. 43-44.

F. Dolto approuve et commente : « C'est vraiment dommage de perdre tant de temps avec le pot de chambre, alors que d'autres choses sont à faire, pour développer l'adresse des mains, de la bouche, de la parole, du corps tout entier. Lorsque l'enfant est adroit, habile de ses mains, acrobate, c'est-à-dire jouit en liberté et relaxation d'une bonne coordination de ses mouvements, et d'un tonus maîtrisé, lorsqu'il parle déjà bien, *il a plaisir à devenir propre tout seul*[57], à faire comme font les adultes, c'est-à-dire aller aux cabinets[58]. » Plaisir..., c'est bien là le « hic », puisqu'il s'avère que les diverses consignes des puériculteurs font tout pour l'évacuer, tant au niveau des parents qu'à celui de l'enfant.

C'est en nous fondant sur ces arguments psychologiques et ethnologiques que nous récusons fermement la pratique de l'apprentissage de la « propreté » telle qu'elle est véhiculée par notre système de maternage comme s'il s'agissait d'un comportement allant de soi.

Cet apprentissage n'est qu'une des manifestations les plus spectaculaires d'un comportement plus général très restrictif, fondé sur un primat de la règle et de la séparation.

LE DRESSAGE À L'AUTONOMIE

Restriction des contacts mère-enfant

Il est paradoxal de constater que, alors que la mère française n'a implicitement d'autre rôle social que celui de la garde du nouveau-né, il faut néanmoins qu'elle mesure avec une extrême parcimonie, à celui-ci, et sa présence, et son contact corporel.

Contrairement à la mère voltaïque, par exemple, qui ni de jour ni de nuit n'en est détachée, accomplit avec lui toutes les activités quotidiennes, et les interrompt dès qu'il manifeste un besoin de contact non plus avec le dos mais avec le sein, la Française est incitée à manifester la plus grande retenue vis-à-vis de celui avec

---

57. C'est nous qui soulignons.
58. F. Dolto, *op. cit.*

lequel, quelques jours ou quelques mois auparavant, elle ne faisait qu'une seule chair.

• Allaitement.

Sur ce point, les brochures sont restées fermes : depuis trente ans, on mesure au plus juste le temps du contact corporel nécessaire à l'alimentation du nourrisson : cinq minutes par sein, au maximum, disent les anciens manuels, tandis que les plus récents précisent que le taux d'absorption du bébé est de 90 % de sa ration dans les dix premières minutes.

On retrouve ici l'obsession du quantitatif (et même du rendement) que nous avons précédemment dénoncée. Et, simultanément, une tentative de rabaissement du rapport charnel de la mère et de l'enfant à sa fonction la plus triviale, la plus immédiatement utilitaire. L'énorme sein, bénéfique ou maléfique, de Mélanie Klein s'est métamorphosé en un petit objet intermédiaire entre le biberon et le compte-gouttes. En Afrique, le sein est la réponse immédiate à l'enfant qui pleure ; aussi peut-on s'étonner de ce que chez nous le sein affectif ait si peu de place, et que le sein nourricier soit, en plus, comme l'assurent le plus sérieusement du monde les rédacteurs des brochures, l'objet d'une « réglementation [59] ».

• Attitude devant les cris du nourrisson.

S'il faut restreindre très strictement la durée de la prise de nourriture du bébé dans les bras maternels, il faut résolument empêcher tout contact lorsque le besoin physiologique n'est pas en cause. Aussi, nous l'avons vu, les manuels précédant les années soixante-dix préconisent de ne jamais prendre un bébé dans les bras si c'est juste « pour le plaisir ». Mieux, comme nous l'avons mentionné précédemment, les pleurs ne sont pas des pleurs, ils n'expriment aucun mécontentement ni besoin réel : « Habituez-vous à supporter les premiers cris du nourrisson, qui n'indiquent pas forcément la souffrance ou la faim : c'est le seul exercice respiratoire que le petit puisse se permettre. » Les appels insistants du nourrisson sont donc présentés comme des tentatives de séduction, comme des guet-apens contre lesquels il importe d'armer la

---

59. *Petit guide de la jeune maman, op. cit.* (1951), p. 69.

jeune mère, fût-ce de manière contradictoire, en lui assurant que ces larmes sont sans objet, puis en la menaçant, si elle leur cède, de compromettre ainsi son autorité future.

Mais il est un moment où le pleur enfantin est particulièrement redouté des parents : c'est la nuit. Longtemps éludé par les puériculteurs, ce problème est abordé par J. Dayras, qui met au point une sorte de caractérologie médicale à l'usage d'ascendants en détresse. Aussi distingue-t-il successivement « les mal-dressés » que l'on a eu la coupable faiblesse de prendre dans les bras ; « ceux qui ont faim » et justifient (faveur rare à l'époque) une tétée supplémentaire ; « ceux qui ont froid » et doivent être mieux couverts ; « les insomniaques nerveux » relevant d'un traitement médical ; « les maniaques » auxquels mieux vaut accorder un chiffon ou une tétine ; « ceux qui souffrent » effectivement d'une inflammation, et « ceux qui ont peur ». Peut-on au moins rassurer ces derniers par un contact corporel avec l'adulte ? Réponse de l'auteur : « On les calme en surveillant leur régime, surtout au repas du soir et en administrant quelques médicaments antispasmodiques [60]. »

La reconnaissance de malaises effectifs du nourrisson lui octroie le droit d'être guéri, mais non celui d'être dorloté. Et ce n'est que très récemment, vers 1975, que F. Dodson, par l'intermédiaire de son traducteur, explique au père français qu'il ne risque pas de « gâter » son bébé : « Jouez avec lui, serrez-le, cajolez-le, parlez-lui et chantez-lui des chansons autant que vous voudrez [61] » ; et la même année, à la question : « Faut-il le prendre quand il pleure ? », J. Cohen-Solal répond : « Oui [62]. » Il est vrai qu'il éprouve le besoin de justifier cette attitude encore insolite en France par un long paragraphe explicatif.

Cette conception du pleur infantile simultanément « normal » et « dangereux pour la mère » ne se retrouve guère en Afrique ; tout au contraire, la famille exige de la génitrice qu'elle apaise au plus vite son rejeton bruyant ; chez les Mossi, le pleur indique à la fois

---

60. Dr Dayras, *op. cit.*, p. 66-73.
61. F. Dodson, *Le Père et son enfant*, Paris, Laffont, 1975, p. 35 (trad. de l'américain).
62. Dr Cohen-Solal, *op. cit.*, p. 213.

la souffrance et le mécontentement du jeune arrivant, ancêtre réincarné, prêt, s'il s'estime mal accueilli ou négligé affectivement, à retourner d'où il vient. Aussi les cris persistants d'un bébé mobilisent-ils la maisonnée pour l'accomplissement de sacrifices aux aïeux, auxquels on réclamera le silence satisfait du petit enfant ; c'est dire à quel point les cris ne sont pas, là-bas, considérés comme gymnasticaux, mais identifiés à des besoins psycho-physiologiques auxquels le groupe entier pousse la mère à répondre le plus chaleureusement possible.

Le coin-enfant

Apparemment sans lien avec ce qui précède, l'insistance des puériculteurs à consacrer des pages, voire des chapitres entiers, à la chambre du bébé, dès avant sa naissance, mérite aussi quelque examen. Certes, il semble n'être question que d'hygiène (sols lavables, murs plastifiés préconisés par R. Vincent, en 1963[63]), ou de stratégies d'achat dont l'astuce laisse parfois pantois (« la commode à langer deviendra secrétaire. Les étagères deviendront bibliothèques[64] »). Et l'on ne saurait reprocher à nos auteurs de déplorer que bon nombre de familles françaises modernes ne puissent offrir que le « coin » car « l'idéal est une chambre à part[65] » dont ils ne cessent de vanter les qualités (calme, aération, mobilier personnel). Pourtant, apparaît aussi quelquefois, en négatif, l'une des fonctions essentielles de ce lieu : « Ce serait une erreur de penser que l'isolement complet doit être recherché[66]. »

Mais les nuances introduites dans leur discours ne tempèrent guère le contenu du message — mesurer, voire éviter, le contact physique de la mère et de l'enfant : « Si vous avez pour lui un porte-bébé, il pourra plus facilement passer de sa chambre à la salle à manger à l'heure des repas, par exemple[67]. » Il est clair que cet ensemble apparemment hétérogène de conseils, tantôt négatifs

63. R. Vincent, *op. cit.*, p. 504.
64. *Ibid.*
65. Dr Arnaud, *op. cit.* (1976), p. 60.
66. *Spécial Naissance, op. cit.* (1973).
67. *Spécial Naissance, op. cit.* (1973).

(ne pas donner le sein trop longtemps, ne pas prendre l'enfant s'il le réclame) ou positifs (lui assigner un lieu, un espace séparé, alors qu'il ne peut encore l'utiliser volontairement), convergent vers un même but : minimiser la dépendance affective mutuelle de l'ascendant et du descendant, faire comme si le bébé était un être autonome, hâter ainsi le processus de son individuation.

Ainsi, cette chambre à part du nouveau-né, éloquente image de la personne isolée, atomisée, des sociétés industrielles, est l'antithèse de la grande demeure africaine, que l'habitant partage avec les consanguins et les alliés de son lignage, après avoir partagé, enfant, la case de sa mère ; dans ce milieu rural, les activités collectives rendent hautement indésirable toute « émancipation », tout éloignement géographique durable de l'homme adulte ; dans un tel système social, la cohabitation avec la mère préfigure les étroits rapports de solidarité qu'il entretiendra avec les autres membres de la demeure, frères et compagnons de travail, simultanément. Isoler le bébé, ne pas répondre à ses appels, rompre le corps-à-corps maternel dès la fin de l'acte alimentaire apparaissent alors non seulement comme des aberrations affectives, mais aussi comme des tentatives d'affaiblissement du groupe familial dont les liens doivent être le plus resserrés possible.

On est loin du conditionnement systématique du bébé à la solitude tel qu'on cherche à le pratiquer en Occident. D'ailleurs, sur le plan pédagogique, rien n'assure que ces directives des manuels ne se fondent pas sur un procédé de type magique, par lequel on ne fait que représenter ce que l'on veut obtenir, niant ainsi l'efficacité de tout détour ou de toute progression — les frustrations de la petite enfance ne se muant pas nécessairement en harmonieux sentiment d'indépendance à l'âge mûr. Mais il s'agit moins ici d'éducation que de dressage qui permettrait à l'enfant d'avoir un avant-goût de la parcimonie des contacts humains, de leur utilitarisme dénué d'affectivité qui caractérisent les rapports sociaux de nos pays.

ENFANT NORMAL ET MÈRE NORMÉE

À travers les descriptions de ces apprentissages et dressages se profile une conception particulière de la mère et de l'enfant. Tentons de la dégager et d'en montrer l'évolution.

Le bébé calibré

« Je commencerai par dire qu'un enfant normal est un individu d'apparence saine, actif, qui dans l'ensemble donne l'impression d'être heureux et occasionne peu de soucis à ses parents. » Cette définition de la normalité selon le psychanalyste américain Spitz [68] pourrait aussi être celle des matrones Mossi de Haute-Volta. Mais à coup sûr, pas celle des manuels français officiels, selon lesquels ce qui est normal serait plutôt ce qui est normé : l'enfant « sain » y apparaît moins comme un individu content de vivre que comme le lieu moyen d'un ensemble de mensurations. Celles des courbes de poids, présentes dans toutes les brochures, et assorties de travaux pratiques — la mère doit noter l'augmentation journalière en grammes du nourrisson qu'elle a disposé sur une balance, « toujours à la même heure et dans les mêmes conditions : par exemple après la selle et la toilette du matin, avant la deuxième tétée [69] ». En outre, la femme qui allaite doit contrôler les tétées en pesant le bébé avant et après son repas [70].

Même chose pour la taille : « Pour mesurer bébé, étendez-le sur une table, un livre à chacune des extrémités du corps. Mesurez ensuite avec un mètre l'espace délimité... » « À deux mois il mesure 54 cm + 3 cm = 57 cm. À trois mois il mesure 57 cm + 3 cm = 60 cm », etc. [71] » En un an, « sa taille sera passée de 50 à 70 cm. Cela paraît si mathématique que des courbes standards sont repro-

68. Dr Spitz, *De la naissance à la parole. La première année de la vie*, Paris, PUF, 1968, p. 153 (trad. de l'américain).
69. Dr Oria et J. Raffin, *op. cit.*
70. *Petit guide de la jeune maman, op. cit.*, p. 70.
71. *Ibid.*, p. 100.

duites un peu partout[72] ». De minutieuses descriptions expliquent
le rythme d'apparition des dents : « 6 à 7 mois, incisives inférieures
médianes, 7 à 8 mois, incisives supérieures médianes, 9 à 10 mois,
incisives supérieures latérales[73]... » ; tout comme le nombre exact
d'heures de sommeil du premier mois (20 heures sur 24), du troisième (14 heures de nuit, 6 heures de jour), du sixième (12 et 4)
et du neuvième (13 et 2)[74] ; ainsi que le nombre de selles permis
au nourrisson jusqu'à six mois, et après cette date[75].

Naturellement, toutes ces publications consacrent une ligne ou
deux à minimiser l'importance de ces données numériques susceptibles d'affoler les mères d'enfants non conformes aux données
officielles : « Ce qui compte, c'est la progression de la prise de
poids. C'est ce que regarde le médecin[76] » ; et les dernières brochures ont substitué aux courbes unilinéaires des manuels de
l'après-guerre « une bande à l'intérieur de laquelle on peut considérer que le développement est normal[77] ». Il n'est pas certain que
ces démentis convainquent leurs propres auteurs, qui se contentent surtout de déplacer la norme (la forme de la courbe, et non
les valeurs absolues qu'elle indique).

Graphiques et dessins, schémas et tableaux tendent à définir
l'enfant bien portant ; emprisonné dans un réseau de pesées et de
mensurations, de nombre d'heures de sommeil, de selles, de fré-
quences de poussées dentaires, sa personne a disparu ; dissocié en
enfant-anus, enfant-mâchoire, enfant-viande, il est devenu un
amas de quantités autonomes dont la convergence constitue sa
pseudo-identité d'enfant normal ou non.

Mère et enfant chronométrés

À ces impérieux découpages quantitatifs s'ajoute une conception
spécifique de la temporalité du maternage. Si, pour l'enfant de ces

72. Dr Arnaud, *L'Enfant du premier âge, op. cit.* (1976), p. 68.
73. *Petit guide de la jeune maman, op. cit.*, p. 101.
74. Dr Arnaud, *L'Enfant du premier âge, op. cit.*, (1976), p. 68.
75. *Petit guide de la jeune maman, op. cit.*, p. 101.
76. Dr Kreisler, *op. cit.*
77. Dr Arnaud, *L'Enfant du premier âge, op. cit.* (1976), p. 68.

manuels, la durée ne consiste qu'à ajouter, mois après mois, dents, grammes ou centimètres supplémentaires, selon des modèles pré-établis, pour la mère, le temps n'est pas un futur riche de possibi-lités, fertile en surprises ; que l'on consulte les emplois du temps journalier de la femme, où sont consignées, en dessins répartis autour d'une sphère, les tâches maternelles des vingt-quatre heu-res[78] : longueur et moments des tétées, moments de la toilette, de la promenade quotidienne, périodes de sommeil et de changes, de mises sur le pot, de repas solides, etc. On ne peut imaginer d'acti-vité plus cyclique, plus fermée sur elle-même ; on ne peut trouver d'occupations plus prévisibles, de temps plus répétitif. Il tend, comme le dit Marx, à se muer en espace, « à se figer en un conti-nuum exactement délimité[79] », ainsi que le précise Lukács.

Ces deux aspects conjugués — l'incitation à convertir la qualité en quantité et le temps vivant en temps mort — nous paraissent l'une des très rares constantes du discours sur le maternage.

— Sur le plan du rapport avec la société globale, ils ne peuvent de toute évidence émaner des communautés rurales africaines, aux journées seulement rythmées par les différences d'intensité solaire, aux systèmes de mesures rares et peu rigoureux. Ces pro-pos sont donc marqués du sceau de notre société industrielle, prompte à appliquer au domaine de la puériculture les acquis techniques de son mode de production. Nous y reviendrons.

— Sur le plan des procédés idéologiques mis en œuvre, on ne peut pas ne pas penser aux analyses marxistes sur la réification,

---

78. On nous a rapporté le cas d'une mère qui, devant donner un biberon à son fils à 15 heures, s'en est trouvée empêchée par l'arrivée d'un ouvrier. N'étant pas disponible pour nourrir son bébé avant 15 h 20, elle a pensé « qu'après l'heure, ce n'était plus l'heure », et a donc attendu l'horaire suivant, soit 18 heures, aux prises avec un conflit cornélien (dois-je céder à mon enfant qui hurle ou dois-je suivre ma « conscience professionnelle de mère » ?). Il est clair que cette anecdote, fort banale au demeurant, remonte à la période interdiction-niste en puériculture, mais elle n'en est pas moins révélatrice de la toute-puissance des prescriptions et interdits puériculteurs. Ajoutons que la mère en question était douée d'une intelligence normale !

79. Lukács commentant Marx in *Histoire et conscience de classe*, Paris, Éd. de Minuit, 1960, p. 117 (trad. de l'allemand).

conversion d'une activité vivante en quantités d'un produit devenu étranger à son producteur, lui-même modifié par ce processus. Cette dégradation du travail susciterait, selon Lukács, une corruption de la pensée, et ce, selon deux aspects : la perte de la catégorie de la totalité (correspondant à la dislocation du sujet, à l'autonomie des opérations partielles dans la production) et donc aussi la perte de la temporalité[80].

Il nous paraît douteux que seuls les membres des sociétés capitalistes industrielles soient soumis à ce type de distorsion intellectuelle ; et fort malheureux que des mécanismes idéologiques soient définis seulement de manière négative. Toujours est-il que cette image fragmentée de l'enfant, constituée de séries de quantités correspondant à des normes extérieurement fixées, et, d'autre part, cette présentation des tâches émiettées tout au long d'une durée d'où tout imprévu, tout changement réel semble être banni, qui tendent à façonner ce produit industriel qu'est le futur producteur — l'enfant — ne démentent pas l'analyse lukácsienne.

On peut donc avancer que le maternage présenté dans nos brochures tend à offrir une image métaphorique du procès de production, la mère et l'enfant figurant respectivement le travailleur et l'objet produit. Vers 1950, cette image est bien proche de la caricature ; c'est la période où triomphe l'alimentation à horaires imposés : pour le sein ou le biberon, « respectez exactement chaque jour l'horaire adopté une fois pour toutes... et ne faites jamais boire bébé entre ses repas » ; de zéro à 5 mois, les moments de l'allaitement sont ainsi fixés : « soit 6 heures, 9 heures, 12 heures, 15 heures, 18 heures, 21 heures, la maman peut déjeuner en temps voulu et se coucher plus tôt ; soit 7 heures, 10 heures, 13 heures, 16 heures, 19 heures, 22 heures, lever moins matinal mais coucher plus tardif[81] ».

À cette précision, à cette contraignante minutie, d'autant plus impressionnante qu'elle ne correspond à aucun impératif sanitaire, s'oppose l'allaitement à la demande des mères africaines. Il

80. *Op. cit.*, voir notamment l'essai intitulé *La Réification et la Conscience du prolétariat*, p. 110-256.
81. *Petit guide de la jeune maman, op. cit.*, p. 69 et 75.

fait écho aux besognes rurales, tantôt précipitées et rapprochées dans le temps, tantôt éloignées, toujours effectuées selon le rythme propre du cultivateur, et assez souvent sur son initiative. Mais cette autonomie du choix laborieux, cette modulation volontaire des tâches qui tient compte de l'objet comme du sujet (un sarclage s'effectue à un moment qui concilie les besoins — ressentis comme humains — de la plante avec les diverses obligations de l'agriculteur) ne se retrouvent guère dans la plupart des activités imposées par la société industrielle. Et les horaires stricts auxquels n'échappe aucun de ses membres actifs, ouvriers, bureaucrates ou cadres, tyrannisent aussi ce couple apparemment très en retrait de la vie active, constitué de la mère et de l'enfant.

Mais le processus métaphorique ne suffit pas à cerner le mode d'insertion de la femme et du bébé dans les rapports de production, même si l'on s'en tient à l'examen de ces manuels de puériculture ; d'ailleurs, ces derniers ne se veulent pas descriptifs mais normatifs, soucieux de déboucher sur une pratique. Dans cette optique, les impératifs horaires d'allaitement, substituant un rythme extérieur impersonnel aux rythmes physiologiques propres du bébé, et qui lui commandent de modeler ses besoins sur les injonctions récurrentes de la norme, représentent un conditionnement non négligeable du jeune individu à ses futures fonctions sociales. Façonné comme un produit, sur le plan symbolique, il est donc dressé comme un producteur, sur le plan pratique.

L'image de la mère n'est pas moins ambiguë. D'une part, elle n'est pas considérée comme une personne participant au monde du travail : les manuels nous présentent la femme enceinte confectionnant la layette, s'adonnant à des promenades hygiéniques, se reposant ; ensuite, à propos de la génitrice, il n'est jamais fait mention d'obligations autres que celle de se consacrer à l'enfant.

D'autre part, sa fonction de reproductrice implique un apprentissage, que dispensent les manuels scolaires (notamment celui d'Oria-Raffin, en 1946) et les brochures ultérieures, puis un travail spécialisé qui requiert compétence et exactitude. Car, contrairement à ce qui se passe en Afrique où la maternité est un état, toujours lié à une activité extérieure d'autosubsistance ou de vente, être « jeune mère » en France constitue, plusieurs mois ou plusieurs années, une occupation exclusive. Celle-ci exige des qualifications : il n'est pas simple de contrôler la prise de quatre-vingts grammes par un nourrisson la deuxième semaine, ou de cent dix grammes le deuxième mois ; il est malaisé de garder les biberons stériles, d'effectuer les coupages et sucrages, de confectionner des décoctions ; il faut du doigté pour habiller et déshabiller constamment le nourrisson, et de l'endurance pour procéder aux quatre types de lavages préconisés par les premières brochures, pour la layette et les couches.

Le paradoxe est donc éclatant : ce type de société tend à assujettir complètement la femme à de précises et minutieuses besognes assimilables aux travaux spécialisés de l'industrie, et simultanément lui refuse les avantages monétaires qui leur sont attachés. Ceci tient à la structure de la famille dans nos pays industrialisés, cette « communauté domestique » dont parle C. Meillassoux, enclave archaïque économiquement nécessaire, reliquat des modes de production antérieurs [82]. Pour sa part, le discours de puériculture fixe la femme dans un statut économique-social des périodes préindustrielles, mais lui propose (ou lui ordonne) d'appliquer un ensemble de techniques émanant du monde contemporain de la production. La recluse reviendrait fort cher à salarier, mais, pour reproduire un producteur adéquat, elle doit elle-même être une travailleuse intégrée quoique gratuite [83] ou sous-payée, et faire preuve des qualités socialement valorisées — soumission aux consignes, précision, régularité.

Autre temps, autre discours...

Le rigoureux conditionnement prôné durant les années cinquante fait place, vers les années soixante-dix, à un refus des contraintes non justifiées médicalement — celle du dressage précoce à la propreté anale, celle de l'alimentation aux horaires fixes, celle du lange qui entrave, etc. « Bébé n'est pas une mécanique »,

---

82. C. Meillassoux, *op. cit.*
83. Actuellement, le chef de famille (non l'épouse) a droit à des allocations pré- et post-natales. Le congé de maternité est actuellement de 16 semaines pour une femme qui exerce une profession.

se plaît-on à redire, d'édition en édition, à partir de 1972, dans
L'Enfant du premier âge. Mais ce désaveu des normes précédentes
est assorti de l'offensive de préceptes nouveaux, justifiés par la
compétence de qui les émet, et les capacités techniques de qui les
accueille. En effet, la mère-ouvrière est promue mère-cadre.

Désormais, on ordonne moins souvent, on préfère persuader :
la femme ne doit plus obligatoirement allaiter, elle est invitée à
réfléchir sur les deux types d'alimentation du bébé, dossier en
main. Et si on cherche encore à la convaincre de donner le sein,
c'est à cause de la « simplicité technique », donc de la rationalité
évidente de cette pratique. De même, l'explication de la position
la plus commode de l'allaitement est donnée dans un paragraphe
intitulé « Une bonne technique », dans la même édition[84]. Le
savoir et la maîtrise de soi remplacent l'obéissance et la régularité :
« Vos gestes doivent être assurés, compétents et rapides[85]. »

Le vocabulaire s'est beaucoup enrichi dans les brochures de
cette dernière décennie ; des termes abstraits y figurent, la syntaxe
y est moins indigente. Des mots du vocabulaire médical apparaissent (« dépression du post-partum », « périnatalité », « toxoplas-
mose ») et des expressions recherchées se sont substituées aux
mots pauvres des premières éditions : dans les pages consacrées à
la chambre du bébé, le paragraphe intitulé « Les meubles » en
1951[86] devient « Le cadre matériel » dans la brochure de 1976[87] ;
et « Le développement des mouvements et de l'intelligence » de
1962 fait place en 1976 au « développement sensoriel et
psychomoteur[88] ».

Que penser de cette évolution ? Simplement qu'elle intègre dans
ce discours les modifications survenues dans la composition des
couches de population du pays : durant plus de vingt ans, les
besoins en travailleurs non qualifiés ont diminué au profit d'individus mieux formés. La répartition des personnes actives dans les

84. Dr Arnaud, *op. cit.* (1976), p. 43.
85. *Ibid.*, p. 55.
86. *Petit guide de la jeune maman, op. cit.*, p. 35.
87. *L'Enfant du premier âge, op. cit.* (1976).
88. *Ibid.*

secteurs primaire, secondaire et tertiaire a montré, comme dans les autres pays développés, une tendance au gonflement des effectifs de ce dernier secteur ; de plus, la migration étrangère a pallié les besoins en travailleurs non spécialisés, orientant donc la population du pays vers des professions demandant des formations plus longues.

Ce contexte global servant de toile de fond aux ruptures de ton de nos brochures explique à la fois leurs changements de formes, et de contenus. Puisque le niveau scolaire de leurs lectrices s'est élevé, les auteurs de ces manuels n'hésitent pas à avoir recours à des termes plus choisis, à une syntaxe plus complexe ; mais aussi, puisque la nation produit moins de manœuvres et recherche des « cols blancs », pourquoi imposer des méthodes qui évoquent (et induisent) l'univers des chaînes de montage ? Pourquoi rechercher exclusivement l'obéissance de la mère, et non son adhésion éclairée, pourquoi imposer, au sein du couple maternel-enfantin, un découpage horaire plus rigoureux que celui de l'employé ?

La passivité, l'attitude « contemplative » dont parle Lukács à propos du prolétaire dépossédé de toute initiative dans le processus de production[89] ne suffisent plus, la vie professionnelle exige l'adaptation volontaire, et un niveau de maîtrise technique supérieur actuellement à ce qu'il était après guerre — tout comme la maternité.

Mais, malgré tous ces assouplissements, le bébé blanc « normal » et « bien élevé » à la française a la vie dure. En effet, contrairement aux nôtres, de nombreuses sociétés non occidentales poussent l'enfant à être individualiste pendant qu'il est jeune, c'est-à-dire admettent qu'il ait un rythme, des façons d'être et de faire qui lui soient propres et que les adultes respectent. Ces mêmes sociétés, en revanche, ont pour principe, à partir d'un certain âge, arbitraire et variable selon les groupes envisagés, que l'enfant se plie aux normes sociales, et ce, de façon très contraignante.

Nos pédagogues, eux, sont mus par une conviction différente : il est tacitement admis que plus le conditionnement éducatif s'ef-

---

89. *Op. cit.*, p. 117.

fectue de manière précoce, mieux l'individu sera intégré à brève échéance, et plus il sera à l'aise dans son environnement.

Le microcosme puériculteur serait-il une servile imitation du macrocosme social ?

CHAPITRE V

Le langage

« Le style c'est l'homme », disait Buffon. Après avoir examiné le contenu des messages puériculteurs, il nous paraîtrait effectivement intéressant d'étudier la forme — mots, ton, style — sous laquelle ils nous sont transmis.

LE TON DU « DIALOGUE » :
DE LA PREMIÈRE À LA TROISIÈME PERSONNE

L'un des aspects formels qui peut retenir l'attention est la manière dont l'auteur envisage sa relation avec le lecteur ou, le plus souvent, la lectrice. Dispense-t-il sa science avec hauteur ou familiarité, tente-t-il de convaincre ou ne fait-il qu'ordonner à son public d'appliquer ses indications, s'adresse-t-il à des égaux ou à des inférieurs ? Cette position particulière que le puériculteur s'assigne vis-à-vis de ceux qui sont amenés à lire son texte a varié durant les sept ou huit dernières décennies. En voici quelques aperçus :

Entre soi : le « Je », le « Tu » et le « Vous » (1900-1921)

Dans les deux manuels de Mme Augusta Moll-Weiss, il est manifeste que cet auteur désire entretenir avec ses jeunes lectrices des rapports amicaux de personne mûre, expérimentée, qui prépare des adolescentes moins à l'acquisition d'un savoir qu'au partage d'un destin commun, celui de la maternité. Aussi utilise-t-elle le ton de la causerie empreint de bienveillance, mais aussi d'une nuance de fermeté, de supériorité qui la situe en tant que péda-gogue face à des élèves. Elle se met en scène, parlant à la première personne, et s'associe, grâce à la seconde du pluriel, à ses lectrices : « Je vous disais que la peau de l'enfant ne fonctionne pas encore normalement, et c'est là une des raisons qui nous obligent à éviter les brusques changements de température au nouveau-né[1]. » En outre, simulant adroitement le face-à-face de l'enseignant teinté de rousseauisme avec l'individu à éduquer, elle en prévient les hésita-tions et les réticences.

Cette absence de hauteur et de pédanterie est encore plus mani-feste dans son second ouvrage, dont la présentation, fort littéraire, s'inspire des genres romanesques du XVIIIe siècle : elle livre, par le biais d'une correspondance, son savoir maternel à une jeune amie, enceinte puis mère. Le début du livre donne le ton :

Ma chère Sophie, Tu ne peux pas t'imaginer combien la grande nouvelle que tu m'annonces me fait plaisir : tu vas être mère ! Que j'en suis heureuse pour toi[2] !

Et les vingt et une lettres qui découpent l'exposé de puériculture de cet auteur sont agréables à lire et créent avec la lectrice une intimité renforcée par le tutoiement amical, les confidences et sou-venirs personnels.

Il est un trait qui rapproche les deux femmes et gomme les iné-galités d'âge et d'expérience entre lectrice supposée et auteur : cette dernière s'adresse aux personnes de sa classe sociale, suivies par des médecins, secondées par des bonnes, voire une nourrice hébergée sous le toit familial : « C'est une femme comme nous, il ne faut pas l'oublier. La douceur d'ailleurs n'exclut pas la ferme-té[3]. » La future mère est donc censée appartenir aux couches aisées de la population comme en témoignent les multiples allu-sions à l'héritage, à la villa ou à sa vie mondaine.

---

1. Mme Moll-Weiss, *Le Foyer domestique, op. cit.* (1902), p. 175.
2. *La Femme, la Mère, l'Enfant, op. cit.,* (1917), p. 1.
3. *Ibid.,* p. 91.

Entre gens du même monde, on peut être de bonne compagnie.
Cet effort de communication avec la lectrice est aussi sensible
chez le Dr L. Pouliot. Que l'on en juge par les premières phrases
de son texte : « Pourquoi, madame, vous êtes-vous mariée ? Évidemment pour fonder une famille [4]. »

Il ne craint pas, lui non plus, d'engager tout le poids de son
autorité personnelle lorsque la directive ou l'interdiction émise lui
paraît importante ; dédaignant alors les « on pourra être amené à
vous permettre » et autres formules impersonnelles, il a également
recours à la première personne. « ... Je ne saurais trop vous décon-
seiller les soirées dansantes, même si vous n'y figurez que comme
spectatrice [5]. »

La vertigineuse différence : le règne du « On » (1920-1960)

Mais, à la même époque, l'enseignement de la puériculture s'ins-
titutionnalise et emprunte la forme classique selon laquelle est dis-
pensée toute matière scolaire. Des jeunes filles et jeunes femmes,
auxquelles s'adressent Moll-Weiss et Pouliot, la parole des puériculteurs descend vers les fillettes, et notamment vers celles qui
appartiennent aux couches populaires de la société. Alors, le
manuel remplace le livre, et il vise à former non la maîtresse de
maison accomplie, mais la bonne ménagère.

Aussi le « Je » de l'écrivain disparaît-il immédiatement. Dans
l'un des premiers manuels de cette époque [6], il n'y a pas trace de
ce tête-à-tête nuancé d'intimité : l'élève n'est pas impliquée dans
cette description très extérieure d'actes effectués et subis par deux
personnages — la mère (ou, concession sentimentale extrême, « la
maman ») et l'enfant (ou le bébé).

Néanmoins, assez rapidement, le « vous », qui assigne à l'adolescente sa fonction de génitrice future, réapparaît dans les textes
scolaires, et s'assortit d'injonctions : « Vous ne laisserez pas toujours l'enfant dans le berceau ; sans obéir au premier cri, vous le

---

4. Dr Pouliot, *op. cit.*, p. 9.
5. Dr Pouliot, *op. cit.*, p. 99.
6. Mme Bressan, *op. cit.*

prendrez de temps en temps, le changement de position le repose[7]... »

Principale variante du « vous », le « on » accentue la sécheresse du texte et universalise les préceptes consignés : « Comme literie, on aura deux paillots remplis de balle d'avoine ou de paille de maïs... Sur le paillot supérieur, on étend un petit drap qu'on protège avec un morceau de toile[8]... »

Car l'auteur, désormais, détient une connaissance absolue qu'il distille au moyen de sèches directives, utilisant le futur, comme ci-dessus, ou l'impératif.

Mais, des années trente aux années soixante, il n'y a pas que les cours destinés aux enfants qui fassent appel à ces procédés. Même les brochures et les livres à l'usage des adultes généralisent le ton cassant du pédagogue aux injonctions sans réplique : « Intéressez-vous au développement physique et moral de ce petit être. Il ne ressemble pas aux grandes personnes. Traitez-le comme il le mérite[9]. » Et les tournures impersonnelles, du type « il faut », « il est nécessaire de », « il est indispensable que », rythment invariablement le discours.

De la reprise du dialogue à la confidence (après 1960)

Mais, progressivement, le Savant descend de son piédestal, tempère la rigueur de ses ordres, se mêle au cercle de famille ; il ne veut plus édicter de lois, mais prévenir à nouveau les questions que les parents se posent. Le rapport entre Précepteur de droit divin et Écolière se mue en celui du bon saint Martin partageant démocratiquement son manteau — sa science et sa technicité — avec qui en a besoin.

Aussi, l'interrogation parentale est-elle explicitement réintroduite dans le texte : « Vous vous demandez peut-être si vous allez nourrir votre enfant ou adopter un lait artificiel [...], vous craignez pour votre ligne et vous avez entendu parler de crevasses et de

---

7. Mme Foulon-Lefranc, *op. cit.*, p. 280.
8. *Ibid.*, p. 279.
9. Mme Chouquet, *op. cit.*, p. 96.

seins douloureux : rassurez-vous, ce sont des inconvénients passagers [10]. »

L'amélioration du statut de la lectrice (mais aussi, à partir de cette époque, le début de la prise en compte des lecteurs masculins) est incontestable. On ne lui enjoint plus d'accomplir les divers actes du maternage, on tente de l'en persuader ; les expressions du type : « il vaut mieux » se substituent aux sempiternels « il faut » de la période précédente, les « on peut » aux « on doit » antérieurs.

Bien plus, le public a aussi de nouveau droit aux confidences des auteurs. Ainsi, le Dr Cohen-Solal lui communique les petits détails secrets de sa propre adolescence, par exemple, les raisons de ses dégoûts alimentaires : « Jusqu'à seize ans, je crois, j'ai refusé de manger la moindre feuille de salade tant mon père essayait de me convaincre de son utilité. Maintenant j'adore la salade [11]. »

Cette confidence vient étayer le conseil insistant donné par l'auteur aux mères de ne pas forcer leurs enfants à manger des légumes verts s'ils manifestent un dégoût à leur endroit. Est-ce qu'on appelle insérer sa subjectivité dans la science ? Ou ne serait-ce pas plutôt un brin de démagogie littéraire ?

De même les lecteurs apprendront-ils avec intérêt les mots d'enfant et les réactions d'un des fils de Mme Pernoud quand elle s'absentait le soir avec son époux : « Emmanuel me disait, lorsque je sortais dîner : "Tu vas encore à un banquet ?" Ce mot, pour lui, était plein de féerie [12]. »

Quant à Mme Francisque Gay, elle cite ses enfants en exemple et donc ses propres vertus d'éducatrice tout au long de son gros volume. Le lecteur n'ignore rien de son aînée qui ne grossissait pas assez malgré un séjour au bon air de la campagne, de ses six enfants qui ont percé leurs dents sans problème, etc.

Notons au passage un exemple intéressant du rôle de démon tentateur dévolu au père : « Un jour, son papa se présente à elle, tenant un petit-beurre, friandise qu'elle aimait beaucoup ; elle lui

10. A.-M. Seigner, in *L'Encyclopédie des parents modernes, op. cit.*, p. 142.
11. Dr J. Cohen-Solal, *op. cit.*, p. 281.
12. *J'élève mon enfant, op. cit.* (1965), p. 395.

dit d'un air scandalisé : "Oh papa, il ne faut pas me donner de petit-beurre, tu sais bien, je ne mange pas, moi, j'ai la scarlatine [13] !" » Ce pauvre père évidemment n'appliquait pas les méthodes efficaces et draconiennes de son épouse qui, en toutes circonstances, somme la lectrice de prendre exemple sur elle en tant que « spécialiste » ès éducation...

Plus proche de nous, le Dr Leboyer ne nous épargne rien de ses fantasmes et de ses angoisses d'accoucheur devant « l'épopée de la naissance » qui est aussi « la naissance de la peur [14] ».

L'identification complète auteur-public : du « Vous » au « Je »

Cette tendance « participationniste » culmine certainement dans l'œuvre du plus célèbre auteur de puériculture contemporaine, celle de L. Pernoud. Celle-ci déploie avec une exceptionnelle maestria l'arsenal d'astuces stylistiques permettant la relation entre écrivain et destinataire, et sait communiquer à ce dernier sa sympathie teintée de compréhension : « Tâchez de respecter un horaire régulier pour les repas [15] », quitte à se mettre à dos les autres spécialistes : « Enfin, suivez les prescriptions, mais ne faites pas de zèle [16]. » Elle parvient même, grâce à des tours négatifs complexes, accompagnés d'expressions courantes, à désamorcer le caractère blessant de certains rappels impératifs d'hygiène : « Je ne vous ferai pas l'injure de vous expliquer qu'une chambre saine, c'est avant tout une chambre propre, et qu'il faut ôter la poussière autour du nouveau-né, bien sûr [17]. » Mais elle fait plus, elle s'identifie corps et âme à la mère : « Comment je donne le bain. Je vérifie qu'il fait assez chaud dans la pièce où je donne le bain : il doit y faire au moins 20°. Je mets le linge éponge à chauffer sur le radiateur, etc [18]. »

On ne saurait imaginer lien plus étroit entre auteur et lectrice.

---

13. Mme Francisque Gay et L. Cousin, *op. cit.* (1954), p. 213.
14. Dr Leboyer, *Shantala*, Paris, Éd. du Seuil, 1976, p. 13 — thème qu'il avait plus amplement développé dans *Pour une naissance sans violence.*
15. L. Pernoud, *J'élève mon enfant, op. cit.*, (1966), p. 189.
16. *Ibid.*, p. 189.
17. *Ibid.*, p. 59.
18. *Ibid.*, p. 38-44.

L'ère de la maxime (1920-1965)

Cette période n'est guère réjouissante ; ni les enseignants ni les médecins ne se préoccupent de l'élégance de leur prose, et celle-ci est on ne peut plus plate. Elle s'astreint à des descriptions de caractère technique, assorties des verbes récurrents dont nous avons déjà parlé (falloir, devoir). On ne s'amusait pas à l'école primaire de 1923 ! La seule récréation que les auteurs se permettent alors, de même que leurs confrères ultérieurs, est le recours à l'apophtegme, c'est-à-dire aux paroles mémorables de quelque savant médecin précurseur ; ou bien à l'aphorisme qu'ils créent eux-mêmes, dont la brièveté, l'assonance, permettent de fixer dans la mémoire de l'enfant ou de la jeune femme l'essentiel de l'enseignement développé dans le chapitre ou le paragraphe. « La propreté est la moitié de la santé du petit enfant », conclut N. Bressan, après avoir infligé à ses juvéniles lecteurs quatre pages serrées de directives sur la toilette.

M. Boutier, durant les années trente et quarante, se montre aussi particulièrement généreuse de ces formules sonnantes qu'elle propose en conclusion de ses exposés. Ainsi, parlant du caractère nuisible, pour la femme qui allaite, du travail à l'extérieur, des fêtes et des plaisirs (*sic*), elle condense ses exhortations en faveur d'une vie calme : « Tout ce qui épuise la mère est préjudiciable à l'enfant[19]. » Ou, résumant les dangers des réjouissances frelatées, tels les feux d'artifice, les fêtes foraines, les représentations théâtrales auxquels les parents conduiraient leur nourrisson, elle déclare : « Vouloir hâter l'œuvre de la nature, c'est le plus souvent la compromettre[20]. »

Par la suite, les auteurs persistent à composer une prose qui, à l'aide de ce genre de maxime, se veut avant tout scientifique et technique, et plus leur texte s'attache à éliminer tout procédé litté-

---

19. Mme Boutier, *op. cit.*, p. 289.
20. *Ibid.*, p. 299.

raire, plus ils cisèlent ces courtes phrases qui semblent vouloir racheter, par leur recherche et leur concision, la pesanteur du texte qu'elles illustrent : « En lui donnant le goût du "jeu bien joué", on l'habituera au travail bien fait », assure S. Lemaire[21] dans un texte sur les amusements éducatifs de l'enfant, qui ne pèche guère par excès de recherches stylistiques. La même année, P. Blondet, s'adressant aussi aux infirmières, place en tête du chapitre sur l'allaitement maternel ces deux sentences : « Tout enfant a droit au lait de sa mère », et « Les enfants au sein sont des enfants sans histoire[22]. »

Mais, même chez les spécialistes qui ne s'adressent pas à de jeunes élèves ou à des étudiantes, on retrouve ces pseudo-dictons. Tantôt réussis, tantôt ratés, quelquefois originaux, quelquefois recopiés d'un manuel à l'autre, ils remplissent aussi une autre fonction compensatoire : aux spécificités très concrètes de l'emmaillotage, aux recettes de cuisine infantile, aux procédés de stérilisation, qui assujettissent l'auteur à la description d'un univers fort étroit, ils confèrent un supplément d'âme. Ils ajoutent une dimension sociale, éthique, voire philosophique, à ses écrits. Ils attestent que le puériculteur ne borne pas son propos au seul corps de l'enfant ; car si Mme Champendal affirme en début de chapitre : « La propreté, c'est la santé de l'enfant » (depuis N. Bressan, la propreté est donc montée en grade...), elle assure, en guise de conclusion, que « la propreté, c'est une vertu[23] ! »

L'irruption des figures de style

Tandis que les brochures de la Sécurité sociale des années cinquante et soixante se cantonnent encore soigneusement dans une prose exempte de toute fioriture, les pages publicitaires qui y figurent usent et abusent de figures de style ; et le contraste est grand entre la langue banale du puériculteur officiel et le discours publicitaire, très élaboré. Que l'on en juge par les extraits de deux textes sur la toilette :

---

21. *Op. cit.*, p. 30.
22. Dr Blondet, *Soins à donner aux enfants*, Paris, Lamarre-Pointat, 1966, coll. « La bibliothèque de l'infirmière », p. 151.
23. Mme Champendal, *op. cit.*, p. 26.

— texte de puériculture : « Le bain aura lieu le matin, avant un repas, dans une pièce chaude... L'eau du bain sera à 36° environ (un thermomètre est donc indispensable), sa durée de cinq minutes [...]. Il faudra, aussi régulièrement, nettoyer les yeux, le nez et les oreilles[24] » ; cette prose décharnée, avec ses verbes pauvres, ses répétitions, et sa douteuse ponctuation, contraste avec le petit morceau de publicité sur le même thème illustrant les avantages d'une marque de coton-tige :

— « C'est l'heure de la toilette... L'heure des clapotis dans le bain et des éclats de rire [...] mais il faut aussi nettoyer délicatement les petites oreilles et le nez tout rose [...] et bébé n'aime pas ça[25] ! »

Durant les années soixante, la plupart des ouvrages de puériculture destinés au grand public modifient très sensiblement leur langage. Sans abandonner une certaine sévérité technicienne, gage de leur compétence (ils la renforceraient plutôt, par l'utilisation grandissante d'un vocabulaire médical que les manuels de vulgarisation des décennies précédentes évitaient), ils tempèrent des passages arides par des titres accrocheurs, des paragraphes, puis des parties entières, d'une lecture très aisée (souvent trop...), consacrés au vécu de la naissance et du maternage.

L'évolution du texte semble alors parallèle à celle de l'iconographie. Ainsi, à côté de certaines photos véhiculant une information effective (embryons à différents mois, accouchements, positions enfantines lors de soins), beaucoup d'illustrations ne figurent que pour l'agrément de l'ouvrage auquel ils confèrent tour à tour une atmosphère mystérieuse, intimiste ou joyeuse (femmes enceintes rêveuses, parents attendris face à leur progéniture, jolis bébés). De même les explications concernant la diététique ou la préparation des biberons sont-elles accompagnées de morceaux traitant des appréhensions de la future mère ou de la beauté d'une naissance, sortes de bouillons de culture où le psychologisme et les élans affectifs de l'auteur se donnent libre cours, permettant le fourmillement d'effets de style les plus divers. Ceux-ci sont, en outre, fort recherchés.

---

24. *L'Enfant du premier âge, op. cit.* (1977), p. 39-40.
25. *Ibid.*

Désormais, ces grands utilisateurs de procédés de rhétorique que sont les puériculteurs ne négligent plus — hélas ! — que deux techniques pourtant bien connues : l'ironie et la litote...

LE VOCABULAIRE

Constatation fondamentale, il semble que les auteurs aient la plus grande difficulté, pour parler du bébé et de l'enfant, à employer un vocabulaire humain. En feuilletant, au hasard, l'un ou l'autre de ces ouvrages, indépendamment de l'époque à laquelle ils ont été écrits, on a parfois l'impression de compulser un traité de jardinage, un manuel de dressage d'animaux domestiques (ou féroces...), ou encore un livre de cuisine, à moins que ce ne soit un précis de météorologie ou un guide de conseils sportifs !

En tout état de cause, les rédacteurs d'ouvrages sur les animaux parlent, semble-t-il, en termes beaucoup plus « humains » d'un chaton ou d'un chiot que les puériculteurs des bébés. Qu'on en juge par quelques échantillons.

Le neutre

La façon de parler de l'enfant la plus habituelle dans les manuels est de le citer au genre neutre, ce neutre étant fortement et explicitement lié à l'idée de bébé-paquet ou de bébé-machine à... (manger, excréter, dormir, crier, sourire, etc.). On lit, par exemple : « Quand peut-on mettre bébé dans sa baignoire ? », ou « bébé est censé prendre son premier biberon à 6 heures ; or il dort profondément tous les matins, il faut le réveiller [26]. » Le puériculteur encourage fortement cette tendance à faire de lui l'objet de l'adulte : « Cette petite chose que vous avez faite [...] passe son temps à dormir, réveillée seulement au moment des repas, dormant, digérant, faisant ses besoins, pleurant quand elle a faim ou lorsque quelque chose la dérange », indique le Dr Cohen-Solal [27].

---

26. L. Pernoud, *J'élève mon enfant*, *op. cit.* (1966), p. 39 et 161.
27. Dr Cohen-Solal, *op. cit.*, p. 165.

D'autres auteurs parlent de « l'enfant qui augmente insuffisamment » ou qui « augmente trop », à propos du régime alimentaire du bébé [28].

Le petit animal

Le langage puériculteur est volontiers « fleuri » et nos auteurs ne sont pas avares de comparaisons... Celles qui viennent sous leur plume ne sont malheureusement pas très originales et seraient sans doute taxées de « platitudes » ou de « clichés » par un instituteur un peu exigeant. L'image de « base » est la suivante : le ventre maternel, puis, plus tard, le foyer familial sont tous deux des « nids douillets » ; « le foyer est pour l'enfant ce que le nid est pour l'oiseau [29] ». Les auteurs contemporains ne répugnent d'ailleurs pas non plus à ce genre d'image.

Les plus austères des ouvrages n'hésitent pas non plus à entonner ce couplet charmant, le « Que sais-je » : *la puériculture*, se termine ainsi : « Que d'abord, il y ait un foyer, un nid pour la couvée [30]. »

L'enfant-petit oiseau qui a charmé ses géniteurs par « son gazouillis [31] » finira par s'envoler à sa maturité... et « les adultes demeurent avec l'œil rond de la poule qui voit partir sur l'eau les canards qu'elle a couvés [32] ». Mais les comparaisons animalières sont parfois plus variées. Pour J. Cohen-Solal : « Bien des garçons de 22 à 24 mois sont de petits fauves, téméraires, combatifs, agressifs [33]... », et pour L. Pernoud : « Le lièvre rejoint la tortue [34] » (à propos des enfants qui, selon l'auteur, ont, à deux ans, un développement analogue).

---

28. Mme Francisque Gay et L. Cousin, *op. cit.* (1954), p. 107.
29. *Notre enfant et nous*, *op. cit.*, p. 145, et M. Reynier, *op. cit.*, p. 105.
30. Dr Lelong, *op. cit.* (1957), p. 126.
31. *Notre enfant et nous*, *op. cit.*, p. 217.
32. Dr Gilly, *op. cit.*, p. 283.
33. Dr Cohen-Solal, *op. cit.*, p. 259.
34. L. Pernoud, *J'élève mon enfant*, *op. cit.*, (1966), p. 358.

La petite plante

Le vocabulaire végétal et l'art du jardinage constituent une autre source importante d'inspiration pour les spécialistes. L. Pernoud, reprenant à son compte une maxime de Pestalozzi, écrit : « L'éducateur n'est pas un potier mais un jardinier [35] » ; la tâche de ce dernier consistera donc à « cultiver les vertus » et à « arracher les défauts [36] » de l'enfant [37].

De nombreux auteurs ont été positivement frappés par un jeu de mots fertile dont ils ont fait leurs délices : celui du terme « tuteur » qui possède, comme on le sait, à la fois le sens d'aide pour le jeune arbre et de parent de remplacement dans l'espèce humaine. Cette découverte va être exploitée à fond : « La jeune plante a besoin d'un tuteur pour la soutenir, la guider, lui permettre de prendre à la terre sa nourriture, la tourner vers le soleil, en un mot, la faire s'épanouir afin qu'elle vive et fleurisse au maximum. Tels sont les jeunes parents. » Et, plus loin : « L'autorité des parents, c'est encore le tuteur de la plante ; si on la laisse se balader à tous vents, elle va mal s'enraciner [38]. »

D'autres, quelque peu exégètes, reviennent au sens originel du terme de puériculture « qui signifie justement *culture de l'enfant* ». Aussi présentent-ils leur ouvrage comme un guide de soins éclairés afin que « l'enfant vive, se développe et grandisse comme une belle plante pleine de sève [39] ». L'un des ouvrages d'enseignement de la puériculture est d'ailleurs écrit par deux auteurs agrégés de sciences naturelles — l'un d'eux est également docteur en médecine. Ils écrivent dans l'introduction : « Quand vous achetez une plante chez le fleuriste, vous demandez combien de fois par semaine il faut l'arroser ; vous cherchez à savoir si elle aime le

---

35. *Ibid.*, p. 163.
36. *Guide pratique de mon enfant, op. cit.*, p. 149 et 197.
37. Remarquons que l'ouvrage *Guide pratique de mon enfant* s'insère tout naturellement dans la Bibliothèque pratique de la famille à côté du *Guide pratique de mon jardin* (Laffont) ; ce n'est sans doute pas un hasard !
38. Dr Ratel, *Premier sourire*, Paris, PREFAM, 1979, p. 42 et 51.
39. *L'École du bonheur, op. cit.*, p. 267.

soleil ou l'ombrage. Le nouveau-né est une plante fragile et délicate qu'il faut savoir élever[40]. »

Les auteurs ne se lassent pas d'exploiter ce filon ; citons encore J. Cohen-Solal : « Comme l'arbre, irrésistiblement, avec de la terre, de l'eau, de la lumière, bébé contient en lui-même toute la dynamique de son développement[41]. »

Il est aisé de concevoir que les parents vont devoir se munir de bon nombre d'instruments pour extirper les mauvaises graines et séparer le bon grain de l'ivraie... Le parent-jardinier sera, on le verra plus loin, armé jusqu'aux dents !

Mais d'autres auteurs sont, au contraire, sensibles à l'aspect frêle du bébé-petite plante et enjoignent aux parents de le baigner d'« une atmosphère de tendresse » en « le cueillant doucement, glissant une main sous sa nuque », etc.[42]. Enfin, remarquons que la maisonnée tout entière appartient au monde végétal : « La famille est constituée, essentiellement, du noyau que forment parents et enfants. Comme dans tout bon fruit, ce noyau est entouré d'une pulpe qui ne manque pas de saveur : grands-parents, oncles et tantes[43]... »

Continuer le catalogue de cette « culture » un peu particulière serait fastidieux. Notons cependant que ce n'est pas par hasard que les auteurs de ces ouvrages ont, comme nous l'avons indiqué plus haut, « un style fleuri » !

Le parent-artisan

Les auteurs, en majorité, sont conscients de la ressemblance, dont ils voient le danger, entre l'ouvrage de puériculture et le livre de cuisine.

Les recettes qu'ils donnent, les divers dosages et proportions, les indications de temps, d'horaires, etc., tout évoque l'art culinaire, comme si, nous l'avons vu, le bébé était une « pâte molle » qu'il fallait accommoder ou dont il fallait s'accommoder... Ils se défen-

---

40. Dr Oria et J. Raffin, *op. cit.*, p. 5.
41. Dr Cohen-Solal, *op. cit.*, p. 196.
42. *Notre enfant et nous, op. cit.*, p. 155.
43. *Premier sourire, op. cit.*, p. 135.

dent donc tous vigoureusement contre cette évocation et la préface prévient en général le lecteur que ce livre « ne vise pas à fournir des recettes[44] ».

La comparaison culinaire revient cependant constamment sous leur plume, si intelligente soit-elle. Ainsi le Dr Kreisler invite le lecteur : « à passer un peu vite sur "la petite cuisine" de la diététique[45] », et ajoute : « Il serait fâcheux de croire qu'élever un enfant consiste à juxtaposer des recettes[46]. » Il écrit en conclusion : « L'éducation, c'est comme la cuisine, on peut en faire de la bonne ou de la mauvaise avec les mêmes ingrédients. Il ne suffit pas de savoir ce qu'il faut y mettre, il faut savoir le doser[47]. »

Quand il ne s'habille pas en cuisinier, le puériculteur ne dédaigne pas de s'imaginer, par parents interposés, en bricoleur astucieux, voire en architecte. Mme Moll-Weiss écrit : « Le nouveau-né est à peine une ébauche... ses os sont mous, son crâne n'est pas solidifié... il est sourd et aveugle[48]. » La pâte qui lèvera et l'ébauche qui prendra forme (humaine) sont, on le voit, très proches ! Mme Pernoud, dans la même note, écrit : « On bâtit un bel enfant avec des protéines[49]... », et d'autres, parlant de l'accouchement : « On déposera dans vos bras ce petit d'homme que vous avez construit..., vous tiendrez entre vos mains l'ébauche de toute une existence[50]. »

L'on retrouve ici l'idée du bébé-objet qui deviendra un « produit fini » grâce aux qualités et au savoir-faire de ses éducateurs.

Puériculture et météorologie

La littérature sur l'enfant ressemble parfois à s'y méprendre à l'almanach du pêcheur breton. Il est en effet très souvent fait allusion au temps et à ses variations : « Tempête ou beau temps ; au

44. P. Osuky, *Alphabébé, op. cit.*, p. XIII.
45. Dr Kreisler, *op. cit.*, p. 13.
46. *Ibid.*
47. *Ibid.*, p. 182.
48. Mme Moll-Weiss, *Le Foyer domestique, op. cit.* (1902), p. 170.
49. L. Pernoud, *J'attends un enfant, op. cit.* (1966), p. 174.
50. J. Dana et S. Marion, *op. cit.*, p. 21.

choix », avertissent Gay et Cousin [51]. C'est pourtant bien d'éducation qu'il s'agit ici ; la tempête représente les conséquences néfastes d'un dressage et d'une éducation mal conduits : « C'est un déluge de maux que l'absence de fermeté va déchaîner sur l'enfant et sur ses parents [52]. »

Ce n'est pas seulement la méthode d'élevage qui renvoie à la météorologie ; l'enfant lui-même est la proie des éléments : il peut être comparé, nous disent les auteurs, « à une barque amarrée à un vapeur qui l'entraîne avec lui. La cessation de puissance paternelle rompt l'amarre. Alors, que devient la barque à la merci des tempêtes ? Elle sera entraînée par les courants ou brisée contre les écueils [53] », etc.

Le bébé est enfin un institut météorologique à lui tout seul ; en effet : « Les selles de bébé constituent un véritable baromètre qui permet d'apprécier le fonctionnement de son tube digestif [54] » ; si elles sont au « beau fixe », disent les auteurs, c'est que l'alimentation est bonne ; si elles indiquent « variable », c'est le signe de suralimentation ; si elles sont « à la pluie », il faut appeler le médecin ; *a fortiori*, si elles marquent « tempête » ! Ces indications sont représentées, dans l'ouvrage cité, sur un schéma en forme de baromètre [55].

La terminologie et les comparaisons employées par les différents auteurs reflètent là aussi, comme dans un miroir, leurs fantasmes et leurs projections sur l'enfant.

Terminons ce répertoire par un dernier aperçu. Comment, par exemple, ne pas penser à une référence anale — chez l'auteur — lorsque l'on voit le plaisir que tel ou tel met à décrire de façon détaillée la consistance et l'odeur des selles du bébé : « Jaune d'or, semi-liquides, d'une consistance analogue à des œufs brouillés [56] » (toujours la cuisine...), « bien homogènes et non fétides chez l'enfant au sein ; jaune pâle, souvent plus fermes, avec une odeur plus

51. Mme Francisque Gay et L. Cousin, *op. cit.* (1954), p. 343.
52. *Ibid.*
53. *Ibid.*, p. 406.
54. Dr Oria et J. Raffin, *op. cit.*, p. 31.
55. Dr Oria et J. Raffin, *op. cit.*, p. 31.
56. *Ibid.*, p. 31.

accentuée chez l'enfant au biberon[57] ». D'ailleurs, tous les puériculteurs, à l'exception des plus récents, attachent une importance
extrême aux excrétions du bébé qui est fortement invité à offrir à
ses parents le produit qu'ils attendent et au moment où ils l'attendent. C'est même le fondement... et la règle (jaune) d'or de la puériculture ! Nous y reviendrons dans l'analyse des rituels. Freud ne
s'était certes pas trompé en montrant la valeur symbolique des
fèces.

Le discours sexiste

Rare parmi les auteurs puériculteurs, Mme Pernoud prend la
précaution oratoire d'expliquer que, la langue française adoptant
le masculin pour « bébé », quand elle parlait de bébé, il fallait
comprendre garçon ou fille. La plupart de ses confrères ne s'em-
barrassent pas de ce genre de subtilités pour la bonne raison que
c'est bien du garçon qu'ils parlent, le bébé-fille n'étant que du
deuxième-choix ; écoutons-les : « Son entrée dans le monde »,
sous-chapitre de *L'Encyclopédie des parents modernes*, commence
ainsi : « **Une légère déception : c'est une fille**[58] ! Vous aviez déjà
échafaudé des plans sur l'avenir de votre garçon ; lorsque vous par-
liez de votre futur bébé, vous disiez toujours "il", le prénom choisi
était un prénom masculin, les prénoms de filles, vous ne sembliez
pas les connaître... La déception de la jeune mère est généralement
passagère et disparaît dès qu'elle voit son mari "bien prendre la
chose". La déception du père peut être plus profonde... certains
vont même jusqu'à ne pas vouloir connaître la petite fille qui vient
de naître, et reprochent à leurs femmes de ne donner que des filles[59]. » Et le chapitre continue sur ce ton et met en garde les
parents contre l'éducation néfaste que pourrait leur inspirer cette
déception, par exemple : « Élever une fille comme un petit
homme : elle est habillée en garçon manqué, cheveux ras ; on l'habitue à l'indépendance, aux sports à outrance. Son père essaie de
lui transmettre son goût de la mécanique, et de lui donner l'hor-

---

57. Dr Lerebouillet, *op. cit.* (1939), p. 18.
58. En caractères gras dans le texte.
59. *L'Encyclopédie des parents modernes, op. cit.*, p. 123.

reur des "chiffons"[60]. » Ce texte se passe de commentaire. Remarquons seulement que l'auteur n'a visiblement jamais connu de parents qui désirent une fille, ou qui soient satisfaits de l'un ou de l'autre sexe. Apparemment, il ne peut pas imaginer non plus que les hommes, les pères puissent avoir d'autres goûts que le sport ou la mécanique...

Nous avons vu ailleurs que le sexisme des auteurs est promasculin mais antipaternel, et les deux aspects ont probablement un lien profond : si, comme le pense la majorité des puériculteurs, « l'instinct paternel n'existe pas[61] », l'homme ne peut désirer qu'une reproduction de lui-même, sorte de double narcissique. À nous de dire que c'est avoir une bien pauvre idée de la maturation psychosexuelle du genre masculin ! Cela revient à penser que l'homme resterait toujours en deçà de toute organisation œdipienne !

Quoi qu'il en soit, le discours de la puériculture s'adresse à deux catégories d'individus, n'ayant que peu de points communs, le monde des garçons et le (tiers ? demi ?) monde des filles : « Tous [les bébés] ne se conduisent pas de la même manière. Il est des petites filles qui restent calmes, ne seront jamais cette tornade dans la maison que sont certains petits garçons, pleins de vigueur et de vitalité... », écrit le Dr Cohen-Solal[62], qui, d'ailleurs, ne parle tout au long de son ouvrage que de « votre petit bonhomme[63] ». Cet auteur a des idées extrêmement précises sur les comportements et caractères des garçons et des filles : « Les petites filles sont *naturellement*[64], vers cinq, six ans, beaucoup plus calmes que les garçons, leurs jeux sont plus doux, plus tranquilles, moins actifs[65] », et plus loin : « Les petites filles aiment les biscuits salés, les petits déjeuners, parfois les cornichons et les olives vertes, mais n'apprécient guère la viande et chipotent à chaque repas. Les garçons n'aiment pas les légumes verts, et, en dehors de la purée, des pommes de terre frites et de la viande hachée, ils aiment les goû-

---

60. *Ibid.*
61. Dr Gilly, *op. cit.*, p. 380.
62. Dr Cohen-Solal, *op. cit.*, p. 245.
63. *Ibid.*, p. 189-244, etc.
64. C'est nous qui soulignons.
65. Dr Cohen-Solal, *op. cit.*, p. 279.

ters et les petits déjeuners[66]. » Ce n'est pas seulement par leurs
jeux et leurs goûts alimentaires que filles et garçons diffèrent :
« Comment et pourquoi voulez-vous qu'un petit diable de quatre
ans comprenne la nécessité de ranger sa chambre avant d'aller
dormir ? Quelle mouche l'aurait piqué pour lui injecter ce goût de
l'ordre ? Des petites filles l'ont ; elles voient leur maman ranger la
maison et veulent l'imiter[67]. »

Il découle de ce point de vue purement idéologique sur les rôles
sexuels et les rapports entre les sexes — complètement infirmé par
la moitié des cas — que *naturellement* (croient-elles) les mères qui
lisent ce livre vont élever leurs fils comme des petits diables désor-
donnés, bruyants et goinfres, et leurs filles comme des petites pou-
pées calmes, ordonnées et chipotant à table (le lecteur n'est pas
sans voir le côté nettement péjoratif de ce dernier trait de caractère
ou plutôt de cette flèche acérée).

Le Dr Gilly théorise la différence des sexes avec beaucoup de
bonheur : « En cherchant à s'attribuer des caractères qui sont le
propre de l'homme [...], la fille doit surmonter son affectivité et
saper ainsi sa féminité, c'est-à-dire son essence propre. Elle cher-
chera à réprimer sa passivité foncière, son besoin de dépendance
et ira même parfois jusqu'à refuser la régression biologique que
représente la maternité[68]. »

Dénonçons dès maintenant l'usage abusif et distordu qui est
souvent fait de la théorie psychanalytique pour fonder la prétendue passivité de la nature féminine. Nous y reviendrons.

Curieusement, des ouvrages plus anciens et pourtant fort
conventionnels, tel le Gay et Cousin, cantonnent leur sexisme... au
vêtement, et leurs conseils éducatifs sont les mêmes quel que soit
le sexe de l'enfant ! En effet, de la page 119 à la page 130, les
auteurs décrivent (avec illustrations) « le trousseau d'un petit garçon de la naissance à sept ans » qui comprend principalement le
linge, d'une part, les vêtements, de l'autre. Suit — de la page 131
à la page 135 (sept pages de moins que pour le garçon ! Qui a dit

---

66. *Ibid.*, p. 280.
67. *Ibid.*
68. *L'Encyclopédie des parents modernes, op. cit.*, p. 340.

que les filles étaient plus coquettes que les garçons ?) — « le trousseau d'une petite fille de un à sept ans [69] ». La layette (de zéro à un an), au contraire, reste mixte dans cet ouvrage. Quinze ans après, elle ne l'est plus ! Arbitraire, quand tu nous tiens !

Voyons maintenant que le ton employé par les rédacteurs de ces ouvrages n'est pas moins significatif que le vocabulaire utilisé.

La dramatisation

La quasi-totalité des livres de puériculture présente l'éducation du bébé et de l'enfant comme une véritable odyssée où parents et enfants auront à traverser mille écueils et embûches, les moindres n'étant pas les pièges que, tels des frères ennemis, ils se tendent les uns aux autres. Aussi le ton de ces ouvrages est-il, comme on va le voir, remarquablement dramatique. Le vocable de drame est à comprendre dans son sens originel, avec sa connotation de théâtre, mise en scène, rôles, déguisements. Ce sont, en effet, différentes sortes d'actions dramatiques qui sont présentées : épopées guerrières, comédies, visions apocalyptiques, et même les bluettes romanesques.

• Le ton épique et apocalyptique.

L'épopée commence aux origines avec, comme il se doit, « les premiers signes » : « Vous êtes enceinte. La nouvelle vous bouleverse [70]. » Mais, auparavant, la future mère a traversé une phase d'« espoir » où elle était anxieusement à l'écoute des « signes annonciateurs de la grossesse » et perplexe « devant les mystères de l'hérédité [71] ». Hélas, même si elle est follement heureuse d'être mère, « la grossesse est en général un grand sujet d'inquiétude pour la femme car elle redoute les malaises, voit avec terreur sa silhouette s'épaissir, et craint de perdre sa ligne pour toujours [72] ».

---

69. Mme Francisque Gay et L. Cousin, *op. cit.*, (1954).
70. *L'Encyclopédie des parents modernes, op. cit.*, p. 27.
71. Dr Gilly, *op. cit.*, p. 17 et 28.
72. *L'Encyclopédie des parents modernes, op. cit.*, p. 152.

Quoi qu'il en soit, les « signes précurseurs de cet heureux événement [73] » la mettent « en mesure de participer activement à la plus haute manifestation de la nature : la naissance d'un enfant [74] ». « C'est le début d'une histoire vieille comme le monde [75] », qui, pour être ancienne, n'en est pas moins pleine d'intérêt ; mais « il est une autre nouveauté peut-être plus révolutionnaire encore [76] » : « C'est que la femme [l'on s'en souvient] ne se "fait" plus accoucher. C'est elle-même qui accouche [77]. » Bref, avec « les préludes », « l'approche du grand moment s'annonce [78] ».

À ce point de l'action (l'accouchement), seuls quelques auteurs parmi les plus anciens en date (L. Pouliot, Gay et Cousin) continuent sur le même ton apocalyptique. Les autres, ou bien changent brutalement de registre et passent au ton « à l'eau de rose » (voir plus loin), soit en viennent directement à l'« après », soit, enfin, enfourchent le cheval épique, mais à propos de l'enfant à naître cette fois, et non plus de sa mère qui, elle, est étrangement occultée. Qu'on en juge : pour « le malheureux nouveau-né », « le monde vole en éclats » : il lui faut faire une expérience terrifiante et nouvelle, celle de l'« immobilité [79] » ; « né dans la tempête [...], la nouveauté de l'expérience produit une angoisse sans nom [...]. L'enfant en est toujours à tomber dans le monde, dans nos mains comme aux mains des bourreaux [80] ». « Le jeune aventurier est assailli, dès qu'il se risque hors de sa retraite, par les mille monstres que sont les sensations au-dehors [...]. Le jeune héros est bien près de succomber, anéanti par la surprise et la terreur bien plus que par la souffrance [81]. »

Que le lecteur ému par cette odyssée ne se fasse tout du moins aucun souci pour la mère du « héros » : il n'y a pas d'héroïne, « car

---

73. *Guide des jeunes ménages*, op. cit., p. 162.
74. *L'Encyclopédie des parents modernes*, op. cit., p. 104.
75. J. Dana et S. Marion, *op. cit.*, p. 21.
76. La première nouveauté, d'après les auteurs cités, est que les femmes accouchent maintenant « sans crainte » !
77. *L'Enfant du premier âge*, op. cit. (1977), p. 25.
78. Mme Francisque Gay et L. Cousin, *op. cit.* (1954), p. 27.
79. *Notre enfant et nous*, op. cit., p. 157.
80. *Ibid.*, p. 147.
81. F. Leboyer, *Shantala*, op. cit., p. 13.

les femmes, libérées de l'antique malédiction, peuvent mettre au monde en pleine conscience et le visage rayonnant[82] ». L'auteur confondrait-il sourire et grimace... ?

L'épopée va se poursuivre pour la mère et pour l'enfant, et elle ne s'annonce pas sous les meilleurs auspices : « Lorsque bébé est là, aussi beau soit-il, c'est la lutte pour la vie qui commence. Comment préparer et entretenir cette vie si fragile[83] ? »

- Le ton « catastrophe ».

« Il est si frêle et si délicat, le cher petit, qu'un oubli, une négligence, peuvent avoir pour lui les conséquences les plus fâcheuses, les plus fatales[84]. » À en croire les auteurs, le bébé ne va faire que tomber de Charybde en Scylla ! « Ne négligez jamais une otite ; c'est une cartouche de dynamite dans la tête du petit », avertissent solennellement Oria et Raffin[85]. Au fil des ouvrages et des chapitres, la mère est ainsi constamment menacée, en même temps qu'avertie, les auteurs la prévenant que si, quoi que ce soit arrive à son enfant, ça sera de sa faute. Ton et vocabulaire sont en permanence anxiogènes et culpabilisants, et le puériculteur la morigène à tout propos — et hors de propos — pour des fautes qu'elle risquerait de commettre. *L'Enfant du premier âge* offre un très bon exemple de ce ton : « Ayez constamment cette préoccupation... », lui dit-on sans cesse. Dans la phrase citée, il s'agit du choix d'un mobilier pour la chambre du bébé[86], ce qui, en soi, ne devrait pas être tellement préoccupant ! L'auteur écrit plus loin, en caractères gras, à propos de risques d'accidents (noyade, brûlures, électrocution, intoxications) : « La plupart du temps, il y a eu *un défaut de surveillance maternelle*, souvent très court : *il suffit de quelques secondes ou de quelques minutes d'inattention ou de distraction*[87]. »

S'imagine-t-on le poids de toutes ces prédictions sur la jeune mère qui lit cet opuscule à la clinique ou en rentrant chez elle ?

82. *Notre enfant et nous, op. cit.*, p. 147.
83. *Guide des jeunes ménages, op. cit.*, p. 269.
84. Mme Moll-Weiss, *La Femme, la Mère, l'Enfant, op. cit.*, p. 149.
85. *Op. cit.*, p. 60.
86. *L'Enfant du premier âge, op. cit.* (1977), p. 67.
87. *Ibid.*, p. 78.

En tout cas, il n'y a pas lieu de s'étonner, après cela, que bon nombre de mères soient surprotectrices... ce que les mêmes auteurs leur reprochent pourtant !

De même à propos de l'allaitement : une alimentation mal réglée, disent les auteurs, constitue une menace de mort pour le nouveau-né. Or, il est expressément dit à la mère que c'est elle qui doit savoir quand son bébé a besoin de nourriture [88] ; par ailleurs, si elle allaite au lit, elle risque de l'étouffer [89]. Et les chapitres continuent, scandés de « il faut craindre », « il faut souvent craindre [90] ».

Bien évidemment, nous ne reprochons pas aux auteurs de prévenir les mères des dangers qui peuvent exister. Nous nous demandons seulement s'il est nécessaire, d'abord d'affoler les mères à l'aide de ces hyperboles à sensation, ensuite, de les menacer et de les culpabiliser constamment.

• Le ton guerrier.

À en croire un grand nombre, la hache de guerre entre mère et enfant n'est pas près d'être enterrée. Et pourtant, bien que le dramatique « choix » à la naissance entre la vie de la mère et celle de l'enfant ne se pose heureusement plus depuis longtemps, il semble persister dans l'imaginaire des puériculteurs ; à la réalité, ils substituent leurs fantasmes. F. Leboyer illustre parfaitement ce courant de pensée, lui qui voit l'accouchement comme une guerre à la vie/à la mort entre le bébé et la mère : « Les premières contractions dans le sein maternel avaient terrorisé l'enfant [91] » ; puis, à son dénouement : « Qu'ils se découvrent l'un l'autre, ces deux êtres unis par un si long passé. Ennemis inséparables enfin réconciliés [92]. »

D'autres encore magnifient et montent en épingle, comme à plaisir, l'ambivalence qu'ils prêtent à la mère à l'égard de son enfant et qui, certes, existe, mais pas toujours, pas de la même façon et qui ne peut de toute façon rien gagner à être pointée « sauvage-

---

88. Mme Francisque Gay et L. Cousin, *op. cit.* (1954), p. 48.
89. *Ibid.*, p. 49.
90. *Ibid.*, p. 51.
91. F. Leboyer, *Shantala, op. cit.*, p. 19.
92. *Notre enfant et nous, op. cit.*, p. 149 (cette citation est également de F. Leboyer).

ment ». Gay et Cousin, par exemple, soupçonnent visiblement la génitrice d'intentions peu amènes à l'égard du futur bébé : « Un corset ou une gaine comprimant la taille est évidemment à proscrire ; continuer à la porter pendant la grossesse équivaudrait à un *attentat*[93]. » Puis, bébé naît, et commence alors une véritable guerre au couteau — d'après certains — entre les protagonistes : la mère et l'enfant ; la petite créature, si frêle et si impuissante chantée par certains, va vite devenir un « tyran », un « envahisseur », un « monstre », un « petit despote », un « dévastateur[94] ».

Les champs de bataille classiques sont celui des cris (il hurle pour embêter sa mère et expérimenter « le pouvoir de ses cris[95] »), celui de l'alimentation (il ne veut pas boire, il refuse la cuillère, repousse certains aliments, etc.), celui de la propreté sphinctérienne (il refuse de faire ce qu'on lui dit là où il faut et quand il faut), et celui de la propreté tout court (il est sale, laisse tout traîner, etc.). En face de cet être abominable, la mère a intérêt à adopter la stratégie que, tel Clausewitz, le puériculteur lui suggère fortement. Faute de quoi, et si elle ne le force pas, ne le dresse pas, ne lui déclare pas la guerre, ne lutte pas violemment, ne le surveille pas de très près, ne le combat pas victorieusement, ne lui impose pas sa volonté[96], le bébé-tyran-despote ruinera la santé et l'existence de sa génitrice et en « fera son esclave » ! Exemple : le chapitre premier de l'ouvrage cité est intitulé : « Dressage et éducation ». « *Ce que toute mère désire*. Toute jeune femme qui va être mère désire deux choses excellentes : l'une, que le cher attendu s'élève d'une façon qui assure le plus heureux épanouissement de son être physique, intellectuel et moral ; *l'autre, que la réalisation de ce programme ne fasse pas d'elle une esclave*[97]... »

Retenons encore quelques formules : « Le danger continuel est de

---

93. Mme Francisque Gay et L. Cousin, *op. cit.* (1954), p. 15 (c'est nous qui soulignons).

94. Mme Francisque Gay et L. Cousin, *op. cit.* (1954), p. 184, 188, 192, 195 et 210.

95. *Ibid.*, p. 3.

96. *Ibid.*, p. 35. Toutes ces expressions sont employées *in situ* dans l'ouvrage.

97. *Ibid.*, p. 335.

voir leur volonté s'insurger contre la nôtre, de les sentir échapper à notre direction[98] », ou : « On peut faire achever le biberon au moyen d'une petite cuillère qu'on introduit de force entre les petites gencives[99] » (noter ici le mélange, courant en puériculture, de mignardise et de sadisme), ou : « Il ne vous imposera pas sa volonté s'il voit que la vôtre ne cède pas[100] », ou : « Il ne faut jamais capituler, c'est-à-dire ne pas garder le bébé sur les bras[101] » (quand il crie) ; ou encore, toujours à propos des cris : « La lutte dura six semaines, mais le résultat, si vaillamment poursuivi, fut triomphal. Louis devint aussi sage la nuit que pendant le jour[102] » ou : « Le petit Français n'est pas relégué dans la nursery ; il est le maître ou plutôt le tyran de la maison. Dès le berceau, il épuise la patience et les forces de sa mère... Il est gênant, agaçant même, et on ne peut pas s'empêcher de le lui faire sentir[103]... » ; ou encore : « À partir de huit mois, bébé ne passe plus la journée entière dans son lit, où le mettrons-nous ? [...] déjà sa volonté s'affirme et, si l'on n'y prenait garde, il tendrait à l'imposer aux autres et à devenir un petit despote[104]. »

Aussi la mère est-elle invitée à laisser l'enfant dans sa « chambre à jouer qui suffit à son bonheur[105] » ! Hélas ! à cet âge, il ne fait plus la sieste et : « La mère regrettera les deux heures de liberté complète que lui assurait le voyage journalier de bébé au pays des rêves[106]. » Bref : « Le contact continu entre eux [nos enfants] et nous les fatigue et nous énerve[107]. » *Ab uno, disce omnes !*

Le lecteur naïf serait, devant ce tableau effarant, tenté de dire à l'auteur que si l'on n'aime pas les enfants (ce qui ressort de ces anticipations peu réjouissantes), on n'est pas obligé d'en avoir ! Mais nous savons que la puériculture a un but avant tout nataliste. Aussi, drôle ou pas, faut-il procréer.

---

98. Francisque Gay et L. Cousin, *op. cit.* (1954), p. 6.
99. *Ibid.*, p. 67.
100. *Ibid.*, p. 77.
101. *Ibid.*, p. 91.
102. *Ibid.*, p. 3.
103. *Ibid.*, p. 184.
104. *Ibid.*, p. 188.
105. *Ibid.*, p. 197.
106. *Ibid.*, p. 196.
107. *Ibid.*, p. 203.

Le ton guerrier, de l'après-guerre aux années soixante-quinze, envahit tous les domaines jusqu'aux moins nobles. La propreté sphinctérienne avec la forme de lutte qui lui est propre, la constipation par exemple, reste, dans tous les manuels — en dehors des plus récents —, un solide bastion fortifié : « Il faut combattre victorieusement la constipation... », écrit Mme Francisque Gay[108]. M. Oria et J. Raffin enjoignent également à la mère : « de faire la guerre aux mouches, aux microbes, à la crasse... à la constipation[109]. » Et la guerre entre la volonté excrétoire de la mère et la rétention obstinée de l'enfant se poursuit au fil des manuels à coup de suppositoires à la glycérine, de thermomètre et de lavements !

Un dernier coup d'œil sur le terrain des hostilités alors que notre Attila a atteint 18 mois : « Un appartement livré à un enfant qui sait bien marcher et qui est un peu turbulent fait au bout de deux heures penser aux Champs Catalauniques[110]... »

• Le ton emphatique : « votre merveilleux bébé » ;
l'allusion poétique ou mythologique.

Les tons se suivent — ou coexistent — et ne se ressemblent pas ; en une quinzaine d'années, les bébés ont changé, ce ne sont plus des « empêcheurs de tourner en rond », mais des êtres délicieux, de vrais trésors, de véritables génies (pour être dans le ton) : « Chaque enfant est, au départ, un être merveilleux, riche d'immenses potentialités, bourré de curiosité », etc., écrit le Dr Cohen-Solal[111]. Les auteurs rivalisent de vocables, tous plus élogieux les uns que les autres, pour le qualifier : « C'est un jeune dieu qui nous est arrivé[112]... » et on lit dans l'ouvrage de L. Pernoud : « Ainsi s'achève l'histoire de notre héros[113]. » Mais c'est aussi « un jeune savant qui goûte, ausculte, manipule, compare, et ne tient pour acquis que ce qu'il expérimente[114] ».

108. *Ibid.*, p. 265.
109. Dr Oria et J. Raffin, *op. cit.*, p. 23.
110. L. Pernoud, *J'élève mon enfant, op. cit.* (1966), p. 342.
111. Dr Cohen-Solal, *op. cit.*, p. 694.
112. *Notre enfant et nous, op. cit.*, p. 150.
113. L. Pernoud, *J'élève mon enfant, op. cit.* (1966), p. 401.
114. *Notre enfant et nous, op. cit.*, p. 282 (en commentaire de trois photos).

D'ailleurs, il est mieux qu'un savant puisqu'il « est », si l'on peut dire, plusieurs savants à la fois ! Écoutons L. Pernoud : « Au cours de son développement, l'enfant est à son tour Newton : à 8-12 mois, découverte de la pesanteur ; Descartes : 24-30 mois, "Je pense, donc je suis", découverte du Je ; Nietzsche ou la Volonté de Puissance, à deux ans et demi lorsque l'enfant veut affirmer son pouvoir. C'est bien normal qu'il refasse le chemin de l'humanité, puisque, lui aussi, il découvre le monde [115]. » Et, du même auteur, une autre comparaison scientifique : « Le stade 18-24 mois, vous le verrez, sera le festival des mains au Palais de la Découverte [116]. » Pour tout dire, c'est « Mozart enfant » ou Einstein, au choix du lecteur : « L'enfant de 6 mois apparaît déjà comme un prodige de science... », écrivent tranquillement Gay et Cousin [117].

Pour les besoins de la cause et dans un autre registre, le tableau a aussi passablement changé : de tyrannique qu'il était peu de temps auparavant, l'enfant est devenu soudain — dans l'esprit des puériculteurs — un petit prince : « Cette petite chose est un petit homme, le roi de la nature... », écrit J. Cohen-Solal [118], et comme dans les contes : « Chaque étape, comme une fée, apporte à l'enfant un nouveau don. Dans sa corbeille, celle de trois ans, elle a mis l'imagination ; elle couronne tout l'édifice [119]. »

Quoi d'étonnant à ce que chaque parent désire enfanter un tel rejeton ? « Parents, quelle extraordinaire vocation est la vôtre [120] ! »

D'autant que le merveilleux de l'enfant « déteint », si l'on peut dire, forcément sur ses géniteurs qui sont valorisés par leur produit : « [Le bébé] est un morceau de vous-même et le fruit de votre amour », écrit encore J. Cohen-Solal [121]. Et encore : « Il est là, couché dans le petit lit encore vide tout à l'heure. C'est vraiment le plus beau bébé du monde : "C'est le vôtre" [122]. »

115. L. Pernoud, *J'élève mon enfant*, op. cit. (1966), p. 332.
116. *Ibid.*, p. 333.
117. Mme Francisque Gay et L. Cousin, *op. cit.*, (1954), p. 356.
118. Dr Cohen-Solal, *op. cit.*, p. 37.
119. L. Pernoud, *J'élève mon enfant*, op. cit. (1966), p. 379.
120. Couverture des *Règles d'or de la puériculture*, op. cit.
121. Dr Cohen-Solal, *op. cit.*, p. 53.
122. *L'Encyclopédie des parents modernes*, op. cit., p. 104.

Quoi de plus gratifiant, en effet, pour le parent, que d'entendre vanter sur tous les tons « les richesses intérieures » de son enfant [123] qui vont s'exprimer d'elles-mêmes, pour peu qu'on leur en laisse l'occasion. Quel adulte refuserait de connaître une expérience dépeinte sous un jour tellement extraordinaire ? Même les accidents de parcours sont valorisés, par exemple : « Une césarienne. Malgré cette difficulté imprévue, la beauté de la naissance rejoint celle du jour qui se lève [124]. »

Si poésie il y a, ce n'est certes pas la mère anesthésiée qui peut la goûter !

La naissance sans violence n'est pas moins poétique que la césarienne, et le bain donné au bébé après l'accouchement en constitue un sommet : « L'eau va parachever votre œuvre. Et, croyez-moi, elle est bien plus habile que vous [125] [...] ; la magicienne qu'est l'eau les fera disparaître [les tensions du corps de l'enfant] en un tourne-main, aussi aisément que le soleil fait fondre la neige [126]. »

Poétique est l'événement (ici, la naissance), poétique se veut aussi le style du chantre-médecin, mais poète aussi est l'enfant : « L'Enfant est un poète qui observe le monde et y découvre ce que les grandes personnes n'y voient plus [...] avec des expressions ravissantes que seuls savent encore trouver les poètes, car les poètes continuent à contempler l'univers avec des regards d'enfants émerveillés [127]. » S'appuyant sur Charles Péguy et sur Victor Hugo, le même auteur vante « le charme naturel de l'enfant » : « Il y a, dans l'enfant, une grâce unique » (Péguy) et « Il est si beau, l'enfant, avec son doux sourire... » (Hugo, *Lorsque l'enfant paraît*) [128].

Rien de plus merveilleux en effet — au sens propre du terme — que l'« odyssée maturative [129] » de « notre Argonaute [130] » !

---

123. Dr Gilly, *op. cit.*, p. 210.
124. *Ibid.*, p. 60 (en illustration d'une photo de bloc opératoire).
125. Remarque misogyne, habituelle chez les tenants de la *Naissance sans violence.*
126. F. Leboyer, *Shantala, op. cit.*, p. 101.
127. M. Reynier, *op. cit.*, p. 86.
128. *Ibid.*, p. 116.
129. Dr Gilly, *op. cit.*, p. 423, et du même auteur (p. 281) : « Le passage de l'enfance à l'état adulte suppose la traversée victorieuse d'une véritable *Saison en enfer.* »
130. F. Leboyer, *Shantala, op. cit.*, p. 13.

Le « divin enfant » prend sa dimension complète avec l'aspect, mis en relief par certains auteurs, d'enfant possesseur d'un savoir inconnu de l'adulte, type « Enfant Jésus au Temple enseignant les docteurs de la Loi » : « C'est de cet enfant, de ce messager que nous avons tout à apprendre [131] », ou encore, dans *Shantala :* « Fort heureusement, le maître est là [...]. Ce maître, une fois encore, c'est le bébé. C'est lui qui va vous enseigner, vous instruire. À la seule condition que vous soyez modeste... Oui, laissez-vous guider par lui [132]. »

À travers cette étude, nous avons voulu montrer l'extrême dramatisation du ton employé par les puériculteurs pour parler de l'enfant et de l'enfantement. Nous reviendrons sur ce qui nous semble constituer un déplacement de la dramatisation ; comme si le puériculteur se défendait — ou voulait défendre les parents — du véritable lieu du drame (le contenu des rapports parents/enfants et spécialiste/parents/enfants), en faisant porter la dramatisation sur les moyens d'en parler.

Signalons au passage un exemple de plus de l'aveuglement puériculteur : ne l'identifiant pas chez eux, ils projettent sur les femmes (toujours elles !) leur propre propension au drame : « Et puis, vous le savez, le goût de dramatiser est commun à bien des femmes », écrit L. Pernoud [133] à propos des conseils des amies de la femme enceinte ! Seraient-elles influencées par leurs lectures ?

La puériculture en feuilleton ou le puériculteur romancier

• La presse du cœur.

Définissons le genre comme une bluette niaise où tous les personnages, nantis d'une psychologie sommaire, sont beaux et gentils, le style étant à l'avenant.

Cela commence quand la mère « attend ». Elle et son « ami fidèle » (le calendrier) ont une idylle passionnelle : va-t-il, oui ou non, livrer son secret ? (d'abord sur la date des règles : « Vous avez fait

---

131. *Notre enfant et nous, op. cit.*, p. 150.
132. *Shantala, op. cit.*, p. 131.
133. L. Pernoud, *J'attends un enfant, op. cit.* (1966), p. 21.

un calcul rapide, puis vous avez refait ce calcul minutieusement :
28... 29... 30... ») (puis sur la date de l'accouchement) : « Ce n'est
que vers la fin que votre ami fidèle vous semblera hostile. Car
vous n'arriverez pas à lui arracher son secret : cette date que vous
voudriez tant connaître, celle du jour où votre enfant naîtra [134]. »

Le médecin tout-puissant se mêle à cette idylle : « N'essayez pas
d'arracher à tout prix à votre docteur une réponse affirmative.
Comprenez sa prudence. Il ne faudrait pas qu'une cruelle déception succède à votre joie [135]. » La pythie finit tout de même par
parler : « Le docteur a dit "oui" », ou « le docteur a dit "non" [136]. »

La future mère va alors occuper utilement son temps de grossesse : « Tout est prêt maintenant pour accueillir bébé : la layette
bleue et rose, le berceau voilé de plumetis blanc, la corbeille à
langer, les biberons et jusqu'à l'ourson en peluche [137]... » D'ailleurs,
comme le dit l'auteur de la brochure : « Il faut préparer la layette,
et cela peut occuper une bonne partie du temps de la grossesse [138]. » Apprécions au passage le souci que se font les auteurs de
meubler les loisirs des femmes !

À l'accouchement, l'idylle continue : « Les femmes sont préala-
blement "initiées à ses mystères" par le livre et les cours d'accouchement sans douleur [139] » (sic), « ainsi, pleinement conscientes du
merveilleux travail de la nature, vous ne l'aborderez plus en femme
résignée à souffrir, mais en collaboratrices du médecin [140] » (il suf-
fisait d'y penser ! qu'on se le dise !). Sur l'accouchement proprement dit, les auteurs sont évidemment très discrets. Il ne serait
pas opportun de ternir l'image suave qui est proposée ; aussi passe-
t-on directement à l'« après », et, là, l'idylle peut se prolonger :
« Après avoir un peu dormi — c'est en effet une réaction habituelle
après le "travail" important qui vient d'être fourni — [noter la seule
allusion faite à l'accouchement] vous vous retrouverez détendue,

---

134. *Ibid.*, p. 11.
135. *Ibid.*, p. 13.
136. *Ibid.*, p. 17 et 19.
137. Dr Gilly, *op. cit.*, p. 49.
138. *L'Enfant du premier âge, op. cit.* (1977), p. 30.
139. Dr Gilly, *op. cit.*, p. 49.
140. *Ibid.*

peut-être un peu lasse. Votre bébé sera à côté de vous dans son berceau. Vous aurez tout le loisir de le contempler et de chercher des ressemblances. Mais une personne viendra "le voir de près" au cours de ces premières vingt-quatre heures [141] » ; là, le lecteur en haleine pense voir arriver un bel homme, un œillet à la boutonnière, le père peut-être qui vient embrasser sa femme et admirer son enfant... Eh bien ! pas du tout... « [...] et cette visite [...] très importante : c'est celle du pédiatre [142]. »

Le lecteur avait peut-être simplement oublié que le père ne fait pas partie de l'idylle de la naissance (du moins jusqu'aux années soixante-quinze) : les protagonistes en sont les médecins (accoucheur et pédiatre) et leur « collaboratrice » : la mère...

Après la naissance, le roman-photo se poursuit en un nouveau duo, la mère et l'enfant : « Sa première histoire d'amour », tel est le commentaire d'un croquis représentant mère et enfant se regardant « dans le blanc des yeux [143] ». Écoutons aussi L. Pernoud : « Notre petit bébé [...] va découvrir maintenant qu'on peut verser des larmes pour une peine de cœur. Car on peut souffrir d'amour à tout âge, et c'est bien d'amour qu'il s'agit déjà [144]. » Inutile de préciser que l'élue, c'est la mère... L'idylle est pleinement réciproque : « Devant nous, dix jours à lui consacrer entièrement, dix jours d'un tête-à-tête inoubliable où vos seules préoccupations seront de le contempler, de l'admirer et de faire sa connaissance », écrivent les auteurs de *L'Encyclopédie des parents modernes* [145] à propos du séjour en clinique de la mère après l'accouchement. Cet arc-en-ciel de bonheur s'étend sur tout le « nid » familial : « Un foyer uni est un cercle fermé où l'amour inlassablement circule », écrivent joliment les mêmes prosateurs [146].

Et chaque petit événement, tel le déjeuner de bébé, rehausse ce tableau qu'on peut bien qualifier d'idyllique : « Après son repas et son cortège de rots, de câlineries, de sourires, de bonheur, vous

141. *L'Enfant du premier âge*, *op. cit.* (1977), p. 32.
142. *Ibid.*
143. Dr Ratel, *op. cit.*, p. 132.
144. L. Pernoud, *J'élève mon enfant*, *op. cit.* (1966), p. 319.
145. *Op. cit.*, p. 104.
146. *Ibid.*, p. 464.

l'allongez sur la table à langer... », écrit, avec, lui aussi, beaucoup de bonheur, J. Cohen-Solal[147].

• La presse à sensation.

Nombre d'auteurs parlent de la naissance d'un enfant comme de l'événement le plus sensationnel depuis que le monde existe... Et ils le commentent avec le ton adéquat. Pour le Dr Ratel, le bébé est : « une petite vedette, avec tout un programme[148] », vedette qui va « se donner en spectacle à la collectivité familiale, tel un "acteur" qui fait "son numéro"[149] ». Un des premiers shows du bébé-comédien sera « l'opération lève-toi et marche ! », etc., et l'auteur couvre l'événement avec force détails. Son ton enfle pour parler de la mise en place des structures nerveuses pendant la vie intra-utérine : « Ce n'est pas l'envoi d'une capsule sur la lune ; cependant, la similitude existe, l'exploit est de même envergure », etc., et le rédacteur de vanter : l'« ordinateur fabuleux » qu'est le système nerveux alors « qu'à Houston [à propos de la lune], toute une ville de techniciens commande des machines colossales[150] ».

L'ordinateur, puis la vedette, va devenir un héros : « Ainsi, s'achève l'histoire de notre héros : l'enfant de la naissance à l'école », écrit L. Pernoud[151].

Mais, à enfant héroïque, parents héroïques. La mère aussi est héroïque grâce à ses vertus cardinales : la patience, le dévouement, etc.[152]. Et il faut aussi créditer l'auteur d'avoir inclus le père dans cette aura de gloire : « Papa, c'est le chef, le héros ; c'est lui qui commande, c'est normal[153]. » Dans ce cas, l'héroïsme de la mère se transforme : « Maman, c'est la fée, celle qui berce, console, sourit ; celle qui donne à manger et à boire[154] », fait dire le même auteur à un enfant imaginaire. Consolez-vous, mères ! Être une fée, ce n'est pas mal, surtout si cette fée est l'épouse d'un héros !

---

147. *Op. cit.*, p. 74.
148. Dr Ratel, *op. cit.*, p. 126.
149. *Ibid.*
150. *Ibid.*, p. 128.
151. L. Pernoud, *J'élève mon enfant, op. cit.* (1966), p. 401.
152. *Ibid.*, p. 419.
153. L. Pernoud, *J'élève mon enfant, op. cit.* (1966), p. 425.
154. *Ibid.*

On voit que la lecture de ces ouvrages n'a rien d'ennuyeux. Mais, pour mobiliser les plus récalcitrants, les auteurs ne reculent pas devant le ton « accrocheur » et personnalisé : « Pour la première fois, un pédiatre vous fait part de son expérience [155]... » Elle semble loin l'époque où les médecins se cantonnaient dans le rôle de préfacier. Et, encore mieux : « *Pour la première fois*, c'est l'enfant qui s'adresse à ses parents [156] » !

• La presse sportive.

Coureur à pied, coureur cycliste, explorateur, champion de tennis, le bébé-sportif a des journalistes prêts à commenter ses exploits. Les auteurs de *Donner la vie* racontent les phases de la grossesse, « étape par étape », comme s'il s'agissait du Tour de France ; elles indiquent « les accidents de parcours [157] », et mois après mois, communiquent un « bulletin *in utero* » qui donne l'état du sportif dans l'œuf ! Le Dr Ratel, qui n'est pas avare de comparaisons, voit le fœtus dans ces termes : « Notre champion de tennis travaille seul, grâce à son cerveau-ordinateur-incorporé d'environ un kilo [158]... » ; il a une « finesse de fonctionnement » analogue à « la balle de match, dans la finale de la coupe Davis [159] ».

En grandissant, le jeune enfant continuera sur sa lancée : pour les auteurs de *Notre enfant et nous*, à un an, « c'est un véritable explorateur [160] ». Pour F. Leboyer, il est : « Le jeune aventurier [161]. » Pour L. Pernoud, à 18 mois : « Il était Monsieur Tête, il va devenir Monsieur Jambes [162] » ; à deux ans, rien ne l'arrête, il grimpe, glisse, se relève : « Il est comme ivre, comme fou de voir encore... Il parcourt des kilomètres dans la journée [163]. »

Bigre... Espérons qu'il tiendra ses promesses, et le niveau sportif de la France s'en ressentira !

155. Couverture de l'ouvrage du Dr Cohen-Solal, *op. cit.*
156. Couverture de *J'ai un an, op. cit.* (c'est nous qui soulignons).
157. *Op. cit.*, p. 78.
158. Dr Ratel, *op. cit.*
159. *Ibid.*
160. *Notre enfant et nous, op. cit.*
161. F. Leboyer, *Pour une naissance sans violence, op. cit.*, p. 13.
162. L. Pernoud, *J'élève mon enfant, op. cit.* (1966), p. 342.
163. *Ibid.*, p. 353.

La puériculture à l'usage des grands enfants : les parents

Pour s'adresser aux parents — à la mère principalement —, les spécialistes de la puériculture emploient le plus souvent un ton « bébé » et infantilisant, comme si avoir un bébé faisait régresser le psychisme des géniteurs à leur propre enfance, à moins que, dans le cas de la mère, les auteurs n'aient jamais véritablement pensé qu'elle était tout à fait adulte... Voyons quelques exemples de la niaiserie du ton employé.

On est quelque peu étonné de lire sous la plume d'un médecin voulant écrire un livre sérieux : « Faites vérifier vos dents [pendant la grossesse], suivez les indications de votre dentiste... et vous garderez de jolies perles[164]. » Les dents — de la mère ou de l'enfant — inspirent d'ailleurs à ces messieurs des accents touchants : « Elle va être tout à fait mignonne, cette petite pointe sortant de la gencive inférieure... », écrit le Dr Cohen-Solal[165]. Également : « ... apparaissent de jolies pointes blanches[166]. » On se demande avec curiosité s'ils s'expriment de cette façon charmante dans leur cabinet de consultation ! Ces expressions sortent tout droit, dirait-on, d'une certaine presse « à l'eau de rose » d'il y a quelques décennies. Continuant sur la dent, nous apprenons avec intérêt que la « cérémonie de la petite souris » s'adresse autant à la mère qu'au jeune enfant : « La petite souris vient chercher la première dent de lait tombée que l'on met sous l'oreiller de l'enfant. Cette petite cérémonie [...] distrait sa maman que cette première étape du bébé vers l'âge adulte bouleverse[167]. » Un rien, vraiment, perturbe cette pauvre petite créature qu'est la mère... Bouleversée à la première dent, comment va-t-elle pouvoir affronter toutes les étapes suivantes ?

Le puériculteur s'attendrit volontiers comme le ferait une très vieille grand-mère sur le « tout-petit ». Exemple de plus de la mignardise puéricultrice... « À six mois, c'est déjà un petit bonhomme », écrit J. Cohen-Solal[168]. Et il n'est question que « de sa

---

164. Dr Ratel, *op. cit.*, p. 31.
165. Dr Cohen-Solal, *op. cit.*, p. 185.
166. Mme Francisque Gay et L. Cousin, *op. cit.* (1954), p. 109.
167. *L'Encyclopédie des parents modernes*, *op. cit.*, p. 474.
168. Dr Cohen-Solal, *op. cit.*, p. 189.

petite tête, son petit corps[169] », « de ses petites mains, de ses petits pieds... de ses petits vêtements... », puis « du petit malade[170] ». Ah ! qu'en des termes galants, ces choses-là furent dites...

L'infantilisation est à son comble quand il s'agit des rapports de la mère et du médecin. Curieusement, ce dernier se comporte vis-à-vis d'elle comme il imagine le comportement respectif des parents vis-à-vis de leurs enfants : il est tantôt bonne mère, tantôt père sévère et distant.

Il a déjà été dit que la mère n'est que « la collaboratrice de l'accoucheur et du pédiatre[171] » : celle-ci doit donc « lui obéir fidèlement[172] » et « essayer de pénétrer un peu dans la pensée de l'homme qui sait, en lui posant des questions judicieuses[173] ».

Ceci étant, la « collaboratrice » bénéficie de certains égards de la part de son « supérieur » : « Votre accoucheur viendra vous voir quotidiennement[174] » pendant le séjour à la clinique où « vous pourrez vous laisser vivre, comblée, dorlotée, exempte de tous soucis[175] ». Plusieurs instances paternelles s'occupent d'ailleurs de la jeune mère. La petite fille naïve et inquiète qu'elle est n'a qu'à leur faire confiance : « Que les mamans qui habitent des régions peu ensoleillées ne s'inquiètent pas outre mesure : pour remédier à cette insuffisance fréquente de rayons ultraviolets, le ministre de la Santé a rendu obligatoire l'administration systématique à tous les nourrissons d'une dose quotidienne de vitamine D que le médecin adapte à chaque enfant[176]. » Ces bons pères sont vraiment le rayon de soleil des corons...

Que la mère, cependant, ne profite pas de la mansuétude du papa-médecin pour se comporter en enfant gâtée en exigeant la lune : « Il vous mettra en garde et peut-être vous refusera ce que

169. Mme Francisque Gay et L. Cousin, *op. cit.* (1954), p. 29.
170. *Guide des jeunes ménages, op. cit.*, p. 265.
171. *L'Enfant du premier âge, op. cit.*, (1976), p. 96 (postface du Pr X. Leclainche).
172. Mme Francisque Gay et L. Cousin, *op. cit.* (1954), p. 36.
173. *Ibid.*, p. 217.
174. *L'Enfant du premier âge, op. cit.* (1977), p. 37.
175. *L'Encyclopédie des parents modernes, op. cit.*, p. 104.
176. *Ibid.*, p. 67.

vous lui demandez[177]. » Et qu'elle n'oublie jamais que son pouvoir de décision est nul. À propos du « choix » sein ou biberon, par exemple, l'auteur la morigène sévèrement : « Nous espérons que vous nourrissez vous-même votre bébé[178]... » ; il poursuit : « Lorsque, pour diverses raisons, la mère *ne peut pas* ou *ne peut plus* allaiter, elle a recours au biberon[179] », il n'est pas question *qu'elle ne veuille pas* (c'est nous qui soulignons).

Pour une fois, les puériculteurs ne font pas de discrimination d'après le sexe, et ils voient le père comme un grand enfant au même titre que son épouse. Plus encore, même, car il est d'une certaine façon lui-même dans une situation d'enfant vis-à-vis de sa femme : seul, il est perdu (pense le puériculteur), comme on l'a vu auparavant.

Pensez donc, que va faire ce pauvre homme : saura-t-il faire ses courses ou se faire deux œufs sur le plat pendant que sa femme accouche ? D'après ces auteurs, le mari français passerait directement de la coupe de sa mère à celle de sa femme !

Ont-ils encore raison actuellement ? Il ne nous semble pas. Par ailleurs, le père se trouve ravalé au rang d'enfant d'une autre manière : il va devenir jaloux de son fils ou de sa fille. Aussi, « à propos de la jalousie, est-il nécessaire de conseiller à toute jeune maman de ne pas éveiller celle de son mari[180] ». Cet avertissement, prodigué par la quasi-totalité des auteurs, nous paraît paradoxal lorsqu'on se souvient du roman d'amour qu'ils décrivent et magnifient entre la mère et le bébé. N'induisent-ils pas là une jalousie du père dont ils font ensuite reproche à la mère : « Alors, réfléchissez : pouvez-vous être pleinement heureuse s'il ne l'est pas autant que vous[181] ? » Dans tous les cas, c'est elle la responsable. CQFD, pourrait-on dire !

Père et mère sont vraiment, aux yeux du puériculteur, deux grands enfants ignorants et benêts, tout réjouis qu'ils sont par leur

---

177. *L'Enfant du premier âge, op. cit.* (1977), p. 49.
178. *Ibid.*, p. 46.
179. *Ibid.*, p. 51.
180. *Ibid.*, p. 93.
181. *Ibid.*

bébé : « Chaque manifestation du développement psychologique de leur enfant est pour les parents un sujet d'émerveillement, souvent d'ailleurs *ils interprètent assez mal un gazouillis dont ils font un mot, une grimace dont ils font un sourire*[182]. » L'auteur de ces lignes n'a visiblement pas la formation nécessaire pour comprendre le nourrisson. Tout ce que l'on sait de la psychologie de la relation parent/enfant montre en effet, dans ce cas précis, que c'est l'anticipation du parent qui crée le geste, la parole[183], et contredit complètement ce jugement.

L'adultomorphisme

Comme nous l'avons vu, les puériculteurs ont les plus grandes difficultés à trouver un ton adapté pour parler du bébé. Aussi (la paresse également les poussant) ont-ils souvent adopté un système simple : plutôt que d'essayer de comprendre le bébé en l'observant, ils procèdent par amalgame et « mettent » l'enfant à leur place, lui prêtant leurs propres sentiments, comportements, activités. Ainsi, nous verrons les nourrissons avoir des préoccupations syndicales et professionnelles, une vie mondaine, etc. C'est ce que d'aucuns ont appelé le style « à la manière de », que nous qualifierions, nous, d'adultomorphisme, c'est-à-dire attribution à l'enfant de l'aspect et des sentiments des adultes.

Cela commence à la naissance, et même avant : « Un beau jour, il s'est senti poussé en avant, tiraillé, repoussé, obligé de se frayer un passage à travers une paroi d'os si étroite qu'il avait de la peine à y passer la tête[184] »... Enfin, le parcours du combattant imaginé par l'adulte se termine et notre spéléologue sort : « Et, miracle, l'enfant ouvre des yeux immenses, profonds, intenses, lourds d'une interrogation qui n'en finit pas.

— Où suis-je ?, disent ces yeux[185]. »

Le Dr Ratel lui fait dire : « Me voici », quand il sort[186].

---

182. *L'Enfant du premier âge, op. cit.* (1977), p. 70 (c'est nous qui soulignons).
183. Voir, par exemple, les travaux de Winnicott.
184. L. Pernoud, *J'attends un enfant, op. cit.* (1966), p. 308.
185. F. Leboyer, in *Notre enfant et nous, op. cit.*, p. 148.
186. Dr Ratel, *op. cit.*, p. 131.

Nous tous, adultes, nous nous poserions sans doute des questions si nous étions dans une telle situation... mais, sauf régression majeure, nous ne sommes pas prêts d'en faire l'expérience !

Puis, le bébé grandit et les auteurs fantasment sur son « cahier de revendications » : les auteurs de *Élever notre enfant* dessinent un bébé de 4-5 mois dans son berceau et indiquent en « bulles » ses doléances : « Il n'y a rien à voir ici », « trop de trucs, ça m'énerve » (il a un ours sous les yeux), « Moi, j'ai un pote, on ne se quitte jamais[187] » (un portique est suspendu au-dessus de son lit). Ou encore, sous la plume des auteurs de *J'ai un an :* « Tu as vu l'heure[188] ? », expression inscrite sur une pancarte brandie par le bébé au bout d'un pieu comme dans les « manifs » (il s'agit d'un repas attendu avec impatience) ; également, sur une autre bannière : « Pas sommeil », proclame de son lit notre jeune protestataire[189].

Et encore, en illustration d'un croquis représentant un enfant de 8-9 mois à table, refusant de manger : « Je mangerai pas, na ! Ils râlent ? Bien fait, ils avaient qu'à pas insister. Mon docteur à moi, il leur a dit. Mais ils veulent pas comprendre[190]... » On se doit de remarquer au passage le style et le vocabulaire « bébé » de l'auteur ; rien d'étonnant à ce que, si les parents imitent le spécialiste, les enfants aient une syntaxe incorrecte ! Notons en outre le beau rôle dévolu au « bon docteur », qui, lui, comprend...

Le cahier de revendications s'allonge avec les manuels au gré de la fantaisie revendicatrice des auteurs : « Décidément, je ne m'y fais pas », dit un jeune nourrisson que l'on baigne, et un autre : « Enlevez-moi vite tout ce linge mouillé[191]... » ; ou encore, en commentaire d'une photo d'un nouveau-né sur une balance : « Cet appareil me terrifie. Sur le ventre, au moins, je ne vois rien[192] », et d'un autre, jouant dans une bassine en fer-blanc : « Au diable l'esthétique, ce que j'aime, c'est pouvoir barboter[193] ! »

187. Dr Ratel, *op. cit.*, p. 124.
188. *J'ai un an*, *op. cit.*, p. 84.
189. *Ibid.*, p. 911.
190. Dr Ratel, *op. cit.*, p. 102.
191. *L'Encyclopédie des parents modernes*, *op. cit.*, p. 184-185.
192. *Ibid.*, p. 190.
193. *Ibid.*, p. 183.

Mais quelquefois, le bébé « parle » par la bouche du spécialiste pour exprimer sa satisfaction : « À vrai dire, je n'ai à me plaindre de rien... », dit un nouveau-né après un repas [194]. Le menu de la cantine était bon, croirait-on !

Les auteurs prêtent en outre au nourrisson des pensées et des paroles qu'ils empruntent à leur propre vocabulaire amoureux : « Maintenant, je sais qui tu es. Tu es là, et j'en suis heureux. J'entends ta voix : parle encore et je ne l'oublierai plus... », écrit joliment le Dr Ratel à propos d'un bébé de quelques mois [195].

Chez d'autres auteurs, l'adultomorphisme se manifeste différemment : « C'est l'enfant qui s'adresse à ses parents » (couverture de *J'ai un an*), mais, pour parler à la première personne (« Je » indique l'enfant), il n'en emploie pas moins le ton et le vocabulaire d'un adulte. Par exemple, un bébé de 18 mois dit à sa mère : « Je te provoque pour que tu confirmes la permanence de l'interdit. J'essaierai aussi avec papa pour savoir si tous les adultes ont les mêmes lois [196] » ; ou encore : « On dit que l'eau est un symbole maternel (la mer, la mère), on dit aussi que cela me rapproche du temps encore tout proche où j'étais dans le ventre de maman, baignant dans le liquide. Et peut-être bien aussi que la douceur de ce contact est comme une caresse de mère [197]. » Comme on le voit, c'est un bébé instruit et quelque peu formé à la psychanalyse qui s'exprime par la bouche du puériculteur !

On ne prête qu'aux riches, dit-on. Fabuleusement riche des projections des adultes puériculteurs, nous apparaît, en effet, le bébé dans les ouvrages du genre. Tel Pinocchio entre les mains de son père Gepetto, l'enfant semble une marionnette dans les mains des auteurs des livres sur le maternage.

S'il s'agissait d'une œuvre de fiction, le mal serait minime, et l'on en sourirait éventuellement. Il est vrai que chacun de nous est plus ou moins tenté par le langage « imagé ».

Mais le problème est que nous nous trouvons ici en face d'ou-

---

194. *L'Encyclopédie des parents modernes, op. cit.*, p. 194.
195. Dr Ratel, *op. cit.*, p. 155.
196. *J'ai un an, op. cit.*, p. 34.
197. *Ibid.*, p. 107.

vrages à prétention scientifique ; curieux mélange de science, de fantasmes et de recherche littéraire plus ou moins heureuse.

En outre, considéré d'un point de vue analytique, tout ce qui relève du choix de leurs figures de style, de leur ton, le vocabulaire qu'ils emploient, est loin d'être neutre. Il est bien clair que c'est aussi d'eux-mêmes que parlent les spécialistes.

Ainsi, le ridicule ne réside-t-il pas seulement dans l'aspect grossièrement comique de certaines citations de ce chapitre. N'oublions pas que les informations que véhiculent ces manuels sont souvent fausses et qu'elles reposent sur d'autres motifs (personnels et idéologiques) que ceux annoncés. Ce ridicule-là est plus sérieux...

Enfin, et surtout, au nom de leur compétence, les spécialistes discourent sur le bébé, ce faisant — et c'est là où le bât blesse — ils induisent toute une fantasmatique (la leur) chez les lecteurs et les empêchent d'observer, d'écouter leurs enfants. Ils s'interposent entre parents et enfants, ils s'immiscent là où ils n'ont que faire, ils empêchent les parents de fantasmer eux-mêmes à propos de leur progéniture. Ils s'attribuent enfin abusivement une « paternité » — celle de tous les enfants qu'ils « élèvent » — qui n'est pas la leur.

Petit guide des recettes idéologiques du puériculteur

L'impression générale et quelque peu confuse du lecteur qui a pris connaissance d'ouvrages de puériculture est celle d'avoir affaire à un produit curieux, sorte de bric-à-brac hétéroclite. Ce sont des modes d'emploi « tous azimuts » de bébé que l'on propose au parent-client dans le grand bazar puériculteur...

C'est ainsi que dans *Alphabébé*, on va de « Coca-cola » à « coliques » en passant par « cœur » et « coffre à jouets », ou de « masturbation » à « mathématiques » en passant par « matelas pneumatique[1] ». L'auteur pense que « cela permet d'aller directement au mot qui vous vient à l'esprit lorsque se pose un problème[2] ». Cela évoque plutôt pour nous un catalogue de vente par correspondance, ou un jeu de société — type Monopoly ou Jeu de l'Oie.

En manière de pastiche, on pourrait aussi décrire les étapes de la puériculture comme celles qui sont proposées dans les guides touristiques : l'alimentation au sein « vaudrait » trois étoiles ; au biberon, deux étoiles seulement ; la fameuse propreté aurait aussi ses trois étoiles, le lien mère/enfant également ; le lien père/enfant, juste une étoile, ainsi que l'apprentissage de l'autonomie. Ou encore, comme dans les jeux de société cités, il y aurait des phases obligatoires que l'enfant devrait franchir, à la manière du passage

1. P. Osuky, *op. cit.*
2. *Ibid.*

par la case « départ » : l'angoisse du huitième mois par exemple. Ou bien encore telle « erreur éducative » (prendre l'enfant dans son propre lit) serait analogue au fait de « tomber dans le puits » (au Jeu de l'Oie) et de rester prisonnier (de cet esclavage) un certain temps avant de devoir recommencer « à zéro »... Suivant également que les parents tireraient la carte « chance » ou « caisse de communauté » (garçon ou fille, enfant difficile ou bébé docile), l'avenir de leur progéniture s'infléchirait dans un sens ou dans un autre, etc.

Mais revenons aux choses sérieuses.

Notre but, à travers cette étude, était d'attaquer, moins la matière même du discours de la puériculture ou les recherches médicales concernant l'enfant, que ce qui s'y était substitué. Car, tels les spectateurs de la célèbre caverne de Platon, nous n'avons pu voir se profiler sur les pages des manuels que l'ombre du savoir, et non la substance d'une discipline dont nous avons mentionné, dans notre introduction, certains des indéniables progrès. Aussi, à travers l'examen des manuels, avons-nous voulu faire un double procès : celui d'une notion excessivement totalisante, la prévention, qui autorise les auteurs à outrepasser les limites d'un domaine initialement médical ; et celui d'une présentation particulièrement mystifiante, la vulgarisation, pseudo-pédagogie qui, prétendant livrer la quintessence d'un domaine scientifique, peut en occulter les difficiles progressions et n'en laisser apparaître que les approximations du moment, érigées en vérités définitives.

À nous en tenir à ces dernières, nous nous sommes trouvés devant une suite d'injonctions et de contre-indications abruptes, voire incohérentes, tant dans les domaines les plus extérieurs à la pédiatrie que dans ceux qui en constituent les centres d'intérêt ; et toutes étaient assorties d'argumentations frustes, plus soucieuses de prescrire que de prouver, et toujours dénuées de l'humilité nécessaire à la critique d'usages abandonnés comme à la justification d'habitudes présentes dont le bien-fondé n'est ni évident, ni démontré.

Aussi, du fait de cette double distorsion du message scientifique lors de sa mutation en puériculture, ne peut-on parler ni de progression interne ni de dépassement, puisque les changements opérés n'englobent pas, comme le font les théories ayant quelque rigueur, les étapes antérieures, et leurs pratiques. Alors se révèle, du fait même de l'absence de rigueur de ses démarches, la dépendance de la puériculture vis-à-vis des autres champs d'activité dont elle maîtrise mal les sournoises incursions. Cette dépendance est liée à sa fonction idéologique, puisque cet ensemble hétérogène d'ordres et de conseils, doublement coupé de la science qui devrait le générer et qui ne l'affecte que très partiellement, puise son dynamisme dans un ailleurs social.

FONCTION IDÉOLOGIQUE DE LA PUÉRICULTURE

En effet, ces prescriptions renvoient à l'ensemble de la société susceptible de les appliquer, et témoignent de son évolution technique ainsi que de ses objectifs directeurs. Aussi le discours sur le maternage n'a-t-il pas pour fonction d'assurer la survie du nourrisson, ou du moins est-ce là sa fonction la plus mineure ; il a surtout pour rôle de permettre la reconduction de la société dans ses spécificités du moment, donc de conditionner l'enfant à reproduire les conduites nécessaires à l'adulte ; d'où sa cohérence et son relatif immobilisme dans des sociétés agricoles africaines, assez stables ; d'où son inadaptation et ses changements fréquents en Occident, où chaque décennie apporte son comptant de nouveautés techniques, de modifications politiques, et d'évolution des aspirations des groupes sociaux. Car tel est le drame et le comique de cette puériculture : résultante d'un ensemble de données techniques et sociales du moment, elle se veut conditionnante, et prétend former un futur citoyen adapté ; mais elle ne peut réaliser que l'adéquation de l'enfant au milieu présent, c'est-à-dire du futur adulte à un environnement déjà périmé.

Cet essoufflement à courir après un avenir qu'elle ne prévoit pas et cet acharnement à se débarrasser d'un passé dont elle ne veut plus marquent bien la faillite — ou la duplicité — de ses prétentions ; car sous ses apparences scientifiques ne se cachent que des systèmes de représentations, c'est-à-dire une idéologie. Et celle-ci, à travers les descriptions de soins maternels, nous propose une vision de la femme et de l'enfant orientée, normative, volontairement fragmentaire, et paradoxalement un peu plus stable que les supports (les conseils de puériculture) qui l'étayent. Ce qu'elle montre et ce qu'elle dissimule de l'univers du maternage, la manière dont elle l'insère dans la société doit être examiné, puisque le propre de l'idéologie est justement de montrer pour dissimuler, d'occulter ce dont on ne veut point, et de présenter comme véritable ce qui est estimé souhaitable, ou inévitable, par ses propagateurs. Que l'on n'imagine d'ailleurs pas ces derniers comme de conscients manipulateurs d'une opinion publique vierge et amorphe devant la maternité et la puériculture ; il n'y a ni machiavélisme des uns ni naïveté de l'autre, mais souvent complaisance mutuelle.

En outre, en tant que parodie ou simulacre de discours scientifique, l'idéologie du maternage a ses trucs, ses ficelles. Elle convainc grâce au recours à divers procédés dont nous avons tenté, pour certains, de montrer le fonctionnement. Enfin, ces représentations orientées sont socialement utiles ; nous chercherons à déterminer quels peuvent en être les bénéficiaires.

Caractéristiques des « diffuseurs d'idéologie »

Il est habituel de dire que les catégories d'individus par lesquelles s'effectuent la propagation ou le maintien d'une part de l'idéologie en sont aussi les bénéficiaires. Et certes, notre société française recrute l'ensemble de ses spécialistes en puériculture dans les couches aisées de la population : médecins, femmes haut situées dans la hiérarchie de l'enseignement, épouses-écrivains au statut socio-économique élevé. Leur forte intégration sociale, leur adhésion aux institutions en vigueur, leur adaptation rapide aux innovations techniques et leur attachement aux systèmes de valeurs, à rythme plus lent, qui les sous-tendent, font d'eux d'excellents relais verbaux incitant à l'acceptation des modèles sociaux dominants.

Mais leur place, dans la formation sociale, est de nature très particulière. Ni rebelles marginaux susceptibles de proposer des objectifs et des valeurs nouvelles, ni représentants de classes opprimées, ils ne sont pas non plus détenteurs de pouvoirs politico-économiques importants, susceptibles de peser réellement sur les domaines affectant de manière déterminante la qualité et les formes de la prime éducation, tels le niveau de vie des ascendants, le travail féminin, la natalité. Ce sont donc, en quelque sorte, des « nantis du tertiaire ». Leur position, légèrement à l'écart du processus de production et des centres de décision de la société, leur assigne le rôle de témoins actifs, courroies de transmission d'un système de représentations légitimant une société dont ils ne sont ni les rouages souffrants, ni les moteurs responsables.

Aussi, si chacun de ces représentants exprime, par le biais des manuels, un pouvoir social spécifique dont il permet ainsi la reproduction (rapports inégalitaires du client au médecin, de l'élève à l'éducateur) et même l'extension (rapports de l'individu bien-portant au médecin, de l'adulte à l'éducateur), il est aussi le propagateur involontaire, le véhicule passif de formes plus insidieuses de pouvoirs. Certains ne l'intègrent que de manière biaisée (pouvoir de l'adulte sur l'enfant), d'autres le dépassent (pression de l'appareil de production sur la consommation maternelle et infantile) ou même nuisent à sa position particulière (représentations négatives du travail féminin). Et s'ils captent et utilisent une petite part de l'idéologie à leur profit, le mécanisme même, qui en justifie l'appropriation à leurs propres yeux, échappe à leur contrôle pour sa plus grande part.

• L'impunité idéologique.

Le propre de la démarche scientifique est d'expliciter son évolution, de justifier ses changements par la critique interne. Le propre de l'idéologie est de mobiliser diverses représentations, puis de les rejeter, sans qu'un débat vienne en étayer le choix puis l'élimination. Son efficacité est due à cette faculté de ne fixer que momentanément une image ressentie comme adéquate au système d'idées et de valeurs ordonnant l'environnement social. L'oubli rapide de l'image antérieure est gage du succès de la suivante à illustrer et à impulser cet ensemble sous-jacent légitimant l'organisation de la société. Alors que la réévaluation de l'ensemble d'une discipline fait l'objet de l'analyse scientifique, notamment pour corriger ses insuffisances, l'idéologie reste muette sur le passage d'un groupe de représentation à un autre.

Plusieurs procédés visent à faire accepter l'abandon de normes anciennes au profit de nouvelles.

1° Le plus courant est l'amnésie totale : la technique nouvelle est présentée sans allusion à une précédente qu'elle contredit. Quelquefois on a droit à un sombre constat : « Les choses ont beaucoup changé depuis[3]. »

2° Celui du déplacement, attribution de la norme rejetée aujourd'hui, à une population présentée comme extérieure à l'entreprise scientifique de la puériculture. Il entretient la fiction de l'existence d'un groupe marginal qui se serait perpétuellement maintenu à l'écart des conseils des hygiénistes ; il est personnalisé par la figure de la grand-mère ou de la voisine. En fait se cache la hantise du spectre, toujours combattu, d'une pratique populaire autonome : la grand-mère discréditée expie, comme nous l'avons vu, les erreurs des puériculteurs d'hier, car les démarches créatrices de la mère rebelle signifieraient une perte de pouvoir.

3° On tourne en dérision, au passage, une petite part des changements que l'on veut faire accepter. Certains puériculteurs savent adroitement se moquer de la rapidité des changements dans leur domaine, qu'ils qualifient alors de « modes[4] ». En prévenant les critiques éventuelles on approuve une contestation dûment circonscrite de l'ordre établi.

4° On tente, par des arguments de type scientifique, de justifier l'abandon de certaines techniques. Procédé dangereux, les auteurs ne s'y aventurent guère. Ainsi, les Drs Cohen et Goirand, rappelant les raisons qui ont motivé l'instauration d'horaires rigides pour l'alimentation du nourrisson, nous expliquent que c'est l'allaitement artificiel (alors peu répandu), du fait des troubles qu'il occasionnait, qui a suscité cette réglementation : « Le respect strict des doses et des horaires était alors une règle absolument justifiée

---

3. *J'ai un an, op. cit.*, p. 137.
4. « Une théorie actuellement à la mode (on en change souvent) prétend que les gros bébés deviennent des adultes obèses » (Dr Bèbe, *op. cit.*, p. 66).

pour l'alimentation artificielle. En même temps, cette règle a été automatiquement étendue au nourrisson au sein en pensant qu'elle lui éviterait également des incidents digestifs. Appliqué dans tous les cas et pendant de nombreuses années, ce système est devenu un dogme intangible de l'alimentation infantile [5]. » On est en droit de s'étonner de la constitution de ce « dogme » puisque c'était la qualité du lait de vache qui était en cause ; on peut s'étonner aussi du zèle que les membres du corps médical mettent à en faire une règle même de l'allaitement maternel.

5° Le recours au naturel ; plus la population féminine se montre réticente à suivre une directive de puériculture, plus celle-ci est présentée comme allant de soi et « naturelle », conforme aux données de l'instinct et à celles du sens commun. Argument de vente des publicitaires, ce recours à la Bonne Mère Nature est l'artifice suprême puisque — nous en avons parlé à propos de l'instinct — il n'est pas de société où chacune des « façons de faire » du maternage n'ait fait l'objet d'une complexe élaboration, non pour l'articulation au monde animal ou végétal, mais pour l'harmonie du précepte avec la société.

Il arrive qu'il y ait discordance entre un principe directeur et l'illustration qui en est proposée au public. Dans ce cas, celle-ci sera remplacée par une image plus attrayante, qui peut être l'inverse de la précédente.

Citons quelques exemples de ce mécanisme. Nous avons constaté que si, pour beaucoup de puériculteurs, la natalité française est un phénomène éminemment désirable, la femme enceinte, elle, ne l'était point. Cette contradiction entre la valorisation du fruit de la grossesse et la dépréciation du physique de celle qui l'assume tend à devenir aiguë vers les années soixante-dix, moment où la contraception puis l'avortement autorisé permettent aux individus de refuser plus aisément cet état, si bon leur semble. Aussi, à une représentation négative de la future mère, sur le plan esthétique, succèdent des images très valorisées.

De la même manière, hier comme aujourd'hui, le puériculteur se montre hostile au travail féminin : la mère doit se consacrer à

---

5. Drs Cohen et Goirand, *op. cit.*, p. 255-256.

l'enfant. Mais si, dans la première moitié du siècle, celle qui se livre à des activités professionnelles est considérée comme rebelle à ses vrais devoirs, comme coupable vis-à-vis de la famille qu'elle a fondée, elle tend, depuis les années soixante, à apparaître comme une victime sociale, que plaignent nos auteurs.

Des consignes, des directives opposées dans le temps peuvent aussi constituer la manifestation d'un même conservatisme idéologique. L'alimentation du nourrisson — où l'interdit se transforme en prescription — illustre cette volonté des puériculteurs de garder le contrôle du processus lorsque apparaît la diversification alimentaire.

Le maintien d'un système idéologique impose de plus une forte consommation d'images associées à des pratiques successivement contradictoires afin de procurer l'illusion du changement et du libéralisme. Ce choix d'images est d'ailleurs souvent emprunté à des courants d'idées émanant de groupes contestant l'ordre établi. C'est ainsi que la beauté de la femme enceinte semble une adroite manipulation (récupération) du refus féministe de l'esthétique féminine véhiculée par les magazines ; et l'actuelle attitude de compréhension attristée vis-à-vis de la mère au travail rejoint les analyses syndicales sur le « surtravail » féminin. Changer tout afin que rien ne bouge semble être la formule pouvant caractériser le mécanisme du système de la puériculture.

Mais l'image qu'il propose n'est pourtant pas un simple reflet du tout, il en constitue plutôt une transposition, avec, comme le dit M. Augé[6], ses règles et sa syntaxe. On y décèle des oppositions : déterminations d'horaires fixes contre alimentation à la demande ; dressage à la propreté contre apprentissage ; contention de l'habillement, contre aisance et respect des orifices ; isolement du bébé, contre contacts corporels. Ces divers éléments de base se disposent selon un axe que l'on pourrait appeler « rigidité-tolérance », « socialisation imposée-prise en compte des besoins de l'enfant », et ils constituent un ensemble relativement limité, interdépendant et fréquent à travers les manuels dont les auteurs se contentent de varier les combinaisons.

---

6. M. Augé, *Pouvoirs de vie, pouvoirs de mort*, Paris, Flammarion, 1977.

Mais comment ce petit monde de la puériculture s'articule-t-il avec la société industrielle ? Comme nous l'avons montré, celui-là s'astreint à procurer à celle-ci le type d'individu dont elle a besoin à chaque époque de son évolution. C'est cette vision globale intériorisée par le puériculteur qui oriente l'utilisation de ses techniques, traduisant les exigences de la structure sociale pour une période donnée. C'est donc ce mélange d'autonomie et de dépendance, d'inventivité et de servilité qui rend compte de la nature de l'idéologie en puériculture.

INTERMÈDE

OU DES FANTASMES OCCIDENTAUX

SUR LES RÔLES RESPECTIFS DU PÈRE

ET DE LA MÈRE VIS-À-VIS DE L'ENFANT

Passons maintenant aux images sous-jacentes qui ne relèvent pas exactement de l'idéologie, mais renvoient plutôt à un système symbolique de représentations interculturelles, relatives aux images respectives de l'homme et de la femme dans leurs fonctions paternelles et maternelles.

Nous avons vu, à propos des images du père, que notre société privilégiait implicitement, dans son discours sur le processus de faire et d'élever un enfant, les moments essentiellement féminins que sont : grossesse, accouchement et relation mère/enfant dans les premières années, le père tenant un rôle secondaire pendant cette période.

L'argument idéologique qui préside à cette conception consiste à mettre en avant l'élément prétendu naturel de ces phénomènes : l'existence de deux sexes ayant des attributs physiologiques distincts (l'homme-porteur de sperme, la femme-porteuse d'utérus). Nous ne prétendons évidemment pas gommer ce qui est de l'ordre des faits. Mais les faits ne sont peut-être pas si simples à appréhender.

Il importe de comprendre la *distinction nécessaire* qu'il y a lieu de pratiquer entre *le fait* de la division sexuelle, et les *modalités* selon lesquelles les différentes tâches sont artificiellement et symboliquement imparties à l'un ou l'autre sexe.

Nous avions avancé l'idée selon laquelle d'autres moments que grossesse, accouchement et relations mère/enfant pouvaient aussi bien être privilégiés et valorisés. Nous avons suggéré également qu'un autre vécu de ces mêmes moments pouvait être « proposé » par la culture aux pères. Ces modèles de comportement existent effectivement dans d'autres sociétés ; les connaître démontre à quel point les idées reçues dans ce domaine constituent un écran idéologique qui se superpose à la réalité physiologique.

« Évidemment, écrit C. Lévi-Strauss, les hommes ne mettent jamais de bébés au monde, mais, dans de nombreuses sociétés, ils doivent se comporter comme s'ils le faisaient (nous avons cité la couvade). Et il y a une grande différence entre le père nambikwara prenant soin de son bébé et le nettoyant quand il s'est sali, et le noble d'Europe auquel — à une époque pas tellement lointaine — on amenait cérémonieusement ses enfants de temps à autre, ceux-ci demeurant par ailleurs confinés dans les appartements des femmes jusqu'à ce que les fils aient atteint l'âge d'apprendre l'équitation et l'escrime. En revanche, les jeunes concubines du chef nambikwara dédaignent les occupations domestiques et préfèrent prendre part aux expéditions aventureuses de leur époux [...]. Quand nous passons à des activités moins fondamentales que l'éducation des enfants ou la guerre, il devient plus difficile encore de discerner les principes directeurs de la division du travail entre les sexes. Les femmes Bororo cultivent le sol, alors que chez les Zuni c'est un travail masculin ; selon la tribu, la construction de la demeure, la poterie, le tissage peuvent incomber à l'un ou l'autre sexe[7]. »

Cette citation, dans sa clarté, montre à l'évidence que l'éducation des enfants est peut-être le terrain où la prédominance des facteurs culturels, preuve de l'*artificialité* de toute organisation humaine, est la plus forte.

Donnons quelques exemples de ce partage symbolique du pouvoir procréatif et, pour ce faire, partons du « début », c'est-à-dire de la conception. Il existe dans chaque culture ce qu'on pourrait appeler des « théories de la conception » qui, contrairement à ce

---

7. « La famille », chapitre extrait de *Man, Culture and Society*, reproduit dans *Claude Lévi-Strauss*, Paris, Gallimard, coll. « Idées », 1979.

qu'on a pu penser, ont toujours coexisté avec une connaissance relativement bonne de la réalité physiologique[8]. Les aborigènes d'Australie, par exemple, faisaient bien le rapport entre le coït et la venue d'un enfant, ce qui ne les empêchait pas de penser que l'homme n'avait aucun rôle et que seuls les esprits pouvaient rendre la femme enceinte[9]. En Amérique du Sud, au contraire, chez les Tupi, en dépit du fait que c'est la femme qui porte l'enfant et accouche, c'est l'homme, le père, qui a le rôle important, c'est lui qui est soumis à des tabous alimentaires et comportementaux très stricts pendant la grossesse, l'accouchement et les premières semaines du bébé[10].

Dans d'autres sociétés, il y a aussi partage du pouvoir procréatif, mais pas de la façon dont il est pratiqué chez nous : l'homme serait à l'origine des os (les parties dures), la femme de la chair (les parties molles).

Il en va de même pour grossesse et accouchement : dans notre société, on pense que la mère est toujours sûre que son bébé est d'elle — et à elle — parce qu'elle l'a porté et qu'elle l'a mis au monde. En réalité, tout dépend de l'importance que la culture

---

8. Nous faisons allusion ici au dire de B. Malinowski sur les Trobriandais : cet auteur affirmait que ces indigènes n'avaient aucune connaissance du rôle du père dans la procréation et que, pour cette raison, ils attribuaient, culturellement, la paternité d'un enfant à son oncle maternel. Le psychanalyste Ernest Jones a brillamment montré ce qu'il fallait penser de cette prétendue ignorance des « bons sauvages » ; « il n'est pire sourd que qui ne veut entendre », a-t-il, pourrait-on dire, affirmé ! (Voir « Le droit de la mère et l'ignorance sexuelle chez les sauvages », in *Psychanalyse, folklore, religion*, Paris, Payot, 1973.)

9. Cette théorie n'est pas tellement éloignée de celle qui a cours dans notre folklore et notre religion : la croyance en la conception virginale de la Mère du Christ, par exemple, repose sur le fait que c'est l'esprit de Dieu, véhiculé par la parole de l'ange Gabriel à l'Annonciation, qui a eu le rôle procréateur ; la Vierge aurait pour ainsi dire conçu par insémination artificielle divine ! (Voir aussi sur ce point E. Jones, *La Conception de la Vierge par l'oreille*.)

10. Nous voyons ici le cas symétrique et inverse des comportements rituels de la femme enceinte et de la mère qui allaite dans notre société (envies, dégoûts, mets spéciaux à consommer ou à éviter).

attache à ce moment. Dans de nombreuses sociétés, portage et accouchement ne sont pas des phases privilégiées : on considère en quelque sorte l'utérus maternel comme un hôtel où le fœtus reçoit abri et, quelquefois, couvert. Certains systèmes symboliques, en effet, récusent, comme on l'a vu, tout apport nutritionnel de la mère à l'enfant qu'elle porte, les populations en question pensant que c'est le sperme du père, au cours des rapports sexuels de la grossesse, qui le nourrit, l'utérus étant alors considéré comme un « gîte d'étape [11] ». Pour d'autres, la femme enceinte fonctionne comme un « hôtel-restaurant-demi-pension », pourrait-on dire, père et mère contribuant tous les deux à la croissance de l'embryon. Dans notre culture, comme on le sait, on dénie tout apport du père (même compris au niveau symbolique) à son enfant pendant la grossesse, et c'est même la raison — inconsciente — pour laquelle, jusqu'à une époque très récente, les rapports sexuels pendant ces neuf mois étaient fortement déconseillés, l'explication médicale étant alors que cela nuirait à la gestante et au bébé. Exemple typique de la façon dont une explication prétendue médicale masque en fait une donnée idéologique. Poursuivant notre comparaison, nous dirions que, chez nous, la mère fait fonction « d'hôtel-restaurant en pension complète »...

Quant à l'accouchement, nombreuses sont les cultures qui n'y attachent pas la valeur fantasmatique qui a cours chez nous. Elles considèrent que la parturition consiste, pour la femme, à expulser avec plus ou moins de souffrances l'enfant qu'elle a hébergé ; le moment symboliquement le plus important est celui où l'on sépare le bébé de son placenta, considéré en général comme une sorte de double, de jumeau fantasmatique qu'il convient d'enterrer avec les honneurs dus à son rang. Dans notre culture, en revanche, on feint de croire — en dépit des connaissances médicales — que l'enfant est, à la naissance, séparé de sa mère comme si cette dernière était amputée d'une partie d'elle-même. On retrouve cette croyance dans les propos de nombreux pères et mères, dans la littérature et

---

11. Or, qui pourrait soutenir qu'un séjour effectué dans une auberge pendant quelques mois doit nécessairement jouer un rôle fondamental et marquant pour tout le reste de la vie de l'individu ?

dans la mythologie occidentales sur l'enfantement. Il est pourtant vrai que ce n'est pas de sa mère que l'enfant est séparé, mais du placenta : le cordon que l'on coupe relie le nouveau-né au placenta, tous deux hôtes de l'utérus ; ce dernier est d'ailleurs lui-même le fruit de la conjonction de deux cellules, masculine et féminine. Encore un exemple de la façon dont une connaissance objective et physiologique a été scotomisée par la culture. On sait tout cela — du moins dans certains milieux — mais on fait comme si on ne le savait pas. Ce qui est aussi le cas pour les problèmes de stérilité.

Continuant sur les fantasmes que notre société nourrit sur les rôles respectifs de père et mère dans la procréation, nous nous heurtons à une croyance-idée reçue qui en constitue, pour ainsi dire, la clef de voûte. On pourrait la formuler ainsi : si, pour la mère, il y a toujours certitude, pour le père il y a toujours doute, *mater est certissima, sed pater semper incertus*, comme le disaient nos ancêtres. Cette affirmation n'est en fait qu'une pseudo-évidence et elle renvoie une fois encore au partage symbolique des rôles sexuels en face de la procréation. Pour en rendre compte, nous allons donner un autre exemple de « partage », celui qui est opéré par les Txikao, Indiens du Mato Grosso [12].

Pour les membres de cette population, la semence paternelle est le seul constituant de l'embryon ; ils en voient pour preuve l'existence du cordon ombilical qu'ils considèrent comme la trace concrète du lien avec la substance du père [13]. La mère n'a donc pour eux qu'une fonction de « contenant » pendant la grossesse ; le père, en revanche [14], est soumis à un certain nombre de restrictions alimentaires et comportementales (dont la couvade), dont il a été question plus haut.

---

12. Voir P. Menget, « Temps de naître, temps d'être : la couvade », in *Fonction symbolique*, Paris, Gallimard, 1979.
13. Les Wolofs (Côte-d'Ivoire) voient eux, dans la ceinture du pantalon, la trace du lien avec le père.
14. Ou plutôt les pères, car plusieurs hommes (le mari et les amants) sont les géniteurs biologiques de l'enfant ; ce sont, selon l'heureuse expression de M. Menget, « les cogéniteurs associés ». Ce qui n'empêche pas qu'après la naissance, il n'y ait plus qu'un seul père : le mari, les autres s'effaçant complètement et définitivement.

Mais, pour les Txikao, *c'est par le lait maternel qu'un enfant acquiert la ressemblance avec sa mère* ; le propre de la mère, l'essence de la maternité, c'est en effet de parachever l'enfant en l'allaitant. Un enfant n'est considéré comme « complet » que lorsqu'il a reçu les deux substances que sont le sperme (substance paternelle) et le lait (substance maternelle). Et, en parallèle avec la nécessité de rapports sexuels répétés pendant la grossesse, il existe un tabou très strict sur la copulation des parents pendant l'allaitement, faute de quoi le lait maternel perdrait de sa substance et le bébé risquerait de dépérir.

Lait et sperme, substances analogues, provenant de l'un et l'autre sexe, doivent donc se succéder pour la fabrication d'un enfant.

Cette croyance se retrouve, nous l'avons vu, sous forme de fantasme dans notre culture ; on la retrouve d'ailleurs pratiquement partout, tantôt sous son aspect conscient, tantôt sous sa forme inconsciente.

La « révolution copernicienne » à effectuer dans la puériculture consiste peut-être à ce que société et protagonistes prennent conscience d'une vérité pas aussi évidente qu'on pourrait le croire : un enfant se fait vraiment à deux, avec le psychisme et le corps de chacun des partenaires.

Il n'y a, en réalité, nulle inégalité entre hommes et femmes devant la procréation. Les différences et les avantages supposés d'un sexe par rapport à l'autre, quelle que soit leur coloration, sont construits, fruits de facteurs idéologiques et culturels. Ceci constitue la réponse à ce doute occidental sur la certitude de la paternité — évoqué plus haut [15].

Cela jette aussi, à notre sens, un tout autre éclairage sur l'allaitement et lui donne une signification que les objurgations contradictoires des spécialistes n'ont jamais vue. Au lieu d'intimer aux femmes l'ordre d'allaiter au nom de considérations morales ou financières ou de les en décourager sous des prétextes divers, il serait plus vrai — et plus tentant aussi — de montrer l'acte

---

15. Notamment les propos des juristes et les psychanalystes se réclamant du « nom du père » et de la loi, etc.

d'allaiter comme le parachèvement d'une création commune homme/femme.

Revenant à ce qui a été dit plus haut, constatons que la puériculture a proposé à chacun des deux parents un vécu monocorde et stéréotypé des différents moments de l'enfantement. Outre l'exemple de l'allaitement — qui concerne la mère —, constatons que ce qui est offert au père, par les sociétés occidentales, est pauvre : son rôle pendant la grossesse (notamment au niveau des anticipations concernant l'enfant à venir) est peu valorisé, voire dénié ; à l'accouchement lui est seule proposée une pseudo-participation, et la suite (premiers mois et années de la vie de son enfant) est à l'avenant, comme on l'a vu dans les chapitres précédents.

Devant les modalités artificielles d'impartition à chaque sexe des différents rôles dans le processus de l'enfantement, l'on ne peut que constater que ce n'est pas la physiologie qui est contraignante, mais l'utilisation qui en a été faite par les différents systèmes idéologiques de représentations.

L'inflation paroxystique du rôle de la mère dans l'enfantement a littéralement aveuglé participants et observateurs au point de leur cacher des réalités pourtant évidentes, dont celle-ci, pour ne prendre que cet exemple : lorsque l'enfant naît, pas plus que le père, la mère ne le connaît, ne l'a vu, ne sait de quel sexe il est ; en revanche, père et mère ont pu le toucher à travers la paroi du ventre maternel, ils ont pu lui parler s'ils en avaient envie, et surtout ils ont pu laisser gambader leur imagination sur l'enfant à venir, ont pu rêver de lui, rêver même qu'ils accouchaient de lui (les pères aussi...). Or, c'est *cette capacité de fantasmer qui fonde véritablement l'attachement, l'amour, l'instinct maternels et paternels.*

Bloquer culturellement toute émergence fantasmatique chez le futur père — ce qui est le cas dans nos sociétés — consiste à le châtrer de « quelque chose » de sa paternité et constitue, pour la future relation père/enfant, un lourd handicap dont les conséquences sont très importantes [16].

---

16. Cette partie, sur les rôles respectifs masculins et féminins dans la procréation, est développée in G. Delaisi de Parseval, *Paternités* (titre provisoire), à paraître aux Éd. du Seuil.

VERS UNE NOUVELLE PUÉRICULTURE

Terminons sur une note positive.

Cet ouvrage se veut, en effet, constructif, et, si le jugement qu'il porte sur la puériculture française est sévère, cela vient de la conviction des auteurs que conception, gestation et éducation des enfants sont des tâches nobles et que les ouvrages qui font profession d'en parler se doivent d'avoir une tenue plus cohérente, des fondements plus scientifiques, des auteurs enfin qui soient plus au clair avec eux-mêmes que ce que la lecture de certains livres laisse entrevoir.

Comment dresser un tableau rapide des « lendemains chantants » de la discipline ?

Malgré l'écran idéologique dont nous avons vu l'épaisseur, l'on peut cependant imaginer plusieurs tentatives pour « dégripper » le système.

Commençons par la répartition artificielle des tâches entre père et mère dont il vint d'être question. Il est clair que la récupération par l'homme de la « part de paternité » dont il a été châtré et la connaissance d'un vécu différent de la maternité pour la femme — moins lourd, c'est évident — ne peuvent que modifier radicalement les conditions de venue au monde du nouveau-né ainsi que ses premiers mois ; il en ira de même pour le discours qui orchestre ces moments. Prenons-en quelques exemples.

Père et grossesse

Si l'on minimise — comme il convient sans doute de le faire — l'importance fantasmatique du ventre maternel, et si l'on rend au contraire au père la place qui lui revient pendant la grossesse, le vécu de ce moment sera présenté et « existera » de façon radicalement différente : par exemple, la puériculture pourra affirmer, cette fois sans passer pour une girouette, que les rapports sexuels pendant cette période sont bien sûr « autorisés » (c'est-à-dire déculpabilisés pour le père comme pour la mère), mais surtout souhaitables, non seulement pour l'harmonie du couple, comme le disent certains ouvrages récents, *mais aussi pour la relation père/enfant*. Il n'est nullement abusif ni ridicule, et les données cliniques recueillies par l'« enquête » analytique sont là pour le prouver [17] de penser que le père connaît, conforte, touche, nourrit (au sens psychologique), adopte *(idem)* son enfant au cours des rapports sexuels avec la mère pendant la grossesse. Il lui apporte en effet « quelque chose de lui-même » dans ces moments où sa faculté de fantasmatisation est entièrement mobilisée. D'après les données indiquées plus haut, il est clair que les futurs pères (*expectant fathers*, pour reprendre la terminologie américaine) ne font pas l'amour avec leur compagne enceinte d'eux [18] avec le même *background* imaginatif et même érotique que hors grossesse. Si l'on veut bien les écouter, ils peuvent éventuellement exprimer, sans paraître ridicules, le sentiment qu'ils ont de nourrir, « consolider », parfaire leur enfant avec leur sperme, avec leur amour pour leur femme, mais aussi avec leur monde imaginaire (désirs, anticipations, etc.). En outre, et ce point n'est pas de moindre importance, la future mère se sent autrement confortée par cette attitude masculine que par celle, « officielle » jusqu'à présent, qui laissait entendre que le coït pendant la grossesse relevait d'une simple incapacité pour l'homme (ou pour le couple) de s'abstenir sexuellement.

Père et accouchement

Il en va de même pour l'accouchement : l'image du père, dans la littérature sur ce sujet, a oscillé suivant les époques et les doctrines, entre les pôles suivants : père absent, asexué, encombrant, voyeur, ou bien drapé dans un personnage de « bonne mère », de « fils de sa mère », de partenaire de l'accoucheur, enfin de mari châtré [19]. Ces pseudo-participations montrent le côté biaisé de

17. Il s'agit d'entretiens cliniques menés par l'une d'entre nous avec des « primipères » (pères pour la première fois) quelques jours après la naissance de leur enfant, puis quelques mois après.
18. S'il s'agit d'une paternité désirée, ce qui constitue la majorité des cas maintenant.
19. Voir sur ce sujet G. Delaisi de Parseval, « Les fées d'aujourd'hui », *op. cit.*

l'imaginaire occidental ; ce qui se passe dans d'autres cultures montre à l'évidence qu'une autre participation est concevable[20].

Les parents et l'allaitement

La fonction et le vécu de l'allaitement maternel changent enfin du tout au tout — et, ce, pour le père comme pour la mère — si l'on décante l'idéologie qui distord les rôles des sexes.

En premier lieu, si l'on rend au lait sa valeur d'aliment fantasmatique, de substance qui crée, cimente la relation mère/enfant, qui parachève l'enfant, et si on s'abstient parallèlement de le présenter comme un simple aliment (addition de protides, de glucides, etc.), il y a fort à penser que bon nombre de mères auront envie d'allaiter. Objurgations, menaces, supplications, arguments rationnels deviendront parfaitement caducs. Parallèlement, l'attitude du père pendant l'allaitement, quelquefois négative, nous l'avons vu, à cause d'un certain vécu d'exclusion en face de la relation mère/enfant, ne peut que se modifier profondément : si, en effet, le géniteur a participé pleinement aux neuf mois qui viennent de s'écouler, pourquoi prendrait-il ombrage d'une relation de quelques semaines ou mois — dont il est, certes, assez exclu — mais qui constitue la seule vraie prérogative maternelle ? « Chacun son tour », pourrait-on dire ! D'autant que pendant cette période post-naissance, le nouveau père peut avoir bien d'autres occasions (dans cette nouvelle optique) de contacts corporels avec son enfant : bain, changes, lit commun éventuellement, et tous les contacts, vocaux, œil à œil, alimentaires autres que le sein, et ludiques, de façon générale.

Il y a, comme on le voit, matière à changement... si l'on veut bien remettre en question les modalités selon lesquelles les différentes tâches se rapportant à l'enfant ont été, dans un certain système symbolique de représentations, imparties à l'un et à l'autre sexe.

---

20. Voir P. Clastres, *Chroniques des Indiens Guayaki*, Paris, Plon, coll. « Terre humaine », 1972. Le premier chapitre du livre : « Naissance », montre comment l'accouchement est le moment central de la relation père/enfant : « Là, se noue un lien nouveau : celui qui unit l'homme au nouveau-né et qui, d'un époux d'une femme, fait le père d'un enfant » (p. 33).

Pour une puériculture concrète, fondée sur l'observation et l'écoute

Si l'écran idéologique de la puériculture française distord la façon dont sont présentés les rôles parentaux, nous avons vu que les connaissances et les présupposés conscients et inconscients des spécialistes-rédacteurs faisaient également peser une hypothèse très lourde sur leur message.

Comment faire pour arrêter ce pendule oscillant perpétuellement entre une vérité et son contraire, suivant les époques et les spécialistes ?

Il convient de changer radicalement de perspective : les variations existent, certes, mais, au lieu de décrire les différents modes d'éducation des bébés ou les différents points de vue des spécialistes, c'est plutôt des différentes mères, des différents pères, des différents bébés qu'il conviendrait de parler. Les ouvrages de puériculture, en effet, traitent d'un bébé standard, de parents calibrés et conformes comme si tout le monde, à partir du moment où il appartient à la race « parent » ou à la catégorie « bébé », était plus ou moins interchangeable. La puériculture considère au fond les enfants comme des machines à obéir et les parents comme des machines à élever, les directives données servant à mettre de l'huile dans les rouages de ces divers organismes. Les personnages dont il est question n'ont jamais d'existence réelle, de métier, de famille (autre que la belle-mère de l'imagerie d'Épinal), de caractère propre, d'appartenance à un milieu socioculturel. On ne sait pas si les directives s'adressent à des ruraux ou à des citadins. On ne sait pas non plus quel âge sont censés avoir le père ou la mère lecteurs, si l'auteur s'adresse à des couples qui ont déjà des enfants avant le bébé présumé pour lequel ils achètent le livre, etc. Le parent seul (célibataire, divorcé, veuf) est à peine mentionné.

Il n'est jamais question d'individus concrets dans ces livres, et c'est à se demander si les auteurs en ont déjà vu des vrais, ou plutôt s'ils en ont déjà écouté et observé dans leur milieu de vie réel. C'est bien là que le bât blesse. Pas plus, en effet, que l'on ne peut parler d'un enfant standard, on ne peut occulter les interactions parents/enfants/milieux de vie.

Donnons un exemple de l'impossibilité et du caractère irréaliste de la démarche qui consiste à vouloir niveler les enfants, tous parents et milieux confondus ; le texte que nous citons maintenant fait allusion à des travaux de chercheurs dans le domaine de la psychologie de l'enfant, qui observent des faits, avant tout commentaire : « Les attitudes éducatives diffèrent en fonction des conditions matérielles, mais aussi du degré d'information et de culture des parents. » « On a souligné la plus grande sévérité (dans le domaine du dressage à la propreté, par exemple) des mères de famille ouvrière comparées à des mères exerçant une profession libérale dans les milieux urbains, et l'absence de tout dressage sphinctérien chez les mères de milieu rural [...]. De toute façon, toutes les recherches faites sur l'éducation des enfants soulignent la très grande variété des conditions éducatives et des régimes auxquels les jeunes enfants sont soumis [en France] [21]. »

À la lumière de ce texte, on se demande quelle portée peut avoir toute la « littérature-fleuve » sur le dressage sphinctérien qui traite « de bébé et de sa mère », alors même qu'il n'existe qu'un bébé et une mère particuliers. Rien ne peut remplacer l'observation et l'écoute.

Citons encore le texte d'un des meilleurs psychologues américains actuels, le Pr J. Bruner : « Un bébé n'est pas une horloge et aucun indicateur ne nous permet de prévoir exactement à quel moment un enfant passera d'une étape de sa vie à une autre [...]. Il n'y a pas de "bébé idéal", pas de "type d'enfant de trois mois". Laissons cela aux statisticiens. Il y a *tel* bébé de *tel* âge dans *ce cadre-ci*, à *cette* heure du jour et avec *cette* histoire. Que l'on ne confonde pas un "bébé des statistiques" et un vrai bébé. La dent qui pointe sous la gencive est une vraie dent, et non pas une des trois incisives attendues à tel âge particulier [22]. »

Et ce n'est évidemment pas un hasard si les auteurs américains

---

21. I. Lézine, *op. cit.*, p. 174 et 185.
22. Avant-propos du Pr J. S. Bruner, professeur de psychologie à Harvard, au livre du Dr Brazelton, *Votre bébé est unique au monde. Apprenez à le connaître et à le comprendre durant sa première année*, Paris, Albin Michel, 1971, p. 15 (trad. de l'américain).

de livres de puériculture ont commencé par observer des couples mère/enfant à domicile, pendant des mois, voire des années. Ils observaient, notaient, puis faisaient leurs commentaires sans pour autant penser que leur opinion était la meilleure, ni la seule possible[23]. Curieusement, en France, il existe d'excellentes équipes de chercheurs qui travaillent de cette manière, mais ce ne sont que très exceptionnellement les mêmes qui écrivent des ouvrages de puériculture ! Nous le déplorons.

Cet état de choses est-il vraiment immuable ? Il faut souhaiter que non. Il reflète, en tout cas, le dédain implicite de la société à l'égard de cette discipline qu'est la puériculture, dédain qui vise aussi les destinataires de ces ouvrages : les femmes lectrices. Imagine-t-on les livres d'histoire de l'enseignement secondaire, par exemple, écrits par des feuilletonistes de magazines spécialisés dans la « petite histoire » ? Ou des livres de gastronomie écrits par des cuisiniers des cantines des hôpitaux ?

Il ne s'agit pas ici de critiquer une profession ou une autre, mais il est néanmoins vrai qu'« à chacun son métier ».

Vers de nouveaux livres de puériculture

On n'est (ou ne naît) pas père ou mère naturellement ; on le devient, et c'est précisément pour cette raison que la société (par le truchement de la puériculture) a pris le relais de parents supposés défaillants, assurant ainsi un rôle de substitut parental à la fois dans les personnages proposés (médecins, sages-femmes, etc.) et dans l'idéal donné : la bonne éducation.

Les livres de puériculture ne sont donc pas inutiles si chacun y a librement recours (nous nous insurgeons contre la « carte forcée

---

23. L'ouvrage de T. B. Brazelton est exemplaire à cet égard : il s'articule autour de l'observation longue et intensive de trois couples mères/bébés (le père existe aussi...), l'un est qualifié de « calme », le second de « moyen », le troisième d'« actif ». L'auteur observe et analyse les interactions et l'évolution de chaque bébé, et il propose un commentaire qui se fonde à la fois sur ce qu'il a vu sur place, et sur ce qu'il sait de par son expérience de médecin hospitalier et de chercheur, ainsi que de par son expérience d'autres systèmes de maternage. Il la confronte ensuite avec ce que dit et fait la mère des enfants observés.

puéricultrice » que représente l'envoi automatique à toute femme enceinte d'une brochure « officielle »).

Nous avons avancé l'hypothèse selon laquelle la puériculture consistait en un arsenal défensif offert à l'adulte pour l'aider à faire face à ses angoisses et à ses pulsions, en face de l'enfant et du « devenir parent ». Un bon livre de puériculture doit donc offrir un système défensif, mais avec une palette de défenses qui tendent à se rapprocher le plus possible de celles qu'on peut estimer normales chez l'individu. Une telle puériculture, fondée sur des défenses de bon aloi (et non sur les phobies, rituels obsessionnels, mécanismes de mise à distance, etc., que nous avons étudiés), aurait toutes chances de favoriser la tâche des parents, et réciproquement le développement des enfants. E. Erikson écrit à propos de la société américaine : « Ceci est donc l'une de nos tâches : mettre au point des méthodes qui, dans des situations données, faciliteront l'élucidation des préjugés, des appréhensions et des fautes de jugement qui émanent de la colère enfantine et de la rigidité résultant de l'adulte dans sa défense contre sa propre anxiété latente [24]. »

La tâche des parents n'est pas mince en effet si l'on veut bien considérer qu'il s'agit de « faire grandir » l'enfant, c'est-à-dire de l'aider à se libérer de sa dépendance initiale à l'égard de ceux qui ont pris soin de lui, c'est-à-dire en général des parents eux-mêmes ! En ce sens, on peut penser que le handicap le plus lourd de l'espèce humaine est celui de la néoténie [25] du nourrisson ; il dépend physiquement, pour sa survie, d'individus adultes qui le modèlent et, une fois qu'il est devenu grand, ne lâchent pas toujours prise facilement. Puis, une fois adulte lui-même et ayant procréé, il devra s'affranchir de la nouvelle dépendance qu'il pourra avoir contractée vis-à-vis de sa descendance. L'éducation pourrait se comprendre comme un éternel mouvement de pendule autour d'un axe autonomie/dépendance. Cette idée rejoint la définition

---

24. E. Erikson, *op. cit.*, p. 266.
25. Caractéristique de l'espèce humaine. Le nourrisson naît « prématuré » c'est-à-dire qu'il est incapable de survivre si quelqu'un ne le prend pas complètement en charge.

qu'a donnée S. Freud de l'autonomie, qu'il qualifie de « détachement *mental* complet des parents [26] ».

À ces problèmes, biologiques, psychologiques et philosophiques, la puériculture devrait pouvoir apporter une amorce de solution.

Pour une puériculture éclatée

Il est difficile, de nos jours, de se poser en spécialiste de l'éducation : en ce domaine, comme en d'autres, la démarche pluridisciplinaire a du bon. Encore faut-il examiner les associations auxquelles elle donne lieu. Ainsi, le « truc » que de nombreux auteurs utilisent consiste à s'adjoindre la collaboration d'un photographe, en général excellent, les clichés servant alors d'alibi à un texte moins convaincant. Pourquoi ne pas imaginer, si la demande existe, que l'on fasse des livres de photos sur les bébés et leurs parents, mais en les présentant pour ce qu'ils sont, c'est-à-dire des albums photographiques et non des livres de puériculture ?

Mais la pluridisciplinarité en puériculture devrait être différente. Et puisqu'il existe indéniablement un engouement croissant du public vis-à-vis de ce genre d'ouvrage, il faudrait partir de cet engouement, voir ce qu'il recèle, faire l'inventaire des curiosités et des besoins dont il est la manifestation.

Pour notre part, il nous semble que les exigences des parents comportent plusieurs niveaux : d'abord, ils cherchent à acquérir rapidement des techniques simples permettant la manipulation du nouveau-né (le change, le bain, l'alimentation). Ils paraissent aussi vouloir identifier les principaux symptômes de maladies éventuelles, et être désireux d'intervenir efficacement pour les premiers soins en cas d'accident. Mais il est aussi probable qu'ils cherchent surtout dans les manuels les clefs de la communication avec cet être nouveau chez lequel l'échange verbal s'avère longtemps impossible : qu'appréhende-t-il du monde qui l'entoure, que reçoit-il exactement des messages que tentent de lui adresser ses géniteurs, et comment interpréter, décoder, à chaque moment de son développement, ses réponses corporelles ? Enfin, il est vraisem-

---

26. *Métapsychologie*, Paris, Gallimard, éd. de 1972, p. 41.

blable que les parents s'interrogent sur la manière d'harmoniser les techniques du maternage au but lointain qu'ils se proposent et qui ne coïncide pas nécessairement avec les objectifs sociaux du moment : former un individu adapté, mais peut-être non conforme exactement aux exigences momentanées de la société industrielle.

Aussi, à ces différents besoins, nous paraît correspondre une *puériculture éclatée*, proposant une information diversifiée ; pour cela, le recours à l'ouvrage unique, sorte de bible omnisciente, ne nous paraît pas souhaitable. Il faudrait en effet plusieurs choses.

D'abord de petits manuels pratiques, abondamment illustrés, pour « retour de clinique », expliquant avec précision les méthodes de soins à donner aux nourrissons. Mais ceux-ci, si techniques soient-ils, présentent des inconvénients : ils ne sont guère innocents sur le plan de la formation et de l'évolution de l'enfant, puisque toute manipulation renvoie à un contexte éducationnel soumis à une éthique particulière, et associe étroitement le jeune individu à un univers socio-économique qui façonne son devenir.

Ensuite, pour que les parents puissent prendre quelque recul vis-à-vis de préceptes dont ils doivent mesurer le contenu et relativiser le dogmatisme, il serait bon, aussi, qu'ils puissent consulter un choix d'ouvrages de psycho-physiologie de l'enfant, leur permettant d'adapter la teneur des manuels précédents. La connaissance des étapes générales de la croissance infantile leur permettrait d'apprécier les possibilités particulières de leur propre rejeton, et de savoir, à un moment donné, quelles sont ses capacités d'apprentissage. Signalons qu'il existe déjà bon nombre d'ouvrages de psychologie de l'enfant, qui, bien que rédigés par des chercheurs et des cliniciens de haut niveau, ne sont pas pour autant inaccessibles au grand public [27].

Il nous paraît également nécessaire de développer les informations sur les autres méthodes de maternage. D'abord, sur les solutions adoptées par les populations d'autres pays industriels pour

---

27. Nous pensons à certains ouvrages de D. Winnicott (*L'Enfant et la Famille. Les premières relations*, Paris, Payot, 1971 ; *L'Enfant et le Monde extérieur. Le développement des relations*. Paris, Payot, 1972), ou à celui de I. Lézine, déjà cité, et à bien d'autres encore.

résoudre certains problèmes posés par la petite enfance : qui sait, en France, en dehors de quelques spécialistes, comment les Suédois habituent l'enfant au pot, comment les Roumains alimentent leurs bébés et comment les Hongrois résolvent le problème de la garde des enfants ? Mais aussi, sur les systèmes de prime éducation des autres continents : car si, comme l'a montré l'album *Shantala*[28], le massage lors du bain constitue une technique fort séduisante, il est possible que l'Asie recèle d'autres pratiques éducatives aussi dignes d'intérêt. Bien sûr, celles-ci devront être abordées avec prudence : il n'est pas toujours heureux d'emprunter un procédé souvent exclusivement approprié à son contexte culturel, mais il est souvent profitable de saisir sa relation avec l'univers social dans lequel il a été mis au point. Il est vrai que certaines techniques exotiques peuvent impulser de fructueuses innovations, ou au moins agrandir le registre des possibles en ce domaine, mais elles doivent surtout servir à permettre au lecteur français le décentrement nécessaire pour l'examen critique des préceptes de sa propre civilisation.

Nous n'avons pas cherché dans ce livre à substituer à de mauvaises recettes de puériculture d'autres que nous aurions jugées supérieures (qu'elles soient africaines ou américaines...) ; les bébés accommodés à une sauce exotique ne sont pas meilleurs à l'usage ! Et les bons sauvages, on le sait, n'existent pas... pas plus que les « bons Américains ».

Sur une longue durée, tout système d'éducation des enfants est forcément isomorphe à la société qui l'a produit. Par exemple, il est bien certain que les « cols blancs » américains actuels ont quelque rapport avec les bébés éduqués de façon libérale dans les années cinquante, à la suite des directives du Dr Spock. De la même façon, la relative indifférence des Africains vis-à-vis des processus d'individuation n'est pas étrangère aux visées sociales, « familialistes » de leur système de maternage.

Sont enfin nécessaires quelques guides de médecine préventive infantile, du genre « médecine aux pieds nus », qui permettraient aux parents de reconnaître certains symptômes morbides et leur

---

28. F. Leboyer, *op. cit.*

expliqueraient la conduite à avoir — qui ne serait pas forcément « ruez-vous sur le téléphone pour appeler le médecin ».

Pour terminer, un choix d'ouvrages de philosophie de l'éducation — mais cette fois qui se donnent pour tels — serait tout à fait indispensable.

Il va sans dire que chacun puiserait sa manne puéricultrice comme il l'entendrait, soit en se procurant plusieurs de ces ouvrages, soit aucun, s'il n'en ressent pas le besoin.

Pour en revenir à l'interdisciplinarité[29], il va de soi que les tandems que nous préconisons ne sont ni ceux, récents, du pédiatre et du photographe, ni les traditionnelles équipes de la rédactrice et du « patron », mais par exemple celle expérimentée avec succès par T. Brazelton, pédiatre célèbre et bourlingueur, et J. S. Bruner[30], spécialiste incontesté de la psychologie de l'enfant. Mais il en est d'autres possibles (ethnologues, éducateurs, sociologues, etc.) ; au lecteur aussi de faire son propre cocktail.

La tâche des brochures officielles, c'est-à-dire de celles qui bénéficient des supports de l'administration pour être distribuées gratuitement et obligatoirement à tous les couples qui ont procréé, serait précisément de présenter ces divers types d'ouvrages et leurs auteurs, en assurant éventuellement elles-même la partie « retour de clinique ».

Vers une sensibilisation des jeunes à la puériculture

On sait enfin la discrimination sexiste que représentait, il y a quelques décennies, l'enseignement de la puériculture réservé aux filles, et l'indifférence générale devant son abandon. Maintenant que la mixité de l'enseignement existe presque partout, il serait fort utile de rétablir, sous une forme évidemment actuelle et actualisée, ces cours qui apprendraient aux garçons et aux filles ce

---

29. Nous entendons par interdisciplinarité non le mixage de la production d'une douzaine de spécialistes qui se neutralisent et se dédouanent les uns les autres, ce qui donne lieu à une bouillie sans saveur, mais des exposés articulés et personnels, chaque auteur apportant les points de vue de sa discipline.

30. Dr Brazelton, *op. cit.*

qu'est un bébé et comment se passent concrètement ses premières semaines. Ainsi, les jeunes parents seraient peut-être moins désarçonnés par la naissance d'un premier enfant. Ceci nous semble d'autant plus important que la mère est le plus souvent seule quand elle rentre chez elle après son accouchement, mère, belle-mère et autres membres de la famille ne demeurant plus à proximité comme autrefois. En outre, rares sont les jeunes parents qui, étant donné la taille de la famille française actuelle, ont eu l'occasion de s'occuper d'un bébé avant d'en avoir un eux-mêmes. Enfin, serait levé l'obstacle psychologique de l'homme se comportant devant un nourrisson comme « la poule qui a trouvé un couteau » ; pères et mères seraient également autorisés et également compétents — ou incompétents, ni plus ni moins. Il n'y aurait plus « le maladroit de service » opposé à « la femme nantie d'instinct, à la main douce et légère » !

Cet enseignement nous semblerait aussi utile, et peut-être beaucoup plus facile à réaliser, que celui qui concerne la contraception et ce qu'on appelle l'éducation sexuelle (rendue obligatoire à l'école par la circulaire Fontanet) ; aussi utile que l'éducation civique puisque tout jeune Français a de fortes chances de devenir parent au moins une fois dans sa vie.

Mais revenons au rôle du spécialiste dans ce type d'ouvrages que nous préconisons. Citons encore une fois Erikson qui, dans ces lignes d'un humour lucide, ouvre la voie à quelques réflexions sur le passé : « L'expert s'était imaginé qu'il devait enseigner et inspirer la vie, alors que la seule chose nécessaire est de chasser les superstitions que lui et ses professeurs ont aidé à créer, et de restreindre son intervention technique à la protection de la mère et de l'enfant contre les risques et les accidents [31]. » Ajoutons qu'en effet nul spécialiste ne peut se substituer aux parents ; il s'agira, dans la future puériculture, de réinvestir la mère et le père comme des personnes capables de jugement et de plaisir à élever leur enfant. Comme l'écrit T. Brazelton : « Une jeune mère doit comprendre qu'aucun des avis reçus ne constitue une réponse unique. C'est à elle, et à elle seule, qu'il revient de trouver sa manière d'être en face de son

---

31. *Op. cit.*, p. 282.

enfant[32]. » Imaginerait-on l'auteur d'un des ouvrages étudiés écrivant une préface analogue ? Cette humilité manque, hélas ! aux auteurs français.

Si la puériculture que nous avons étudiée s'est révélée si peu fiable, c'est justement parce que ses spécialistes ne se sont pas toujours comportés en « savants ». Nous avons dit que l'enfant était objet de trouble pour l'adulte parce qu'il avait prise sur son inconscient ; le contenu des chapitres précédents a montré en effet que la puériculture est loin d'être neutre au regard de celui qui s'y adonne. Nombreux sont les exemples extrêmes, tel celui du père du président Schreber[33], qui démontrent que vouloir à toute force inventer des systèmes pour éduquer les enfants n'est pas toujours un signe de bonne santé mentale ! Il est vrai que le choix d'une discipline n'est jamais anodin et que le chercheur est toujours impliqué dans sa recherche, mais ceci est particulièrement probant dans le domaine de l'enfance où puériculteur et « puériculté » ne font, pourrait-on dire, qu'une seule chair...

Les propos des auteurs font la part belle, nous l'avons vu, à la problématique personnelle de chacun d'eux vis-à-vis de l'enfance et de l'enfant, vis-à-vis aussi de la femme, de la mère, de la maternité ; chacun introduit dans son œuvre ses présupposés inconscients. Comme le dit G. Roheim : « Il serait facile de montrer que la plupart des théories sont intimement liées à la fois aux idées et aux expériences purement personnelles de leurs auteurs et aux modes de pensée prévalant... Les auteurs proclamaient que c'était de la science, mais c'était surtout leurs propres fantasmes[34]. » C'est à peu près ce qui se passe dans le domaine que nous avons étudié.

La puériculture représente en effet — pour le spécialiste — le même système défensif que celui qu'elle propose aux parents ; l'expert ès éducation des enfants se protège, en prescrivant et en inter-

_____

32. *Op. cit.*, p. 18.
33. Il avait inventé diverses « machines » : celle pour apprendre à se tenir droit sur sa chaise ; celle pour empêcher la masturbation, etc. Le cas de Rousseau et de Montaigne, qui s'intéressaient plus aux enfants en général qu'à leurs enfants en particulier, est aussi une illustration de l'élément névrotique qui existe chez tout philosophe de l'éducation.
34. G. Roheim, *Psychanalyse et anthropologie, op. cit.*

disant, de ses angoisses personnelles devant les situations qu'il décrit. Rappelons, pour illustrer ce point, l'ensemble de règles fixes et de tabous dont nous avons parlé à propos des rituels. Le mécanisme de défense (pour le spécialiste) qui « fonctionne » dans ce cas est le suivant : plus l'observateur a un sentiment de panique devant les faits qu'il recueille — et si certaines façons de faire lui rappellent les dangers réprimés de sa petite enfance en lui offrant un spectacle d'un matériel qu'il a repoussé dans son inconscient —, plus il aura tendance à recourir à la logique formelle et aux théories rigides afin d'enlever aux faits leur force traumatisante pour lui en les cachant sous une carapace protectrice. Georges Devereux, cité dans l'introduction, a très bien montré l'importance de tous les mécanismes de compensation à l'anxiété primordiale du chercheur — certains conscients, d'autres inconscients, comme les omissions[35] dans la description d'une façon de faire, ou la projection des fantasmes de l'observateur dans l'objet observé dont il a été donné maints exemples dans le chapitre sur le langage des ouvrages. Il s'agit, selon la terminologie psychanalytique, du processus de contre-transfert, c'est-à-dire de l'implication de l'observateur dans l'observé. L'ethnologue Roger Bastide a proposé, pour sa discipline, la méthode de l'« observation participante », démarche analogue à celle de l'analyste, qui consiste à prendre en compte les mécanismes de défense du chercheur contre l'intrusion de ses propres fantasmes provoqués par le spectacle des mœurs des indigènes. Faute de cette reconnaissance, l'on reste en pleine mythologie personnelle ou culturelle.

Stigmatisons aussi l'ignorance de ces spécialistes qui érigent en vérités dogmatiques des principes d'éducation parfaitement contingents, « vrais » aujourd'hui, mais « faux » hier dans le même pays, vrais aujourd'hui dans une culture mais inverses au même moment dans la culture voisine. Nous rappelons ici la grande

---

35. Une omission symptomatique est celle de la part faite au sens olfactif en puériculture : il est soit hypertrophié — comme celui qui est prêté aux pères devant les selles de leur bébé — soit complètement nié. Comme, d'ailleurs, le goût. Seuls la vue et le toucher (et encore...) sont des sens culturellement admis dans les contacts parents-bébé.

variété des normes relatives à l'oralité (choix du sein ou du biberon, rythme des tétées, âge du sevrage), au dressage anal, à tous
les apprentissages. Les bons ouvrages de puériculture américaine
— pour ne prendre que cet exemple — sont écrits par des auteurs,
médecins presque toujours, mais qui ont une expérience des systèmes de maternage dans d'autres sociétés[36]. De plus, ils font le
point de ce qui a été écrit ou pratiqué dans les décennies précédentes et justifient les changements ou modifications dans les
règles de conduite.

De leur côté, nos puériculteurs, au lieu d'envisager un éventail
de conduites parentales possibles à chaque étape de l'évolution
infantile, n'en offrent jamais qu'une seule — la bonne, bien
entendu. Autrefois ordonnée en termes sans réplique, elle est seulement présentée aujourd'hui avec un peu plus de précautions ora-
toires (le « il faut » est devenu un « vous pourriez ») ; mais le
dogmatisme en est patent : on a toujours affaire à un modèle
unique de comportement proposé.

Inversement, l'Américain B. Spock a le mérite de suggérer qu'à
tout stade de la croissance de l'enfant correspond non pas une
attitude prédéterminée, mais plusieurs choix éducatifs de la part
des ascendants, dont il détaille les conséquences éventuelles et les
avantages respectifs. Par exemple, à propos de la « propreté », on
a vu que les parents français étaient d'abord sommés, puis priés,
de mettre leurs bébés sur le pot à un âge puis à un autre. En
revanche, chez cet auteur, pères et mères, outre-Atlantique, peuvent, s'ils ont la fibre sévère, commencer l'éducation sphinctérienne vers un an, ou bien la reporter à 18 mois ou à deux ans s'ils
se sentent permissifs : il y a là un registre d'options raisonnées,
de conduites diversifiées qui font cruellement défaut aux primo-
précepteurs de notre pays.

Érigeons-nous enfin contre la compétence affichée par les
auteurs : c'est en effet au nom de leur savoir médical — ou, pour
les rédacteurs non médecins, avec la caution du médecin-couver-

---

36. Par exemple, le Dr Brazelton a étudié les systèmes de maternage
dans une ethnie d'Indiens du Mexique, ainsi que dans une région
grecque.

ture, le préfacier en général —, que ceux-ci se posent en experts en puériculture. Or, le médecin disserte sur un sujet qu'il ne connaît que par le « petit bout de la lorgnette » : la connaissance de l'enfant malade, ou plutôt celle de la maladie infantile, et ce dans un cadre hospitalier. L'éducation des enfants concerne cependant dans une très large mesure l'enfant sain, et c'est d'ailleurs bien de lui que parlent les auteurs la plupart du temps. En outre c'est peu de sa santé qu'il est question dans la majorité des ouvrages[37], mais de sa psychologie — supposée — et de celle de ses parents.

Or, que constatons-nous ? Dans ces manuels, les médecins utilisent le crédit dont ils disposent dans la société[38] pour traiter de sujets qui n'ont que peu de rapports avec la médecine, qu'ils ne connaissent que de seconde main, et pour lesquels leurs connaissances datent généralement de quelques années, voire de quelques décennies : peut-on imaginer un géologue écrivant avec autorité sur un sujet de médecine ou de biologie ? Il serait ridicule et personne, d'ailleurs, n'en entendrait parler. C'est pourtant ce phénomène qui, curieusement, a cours dans la puériculture française tandis que personne ne songe à s'étonner. Pour s'en convaincre, citons une fois de plus le Dr Brazelton : « Mes études médicales et mon internat dans un hôpital psychiatrique ne m'avaient nullement préparé à faire face aux problèmes des mères d'enfants sains et normaux[39]. » C'est la raison pour laquelle l'auteur, comme nombre de ses confrères américains, est allé observer *in situ* mères et enfants, et ce, dans des environnements différents.

Élevons-nous enfin contre l'anonymat derrière lequel se cache

---

37. Citons, comme exceptions, l'ouvrage du Dr Cohen-Solal qui traite plus de sujets pédiatriques que psychologiques, et celui du Dr Kreisler, pédiatre dont les connaissances humaines et psychanalytiques sont incontestées.

38. Crédit particulier en France, notons-le, où le titre de « docteur » est accordé aux seuls titulaires du doctorat en médecine, et non aux docteurs en physique, mathématique ou philosophie. En Allemagne, par exemple, ou aux États-Unis, tout titulaire d'un doctorat est appelé « docteur ».

39. Dr Brazelton, *op. cit.*, p. 9.

la quasi-totalité des auteurs (mis à part quelques exceptions « pittoresques », dont nous avons parlé à propos du langage). Le lecteur, en effet, ne peut savoir qui est l'auteur, c'est-à-dire quelle est sa formation, quelles sont ses expériences professionnelles, sur quoi il fonde, en un mot, ce qu'il écrit.

Exigeons une puériculture honnête, temporellement située, qui argumente ses prises de position sur le dernier état en date de la science de référence (en l'occurrence la pédiatrie et la psychologie de l'enfant), enfin qui « annonce la couleur » : il est essentiel de savoir si l'auteur se fonde sur la psychanalyse, sur l'éthologie ou sur le béhaviorisme par exemple, pour pouvoir faire une opinion sur ce qu'il écrit.

Nous ne pouvons que récuser une puériculture qui se masque et qui donne pour vrai ce qui n'est vrai que pour le puériculteur seul..., que refuser une prétendue objectivité qui cache en fait la subjectivité de l'auteur : en dehors de ce qu'on pourrait appeler l'idéologie personnelle du spécialiste, cette attitude peu rigoureuse est une porte ouverte dans laquelle s'engouffre l'idéologie d'un corps de métier, d'une classe sociale, d'une société tout entière.

Certains passages des chapitres 5 et 6 sont extraits de notre article, « Les joies du maternage de 1950 à 1978, ou les vicissitudes des brochures officielles de puériculture », *les Temps modernes*, n° 387, octobre 1978, et reproduits avec l'aimable autorisation du comité de rédaction de cette revue, que nous remercions ici.

Vingt ans après (1978-1998)

Ce livre semble avoir, tel un bon vin, plutôt bien vieilli. En témoignent les multiples « emprunts » (avec, ou, plus souvent, sans filiation) qui lui ont été faits et qui ont donné naissance à autant de bébés clones accommodés à diverses sauces de la nouvelle cuisine puéricultrice. Combien d'ouvrages sur le thème du « J'attends » et du « J'élève » ont fleuri (pour garder la métaphore de la petite plante) sur les rayons des librairies depuis la première édition de ce livre, il y a vingt ans !

Et que sont devenus dans l'intervalle Athos et Aramis ? Cinq ans après *L'Art d'accommoder les bébés*, l'une (Geneviève Delaisi de Parseval) a fait un premier point sur l'évolution des représentations du bébé[1]. Elle avait cru assister alors à la naissance d'une nouvelle « science », la *bébologie*, discipline qui aurait eu pour ambition l'étude du bébé sous toutes ses formes et dans tous ses états. La contribution de spécialistes d'autres disciplines que celle des professionnels naturels du bébé (accoucheurs, pédiatres, pédo-psychiatres, puéricultrices) : historiens, démographes, ethnologues, sociologues, s'était avérée très éclairante

---

1. G. Delaisi de Parseval, J. Bigeargeal (sous la direction de), *Objectif bébé. Une nouvelle science : la bébologie*, Paris, Autrement, coll. « Mutations », 1985 ; nouvelle édition, Paris, Seuil, coll. « Points Actuels », 1987.

en l'espèce. Voici, résumés à grands traits, les résultats de ces analyses[2] :

— XVIIIᵉ siècle : *l'encombrant nourrisson*. On peut, à la rigueur, le tuer, car l'infanticide est mieux toléré que l'avortement. On peut également l'abandonner ou le placer, situations qui ne sont guère plus enviables.

— XIXᵉ siècle : *ah ! les charmants bébés !* Rousseau (lui-même spécialiste à titre privé ès abandon d'enfants) et Lamartine sont passés par-là. Un avertissement court néanmoins en filigrane : « Attention, bébé tyran ! »

— Fin du XIXᵉ siècle (après la guerre de 1870) : *précieux petits Français*. Ils iront trucider leurs homologues d'outre-Rhin ; l'État encourage les ventres français à être plus féconds que les « ventres boches ».

— Entre les deux guerres : *comment vous servir de votre bébé ?* Même couplet que précédemment, assorti d'enseignements détaillés sur le mode d'emploi de ces jeunes êtres. C'est le début de la puériculture officielle.

— Après 1945 : *le petit monstre qu'il faut dresser*. Apogée du vigoureux discours médical sur la maternité. Il faut apprendre à être mère. C'est l'ère des fantastiques tirages des premiers manuels que nous avions analysés dans la première édition de ce livre.

— Décennie 1970 : *divine maman, merveilleux bébé*. Triomphe de la femme enceinte et de son gros ventre. L'allaitement devient obligatoire (« puériculturellement correct »), non plus, comme dans les années précédentes, au nom d'arguments immunologiques, mais en raison du lien psychologique unique qui se crée entre la mère et son nourrisson.

— 1985 : *bébé prophète/maman disciple* (le papa-disciple est le bienvenu désormais, son apparition concordant avec la cessation du terrorisme de l'allaitement ; le biberon, comme le maternage, pouvant, on le sait, être possiblement donné par le père !). « Écoutez votre bébé, dit-on aux parents, c'est lui qui sait. » Il a des pouvoirs insoupçonnés, désormais officiellement reconnus par une

---

2. Certains des éléments de ce résumé figurent dans la préface à *Objectif bébé*, *op. cit.*

discipline nouvelle (estampillée par la Faculté cette fois) : la psychiatrie du nourrisson. C'est lui, le bébé, qui peut rendre mère sa génitrice, si elle est suffisamment à l'écoute[3].

— Dernière décennie du siècle, l'actuelle, la nôtre : *fœtus prophète/parents disciples*. Le lien entre le futur bébé et les parents se crée, échographie aidant, dès la vie intra-utérine. Certains des puériculteurs-obstétriciens contemporains se sont d'ailleurs fait, si l'on peut dire, une sous-spécialité : être les hérauts (héros aussi), les ténors, de la mythologie fœtale. Discours, cependant très ambigu. Le parent potentiel est largement invité en effet à fantasmer, « de façon structurante », sur son fœtus, mais attention, pas sur son embryon. La « limite inférieure du fantasme[4] » se situant à plus de dix semaines de grossesse (date jusqu'à laquelle une mère — et un médecin — peuvent faire une IVG sans poursuites pénales). Cette fanstasmatique officielle étant, dans sa rigidité, quelque peu contradictoire avec les pratiques des interruptions médicales de la grossesse qui, peuvent, pour des raisons médicales, c'est-à-dire en raison d'une maladie ou d'une malformation du bébé, se pratiquer, de manière parfaitement légale, jusqu'à la date de l'accouchement[5]. Contradictoire aussi avec le fait, symétrique et inverse, que de nombreux parents fantasment sur leur futur bébé dès la toute première échographie, bien avant dix semaines de grossesse. De même, si les échanges mère/bébé *in utero* sont à ce point déterminants, ne faudrait-il pas repenser complètement la pratique de l'adoption[6] ? Ce paradoxe nécessite d'être débrouillé, éclairé plus en détail que le sujet de cette préface ne nous en confère la possibilité[7].

---

3. Le pédiatre charismatique Terry B. Brazelton est le génial pionnier de ce courant qui, depuis, a fait florès.

4. En hommage à Romain Gary (*Au-delà de cette limite, votre ticket n'est plus valable*). Il s'agit dans les deux cas de la question des seuils de la vie humaine, âge que l'auteur fixait à soixante ans pour une vie viable et digne (comme notre maître à toutes les deux, Alfred Métraux), dans l'article qu'il signa avant de se donner la mort : « La vie s'arrête à soixante ans », *Courrier de l'Unesco*, 1960.

5. Depuis la loi qui dépénalise l'IVG, dite « loi Veil », votée en 1972.

6. Pour ne rien dire ici des cas des mères porteuses.

7. Geneviève Delaisi de Parseval se permet de renvoyer le lecteur intéressé à *La Part de la mère*, Paris, Odile Jacob, 1997, livre qui aborde ces sujets de manière clinique.

L'autre (Suzanne Lallemand), de son côté, s'est aussi lancée dans la puériculture en organisant la publication d'un livre collectif sur la petite enfance en Afrique[8]. Les conjurations de stérilité, les rites de protection de la grossesse, les aspects de la couvade, les valeurs identitaires des premières nourritures semblaient l'avoir entraînée fort loin des débats occidentaux sur l'art et la manière d'assurer le meilleur développement du nouveau-né français. Pourtant, certains grands traits dans le mode d'appréhension de cette période particulière, sur le plan de la mobilisation des affects comme sur celui des rapports entre pratiques et objectifs sociaux, l'y ramenèrent, ou ne l'en éloignèrent pas tant que cela.

Plus récemment, elle s'est acoquinée avec une psychologue (M. Guidetti) et une historienne (M.-F. Morel) pour rédiger un manuel, non pas à l'intention des parents, mais des étudiants (ou des étudiants-parents)[9] sur l'enfance autrefois, aujourd'hui et ailleurs. Là encore, un décentrement vers le passé ou le lointain confirme les fortes relations entre les changements globaux de la communauté de référence et la sphère particulière où se déploie le petit monde de la puériculture. Ne nous étonnons donc pas qu'en cette fin de siècle l'évolution de ce domaine ait continué bon train et que des modifications importantes aient affecté le contenu des ouvrages produits depuis une quinzaine d'années.

Un nouveau profil d'auteur de manuel

On se rappelle que, à l'origine, le livre de puériculture était écrit par une enseignante ou un médecin. Puis, des personnes de sexe féminin, sans qualification particulière, se réclamant de la simple volonté de communiquer à leurs cadettes les étapes d'une maternité que l'on supposait réussie, ont connu les plus gros succès commerciaux du genre, malgré, vers les années soixante, l'apparition du livre collectif, travail d'équipe. Qu'en est-il actuellement ?

Du côté des femmes, il semble désormais difficile, avec la seule

---

8. *Grossesse et petite enfance en Afrique noire et à Madagascar* (Paris, L'Harmattan, 1991).
9. *Enfances d'ailleurs, d'hier et d'aujourd'hui* (Paris, Armand Colin, 1997).

expérience de mère de famille, d'obtenir les énormes tirages de Francisque Gay ou de Laurence Pernoud. Signe des temps, cette dernière a d'ailleurs progressivement révélé que les amples jupons de la femme-qui-attend ou de la femme-qui-élève cachaient en fait une équipe interdisciplinaire de collaborateurs très qualifiés : succinctement nommés et remerciés en peu de lignes à la fin de l'introduction de *J'élève mon enfant* dans l'édition de 1984, ils voient leurs titres et mérites déclinés sur une page et demie dans l'édition de 1993. D'autres ouvrages comme *Baby Book*[10], de type encyclopédique, faisant appel à des spécialistes de plusieurs nationalités, traduits et diffusés presque simultanément en divers pays, connaissent de grands succès. Quant à celles qui ambitionnent de supplanter notre actuelle impératrice de la puériculture française, elles sont au moins journalistes spécialisées (C. Pillet-Douël, C. Schilte, etc.) et, souvent, médecins, telle la très séduisante Edwige Antier, auteur d'un *Attendre mon enfant aujourd'hui* et d'un *Élever mon enfant aujourd'hui*. Elle revendique haut et fort son état de génitrice dans une dédicace « à ma fille Sandrine qui, plus que les cours magistraux, les gardes de réanimation, et les revues savantes, m'a appris comment peut palpiter le cœur d'une mère ». Mais telle n'a pas été la qualification (redondante) choisie pour figurer sur la page de couverture de cet ouvrage : Dr Edwige Antier, *100 questions à ma pédiatre*[11].

Les hommes sont plus nombreux à monter au créneau puériculteur. Tous médecins, eux aussi savent assortir la fibre sensible à l'affirmation de compétence professionnelle. Citons le *Guide Papiernik de la grossesse*, écrit par un « patron » de l'obstétrique française, le professeur Émile Papiernik. Remarquons que, de manière significative, il déclare, d'entrée de jeu, que ce n'est pas au nom de sa compétence professionnelle ni de sa renommée — c'est dans son équipe, comme il le rappelle, que le premier bébééprouvette, Amandine, est né —, qu'il s'autorise à écrire ce guide, mais de son statut de père de famille. Parce que sa fille, jeune

---

10. H. Brant, K. Holt, *Baby Book. Le livre de la femme et de l'enfant*, Paris, France Loisirs, 1993.

11. Paris, éd. de l'Instant, France Inter, 1988.

mère, lui déclare un beau jour en brandissant un guide de grossesse : « Ils nous prennent vraiment pour des idiotes ! Toi qui fais naître des enfants, j'aimerais bien savoir ce que tu penses de ce bouquin ». Émile Papiernik se lance dans cette entreprise : « Je parcourus les principaux livres qu'on trouvait sur le marché. Beaucoup présentaient à mes yeux le même défaut : les femmes enceintes y étaient considérées non comme des adultes responsables, mais comme des personnes fragiles et quelque peu immatures à qui l'on ne pouvait raisonnablement *tout* dire. [...] Une autre raison faisait dire à ma fille qu'on la considérait comme une idiote : on lui fournissait rarement des explications, mais plus souvent des recettes du genre : "Faites ceci, ne faites pas cela", sans prendre la peine d'indiquer le *pourquoi* des choses. [...] Enfin, ces guides accordaient, à mes yeux, une place démesurée à ce que j'appellerai les phénomènes de mode [12]. »

C'était en 1990. Peut-être avait-il lu notre livre (nous ne le saurons jamais !) ; en tout cas, la petite graine que nous avions plantée en 1980 a porté ses fruits, car cet ouvrage représente un des bons manuels « de seconde génération ». Il est, en outre, très bon marché : c'est un livre de poche, chose non négligeable quand on voit les prix dissuasifs des guides récents, vendus à près de deux cents francs l'unité (et comme il faut en acheter deux — un pour la grossesse, l'autre pour la prime éducation —) tout le monde n'y a pas accès. La place des magazines se situe précisément dans ce créneau budgétaire : quelques numéros d'un de ceux-ci coûtent nettement moins cher qu'un exemplaire de ces guides luxueux et juteux pour les auteurs.

Pour continuer sur les auteurs masculins, la fibre sensible invoquée n'est pas le plus souvent celle du père, mais du spécialiste dévoué à sa tâche. C'est par les milliers de parents rencontrés sur trente ans de pratique médicale que l'un d'entre eux étaye sa motivation scripturaire ; et ce sont vingt ans d'expérience que revendiquent un duo de pédiatres. Autre tandem, celui de l'obstétricien et

---

12. É. Papiernik, *Guide Papiernik de la grossesse. Jour après jour, réussissez votre enfant*, Paris, Laffont, 1990 et Paris, Le Livre de Poche, 1995, p. 2 et 3 de l'avant-propos.

du pédiatre, « le Frydman/Cohen-Solal », lesquels ne sont évidemment pas des auteurs lambda, mais deux grands spécialistes comme on le lit sur la quatrième page de couverture de leur guide. Ils sont censés résumer à eux seuls tout-ce-qu'on-peut-savoir (et-que-peut-être-on-n'a-jamais-osé-demander...) sur la femme enceinte et son bébé, du stade embryonnaire jusqu'à l'age de six mois. Tels de nouveaux Lacan, ils ne s'autorisent que d'eux-mêmes pour pratiquer le conseil en maternage. Le temps des spécialistes est (re)venu.

La maternité-paternité, ça s'apprend

L'un des aspects très positifs des traces laissées par notre brulôt de l'époque se situe dans la disparition du ton niais des manuels au profit d'un discours d'apparence tranquillement scientifique.

Une autre caractéristique de ces manuels se situe dans l'augmentation de leur nombre de pages tout au long de ce siècle. Actuellement, chacune de leurs parties peut constituer un domaine de savoir en soi : répertoire des maladies infantiles, abrégé du développement physiologique durant les premières années, notions de psychologie, données psychanalytiques concernant tant les ascendants que leurs descendants, droit du travail, diététique maternelle et infantile, etc.

On pourrait les résumer de la façon suivante : « La maternité, Mesdames, ça s'apprend. C'est un vrai métier. Ne croyez pas que vous serez la bonne mère (que vous voulez évidemment être) en vous renseignant auprès de vos amies ou des grand-mères. Au travail ! » Et ça s'apprend auprès de spécialistes. Dans les livres, ou encore chez les crypto-accrédités : les journalistes des nombreux magazines féminins, qui sont opportunément truffés d'encarts détachables, véritables fiches-maternage, à l'instar des fiches-cuisine. Et les copistes citant leurs sources scientifiques (les livres des spécialistes), la boucle est ainsi bouclée...

Malgré cela, et simultanément, les auteurs, ainsi que les encyclopédies, se défendent d'enseigner quoi que ce soit aux parents. Car ceux-ci sont devenus, ô surprise, formidables : « À la fois féminines, courageuses et intelligentes, les femmes d'aujourd'hui, lorsqu'elles attendent un bébé, mettent toutes ces qualités au service de l'être nouveau [13].'» Mais alors, pourquoi toute cette prose ? Et là, un consensus des auteurs apparaît : il n'y a pas ou plus « de parents incompétents, mais des parents désemparés, noyés sous le flot d'informations de valeur variable », selon Massonnaud et Joly [14]. Et Naouri de renchérir : « Nous continuons d'être à la traîne d'explications, de conseils et de recettes dont les spécialistes ne se font pas faute de nous abreuver, généreusement et de toutes les manières, sans prendre le soin de nous avertir de leur caractère tout relatif [15]. » Il s'agit donc de redonner confiance aux ascendants en leur procurant des éléments de connaissance et de décision. D'où une littérature technicienne dont les préfaces sont aussi des modes d'emploi. Ainsi, comme le vantent C. Schilte et F. Auzouy, on achète deux livres en un seul : une chronologie de la grossesse (ou du développement de l'enfant) sur laquelle se greffent des informations relevant de divers domaines de compétences signalés plus haut. Le tandem masculin Massonnaud/Joly propose aussi un texte destiné à être lu en continuité, assorti d'un cahier plus détaillé reprenant certains points pour les approfondir. C'est aussi une présentation mise au point de longue date par Pernoud, qui assortit la chronologie du *J'élève mon enfant* d'un fort cahier alpha-bétique dévolu à la description de symptômes infantiles.

Mais à cette première dichotomie entre chronologie et synchro-nie descriptives, s'en est ajoutée une autre : « le pour et le contre ». Telle est la méthode élective d'exposition de Gallet et Valleteau, avec ses listes récurrentes d'arguments en faveur et en défaveur de diverses pratiques de puériculture (choix d'un mode de garde de l'enfant, usage des farines, emploi des fruits, etc.). Leur monotone équité risque parfois de muer la décision grave comme la babiole, en dilemme. Toujours est-il que certains auteurs se rallient ponc-tuellement à cette présentation dont la science et l'éthique ne sont

---

13. E. Antier, *Attendre mon enfant aujourd'hui*, Paris, Fixot, 1994, préface.

14. M. Massonnaud, T. Joly, *Les 100 premiers jours de la vie* (1986), avant-propos.

15. A. Naouri, *L'Enfant bien portant*, Paris, Seuil, 1993, p. 79.

peut-être pas le seul ressort. Car, comme le dit aussi le *Baby Book* à ses lecteurs, « plusieurs solutions vous seront souvent proposées pour un même problème : choisissez en fonction de votre budget, de vos habitudes et, surtout, laissez-vous guider par votre bon sens [16] ». Tolérance nouvelle, sympathique, si ne pointait fâcheusement le nez de ce nouveau parent à façonner, déjà entraperçu lors des décennies antérieures : celui que l'on sollicite à titre de client et d'ingénieux usager de la technologie moderne. Comme si ce qui était désormais requis en matière de compétence parentale, de savoir et de vertus nécessaires pour élever un enfant, se devait d'être calqué sur le modèle papillonnant, astucieux et éclectique du comportement du consommateur éclairé. Bien sûr, il ne s'agit que d'une tendance, mais elle n'est pas des plus plaisantes.

La position du dormeur couché

On peut se demander si les trois moments que nous avions perçus dans l'évolution des différentes doctrines de puériculture (l'affirmation d'une règle, puis le flou artistique, enfin la mise en accusation violente de la règle assortie de l'injonction à en suivre une nouvelle) est encore le fait des auteurs de puériculture. Que l'on en juge :

Rappelons aux lecteurs cette trivialité : un bébé ne peut être déposé dans un lit que selon trois positions possibles : sur le dos, le ventre, ou le côté. Vers les années soixante-dix, la position quasi-universelle dans le temps et l'espace du bébé couché sur le dos fut subitement remise en question, et même frappée d'interdit : on craignait l'étouffement du nourrisson en cas de régurgitations ou de vomissements. Les parents français se virent incités à opérer une première rotation — et le bébé se retrouva à plat ventre dans le lit. Que se passa-t-il dans les années quatre-vingt ? Lecteurs, vous avez deviné : une seconde rotation eut lieu et l'on coucha le bébé sur le côté. Qu'en est-il dans les années quatre-vingt-dix ? Les avis divergent, mais une majorité d'exclusions se dessine :

D'abord, les « retardataires » : l'imposante équipe du *Baby Book*

---

16. *Baby Book, op. cit.,* p. 6.

de 1993 conseille encore : « Ne couchez pas votre bébé sur le dos afin qu'il ne s'étouffe pas avec les régurgitations. Couchez-le sur le ventre ou sur le côté en le calant bien avec un linge roulé placé derrière le dos [17]. »

Puis la masse des « novateurs » : Massonnaud et Joly, dès 1986, critiquent cette posture ventrale : elle maintient les pieds dans de mauvaises positions qui risquent de conduire à des déformations [18]. Antier proteste également dans une publication, fruit de conversations radiophoniques (1988) : « Pensez à ce que voit un bébé à plat ventre dans son lit, il ne voit qu'avec un œil complètement tordu parce qu'il ne peut pas tourner la tête, il voit son drap qui lui paraît tout sombre, et c'est tout [19]. » Enfin, enterrement définitif, si l'on ose dire, de la position ventrale par Naouri en 1994 [20] : « La position ventrale a été conseillée contre la mort subite du nourrisson puis déconseillée pour la même raison. » Enterrement confirmé par Gallet et Valleteau de Moulliac en 1996 : il y a plus de cas de mort subite du nourrisson chez les bébés couchés sur le ventre que sur le dos [21] et les auteurs reviennent à la charge : « La position ventrale, à plat ventre, doit être considérée comme dangereuse, toutes les études concordent sur ce point [22]. »

Que proposent aujourd'hui nos conseillers ? Eh bien, par exemple, le côté ou le dos... Et, conclut philosophiquement Naouri, « il faut laisser ces "vieux garçons" que sont les bébés retrouver les positions de vie intra-utérine [23] ». On ne saurait mieux dire pour clore, jusqu'à la prochaine décennie, cette révolution. Il reste à méditer sur l'impunité créative de la prévention médicale qui a imposé momentanément, dans les années soixante-dix, une position qui, semble-t-il, s'est avérée provoquer ce qu'il fallait combattre.

---

17. *Ibid.*, p. 113.
18. M. Massonnaud, T. Joly, *op. cit.*, p. 21.
19. E. Antier, *100 questions à ma pédiatre* (1988), p. 65.
20. A. Naouri, *op. cit.*, p. 175.
21. J.-P. Gallet, J. Valleteau de Moulliac, *La Petite Enfance* (1996), p. 116.
22. *Ibid.*, p. 238.
23. A. Naouri, *op. cit.*, p. 175.

Les nouveaux coupables

Nous avions mentionné que, dans beaucoup d'ouvrages, la responsabilité des directives désuètes et de mauvaise qualité était imputée aux grands-mères — notamment à la mère même de la (future) génitrice, jugée très mauvaise conseillère. Nous nous étions élevées contre ces accusations qui nous paraissaient déplacées, les femmes d'âge mûr n'étant que les relais ultimes de spécialistes de leur époque. Ces malheureuses représentantes des périodes passées ont-elles continué à être l'objet de la vindicte puéricultrice ? Il ne semble pas.

Certains auteurs sont montés au créneau pour les défendre. Edwige Antier (1994) est certainement l'une des plus brillantes combattantes en faveur de cet échantillon de population longuement vilipendé. Elle remarque que la présence des jeunes femmes sur le marché du travail, associée à la fréquence des séparations du couple parental, a rendu précieuse l'intervention grand-parentale qui assure un pôle de stabilité affective auquel s'ajoute, en ces temps difficiles, un soutien matériel. Aussi propose-t-elle un code de comportement entre membres des différentes générations familiales : chérir sans éduquer (de la part des aïeux) ; ne pas exclure leurs propres ascendants, ne pas abuser d'eux (de la part des jeunes parents)[24]. On peut accepter ou non cette représentation des rôles inter-parentaux ; en tout cas, elle s'avère plus décente que l'ironie antérieure à ce sujet.

Mais alors, quels sont les nouveaux boucs émissaires ? Ils se raréfient, mais ils demeurent. Oh ! surprise, il s'agit souvent du personnel médical lui-même. Ainsi, Naouri (1993) s'emporte-t-il à propos des conditions du jeûne de quarante-huit heures infligé au nouveau-né en milieu hospitalier : « On ne donne pas à boire à l'enfant et on le laissera s'époumoner dans un lieu où il ne dérange personne[25]. » Il regrette aussi la règle de certains établissements interdisant toute visite d'enfants (les grands frères et les grandes

---

24. E. Antier, *Attendre mon enfant aujourd'hui* (1994), p. 313 et 314.
25. A. Naouri, *op. cit.*, p. 77. et 201

sœurs du bébé) : « Il faut croire que son maintien [...] doit arranger bien du monde dans le milieu soignant [26]. » De même, Massonnaud et Joly, fermes opposants à la position ventrale du bébé couché, déplorent que ce « conseil [soit] habituellement donné, de façon trop routinière, par de trop nombreuses puéricultrices [27] ». Soit. Mais n'oublions pas que ce sont des médecins qui en ont eu l'idée.

Apparemment, les querelles sur l'art d'élever les bébés ne se situent plus entre parents et spécialistes, mais bien au sein de la même institution ; il est vrai qu'elles opposent classiquement deux sortes de professionnels, fort inégalement gradés dans la hiérarchie médicale. Il est difficile pour le parent de prendre parti entre les forces d'inertie conservatrice du « petit personnel » et l'activisme impénitent (expérimental ?) de certains de ses médecins. Toujours est-il que, chez ces derniers, en cas d'échec, on ne fait pas amende honorable.

Bastions d'autrefois, ruines d'aujourd'hui

L'idéologie a-t-elle été pour autant éradiquée des manuels de puériculture de la fin du siècle ? Non, bien sûr. Mais le bout de l'oreille pointe plus discrètement derrière le bonnet scientifico-débonnaire qui est celui du ton des topos-guides des « J'attends/J'élève ». Finies les grosses et charmantes ficelles du « bébé petite plante qu'on arrose » ou de « l'oisillon qui prend son envol après avoir été convenablement couvé ».

Il faut reconnaître (mais le temps est peut-être, comme pour la position du dormeur couché, cyclique) qu'un certain nombre d'impératifs gênants pour les parents sont tombés.

Ainsi, la question de la chambre à part et des pleurs du nourrisson. Le dilemme — consoler, mais devenir esclave ; laisser crier, mais renoncer au sommeil — ne semble plus provoquer la vindicte des spécialistes et les nuits blanches de leurs lecteurs. Les premiers proposent de dormir à trois durant l'allaitement (Antier), remarquent que les enfants ayant partagé l'espace nocturne avec leurs

---

26. *Ibid.*, p. 201.
27. M. Massonnaud, T. Joly, *op. cit.*, p. 21.

ascendants (ce qui se pratique dans un très grand nombre de sociétés) ne font pas d'adultes particulièrement névrosés (Naouri) ; *a minima*, ils suggèrent de laisser l'enfant pris de sommeil dans le lit parental avant de le porter dans le sien (Pillé-Douël). Lors de la période de sevrage, la claire volonté des géniteurs de ne plus accepter l'intrusion enfantine devrait rapidement trancher d'éventuels conflits. Ce schéma sera-t-il à revoir dans dix ans ?

Ainsi, la question, cruciale il y a peu, du sein ou du biberon, cheval de bataille classique de tous les manuels. Finies, les exhortations passionnelles et dramatiques à l'allaitement. Le conseil est désormais sobre, neutre en apparence, mais le message peut être clair. Dans le Frydman-Cohen-Solal [28], on lit : « l'allaitement au sein : le vent en poupe », « l'allaitement au biberon : un choix librement consenti ». Entre amour et raison, le cœur balance-t-il vraiment ? Que voilà un choix galamment présenté... Dans ce registre, c'est à Pillé-Douël, femme de son état, que revient l'usage de l'arme absolue : « Sachez qu'un allaitement prolongé est pour vous l'assurance d'un amaigrissement régulier, sans régime, et permet de parvenir à un poids inférieur à celui qui était le vôtre avant la grossesse [29]. »

Cependant, les rages belliqueuses se calment, les listes des arguments « pour et contre » s'équilibrent et beaucoup d'auteurs ou d'équipes alignent les raisons d'allaiter ou celles de ne pas le faire, avec de moins en moins de prosélytisme en faveur de l'allaitement qui a leur préférence.

Faire ou ne pas faire (l'amour) pendant la grossesse ?

Nous avions, à travers les décennies passées, relevé trois attitudes relatives à la femme enceinte, de la part du corps médical. La première était rigidement « interdictionniste », la seconde, embarrassée, mais la troisième (à partir de 1970) encourageait les relations sexuelles. Le fantasme de la verge assassine avait été rem-

28. R. Frydman, J. Cohen-Solal, *Ma grossesse, mon enfant* (1996), p. 17.
29. C. Pillé-Douël, *Bébé-trucs* (1995), p. 36.

placé par celui du sexe nourricier. Qu'en est-il dans les années quatre-vingt-dix ?

La dernière tendance se renforce sensiblement. D'une part, les auteurs s'emploient à dissiper les fantasmes du premier type : « N'ayez aucune crainte, le pénis ne peut pas faire de mal au bébé ni passer à travers les membranes. » Et après la venue au monde, l'exclamation de l'accoucheur à une nouvelle mère l'interrogeant sur le moment optimal de la reprise : « Quand vous voudrez, Madame ! », rapportée par Naouri[30], donne le ton de l'atténuation des réticences du corps médical, comme de celle de sa pruderie. Mieux, l'activité sexuelle non missionnaire est encouragée : « C'est le moment d'essayer de nouvelles positions[31]. » Et en ce domaine, le torride docteur Antier propose, dans sa préface de 1994, de faire « découvrir de nouveaux rapports érotiques en fonction de l'évolution de votre grossesse ». Elle détaille avec gourmandise les possibilités des différentes phases de la grossesse, et les lecteurs peuvent suivre cette sorte de feuilleton interne à l'ouvrage, « faire l'amour pendant le premier trimestre », pendant le deuxième, avec ce « suspense » lors du troisième : « Pourrez-vous faire l'amour jusqu'à l'accouchement[32] ? » Pas de panique, bien sûr : la réponse est oui.

Une suggestion aux éditeurs (dont le nôtre) : à quand le classement des livres de puériculture au rayon porno des librairies ?

Du père

Il est souvent question, dans cette postface, de lecteurs, et non plus simplement d'une lectrice. Car ce rôle du père français, émergeant dans les années soixante-dix, s'est en quelque sorte consolidé au cours des décennies suivantes. Fait de société, il est de moins en moins traité de « mari » de la femme enceinte, de plus en plus de « compagnon ». Les auteurs teintés de psychanalyse détaillent les délicates spécificités de sa position, résumées par Naouri, selon lequel il est facile d'être mère et difficile d'être père, compte tenu

---

30. A. Naouri, *op. cit.*, p. 237.
31. *Ibid.*, p. 31.
32. E. Antier, *op. cit.* (1994), p. 55, 107, 144.

des processus identificatoires auxquels le nouveau géniteur est affronté. Quoi qu'il en soit, et de plus en plus, les auteurs s'adressent au couple — « attendre à deux », comme le mentionne un intertitre de Pernoud — et consacrent un nombre modique, mais croissant, de pages à la paternité. Le nouveau père des années quatre-vingt est devenu un père tout court.

Le travail des femmes

On peut aussi se demander quelle a été l'évolution du discours sur le travail des mères. Compte tenu des réticences explicites des puériculteurs lors des années de plein emploi, quel sorte de message cherchent-ils à faire passer dans leurs ouvrages à une époque où les jeunes femmes sont particulièrement frappées par le chômage ? N'est-ce pas électivement une excellente période de « retour à la maison » ?

Les choses ne sont pas simples. Certes, Naouri fait état de « femmes brillantes » qui regrettent de ne pas pouvoir se consacrer à leurs enfants [33]. Certes, Massonnaud et Joly maugréent, dans un recoin de page [34], sur le fait que la condition de femme au foyer « n'est certainement pas la condition affreuse que l'on se plaît à décrire ». Certes, Pernoud attaque de front : « Je voudrais quand même dire deux mots à cette nouvelle maman heureuse d'avoir fait un enfant, mais si pressée de retourner travailler [35]. » Mais, à lecture attentive, il s'agit moins, nous semble-t-il, d'enfermer les mères à la maison que de susciter le plein usage, voire la revendication active d'une parenthèse professionnelle limitée dans le temps. Même dans le Pernoud cité, est proposée comme idéale (*sic*) la possibilité d'obtention de l'allongement du congé prévu pour le troisième enfant dès le premier [36]. Signalons en outre qu'un bon nombre de manuels consacrant quelque attention aux modes de garde du petit enfant se contente de décrire l'état de la législation en cours dans le cas, reconnu comme statistiquement fré-

---

33. A. Naouri, *op. cit.*, p. 215.
34. M. Massonnaud, T. Joly, *op. cit.*, p. 146.
35. L. Pernoud, *J'élève mon enfant* (1993), p. 432.
36. *Ibid.*, p. 86.

quent, où la mère exerce un métier. Au demeurant, les auteurs des manuels semblent peu s'intéresser à l'un des problèmes des plus cruciaux des mères : comment et par qui va être gardé, le mieux possible, leur bébé quand elles reprendront leur travail ?

Quoi de neuf, en vingt ans, dans les discours puériculteurs,
sur les techniques relatives à la grossessse et à l'accouchement ?

• La sélection du sexe.

Dans les années quatre-vingt, il semble que la possibilité d'influer sur le sexe du descendant lors de sa constitution ait passionné le corps médical, ses vulgarisateurs, sinon leurs lecteurs. Le garçon étant associé à un milieu riche en sels et en alcalins ferreux, les puériculteurs proposent deux régimes alimentaires contrastés qui permettraient aux parents amateurs de l'un ou l'autre sexe pour leur prochain enfant, de le susciter. La réussite était garantie à 80 % chez certains auteurs du début des années quatre-vingt-dix. Cependant, il est clair que cette transparence, prônée avec parfois beaucoup d'assurance, cache une opacité que la science actuelle n'est pas, paraît-il, prête de lever. Il n'en existe pas moins une offre médicale dans ce domaine, tant, sans doute, la demande parentale reste forte[37].

La transparence du ventre de la femme enceinte

• L'échographie.

Autre changement dans les représentations ; il est, lui, considérable. Quasi transparent, en effet, est devenu en vingt ans le ventre

---

37. Les fantasmes, en effet, ont la vie dure. Surtout s'ils sont relayés à des fins commerciales. Ainsi (fin 97) un dépliant publicitaire adressé par un « laboratoire » à tous les gynécologues de France prônait une méthode expliquant en quelques (luxueuses) pages aux médecins comment conseiller à leurs patients (moyennant une contribution financière correspondant à la technicité offerte par le « laboratoire ») ladite méthode pour obtenir la sélection naturelle du sexe de leur futur bébé ; les résultats sont, affirment les promoteurs, garantis avec un taux de succès de 98 %. Espérons que les praticiens comprendront de quel genre de « scientificité » il s'agit.

de la mère enceinte. Ce, depuis la banalisation et la systématisation de l'échographie dans les années quatre-vingt. Transparence accentuée par l'usage du monitoring, c'est-à-dire par l'enregistrement du rythme cardiaque du bébé. Ce petit sujet est désormais suivi, étudié jusqu'en ses moindres recoins, sexe compris bien sûr. Un psychiatre, le professeur Michel Soulé, a parlé, à propos de l'échographie, d'IVF : interruption volontaire de fantasme. Ce n'est pas faux (l'effet comique du jeu de mots est redoublé par la parenté du sigle avec celui de l'IVG). Nous dirions qu'il s'agit plutôt d'une orientation volontaire de fantasme (OVF) : les parents sont en effet, *via* cette « photo du bébé dans le ventre », invités à fantasmer sur le sexe, la taille du bébé, son développement harmonieux et, surtout, sur le fait qu'il ait bien tout ce qu'il faut là où il faut. L'échographie semble avoir modifié le seuil de l'être-au-monde : le temps de l'ante-natal est déjà socialisé. La naissance physiologique et la naissance sociale ne coïncident plus forcément. « L'échographie accorde une place à l'enfant conçu en préalable à l'enfant né », écrit avec justesse la sociologue Michèle Fellous[38]. Les exercices de communication entre les parents et le fœtus (de type haptonomie) font, eux aussi, remonter de plus en plus en amont dans l'ante-natal le début de l'intégration du futur sujet à la famille. Va-t-on vers une réorganisation des seuils d'âge, comme le suggère, de manière clairvoyante, la sociologue Annette Langevin[39] ?

On assiste ainsi, depuis une quinzaine d'années, à une banalisation sociale de l'image du « fœtus-futur-enfant ». Qu'on se souvienne de la campagne publicitaire, en 1983, pour une marque de blue-jean : on voyait sur d'immenses panneaux dans les rues un fœtus habillé d'un petit jean. Dans un autre ordre d'idées, le film *Le Cri silencieux* (projeté d'abord aux États-Unis, puis en France, en 1985), commandé par un groupe d'organisations opposées à l'avortement : il utilisait les images échographiques d'un fœtus de dix semaines (mort dans la réalité, mais présenté comme vivant !)

---

38. « Échographie, fœtus, personne », *in Biomédecine et devenir de la personne*, sous la direction de S. Novaes, Paris, Seuil, 1991, p. 213.
39. « L'avancée en âge : maturation biologique et intégration sociale », *Dialogue*, n° 127, 1995.

comme preuve que le bébé était déjà formé et « humain » à cet âge du développement. Où l'on voit deux exemples d'usages de l'échographie (à des fins commerciales dans le premier cas, de propagande dans le deuxième). Usages tous deux symptomatiques de l'importance de la technique de l'échographie sur l'imaginaire de nos contemporains.

Autre changement lié à l'échographie : bien que cette technique ne soit pas à proprement parler un outil de diagnostic ante-natal, elle sert (principalement l'échographie dite de morphologie, à quatre mois et demi de grossesse) d'outil de dépistage ; en ce sens qu'elle fournit des signaux d'appel invitant, le cas échéant, à utiliser de vraies techniques de diagnostic ante-natal (amniocentèse et cordocentèse principalement).

• Le test sanguin de l'HT 21.

Encore plus récemment, et dans le même ordre d'idées, on sait que toutes les femmes enceintes se voient proposer en début de grossesse, un examen sanguin, l'HT 21 (on dose l'hormone de grossesse, dite « bêta HCG »), qui permet de déterminer une fourchette statistique dans laquelle se trouve les futures mères vis-à-vis du risque d'avoir un enfant mongolien (trisomie 21). Cet examen n'est pas obligatoire, mais il doit être obligatoirement proposé, et il est, en outre, remboursé par la Sécurité sociale depuis janvier 1997. Ce test, de tonalité discrètement eugénique [40], n'est, à l'évidence, pas aussi anodin que la simplicité du geste le laisse penser (on fait à la future mère une simple prise de sang). En effet, si la « fourchette » statistique dans laquelle se trouve la mère est anormalement élevée compte tenu de son âge (si elle a plus de un risque sur deux cent cinquante d'avoir un bébé trisomique), il lui est fortement conseillé de faire pratiquer une amniocentèse. Cet examen, lui, est beaucoup plus lourd et n'est pas sans risque pour la grossesse : il peut déclencher un avortement (sur cent examens, et encore, s'il est pratiqué dans les meilleurs centres). Dans un nombre de cas non négligeable, la mère court donc le risque

---

40. Voir sur ce point l'analyse documentée et nuancée qu'en donne Patrick Verspieren, « Eugénisme ? », *Études*, juin 1997.

d'avorter d'un bébé indemne. Risque d'avortement que la plupart des auteurs des livres minimisent (il est inférieur à 0,5 %, lit-on le plus souvent). Ils en signalent cependant le coût (entre deux mille et dix mille francs), somme prise en charge par la Sécurité sociale dans les cas où la future mère a plus de trente-huit ans. Les mères les plus jeunes doivent donc « se l'offrir » elles-mêmes...

L'examen de l'HT 21 est donc inducteur d'angoisse chez les mères qui comprennent bien quels en sont les enjeux. Car la décision de faire une interruption médicale de la grossesse (dans les cas où le fœtus est atteint d'une maladie ou d'une anomalie du caryotype[41]) est une des épreuves les plus redoutables de la vie de parents — ou futurs parents —, tant pour ce qui est de la décision à prendre, que du vécu de l'accouchement (car il s'agit d'un vrai accouchement, à cette différence près qu'il n'y a pas d'enfant vivant au bout du parcours). Les parents attendent ainsi, depuis ces vingt dernières années, un enfant qui sera « normé » avant même de naître ; s'il n'est pas dans un bon cas de figure, dans la bonne courbe, ces derniers sont donc confrontés au terrible « choix de Sophie » qui est d'interrompre la grossesse (ce qui est possible jusqu'au terme de la grossesse, selon la loi française). Spectre redoutable, évidemment, qui est désormais implicitement (ou explicitement) présent dès le tout début de la grossesse, *via* la proposition faite systématiquement de faire pratiquer le test de l'HT 21. La transparence du ventre de la femme enceinte est, on le voit, rien moins qu'anodine.

Le vécu de la grossesse serait-il plus anxiogène qu'avant l'apparition de ces techniques ? Dans certains cas, sûrement[42]. D'où, en tout cas, un intérêt, et un succès garanti de librairie pour les auteurs de guides les plus compétents (ainsi que pour leurs éditeurs), qui expliquent dans leurs moindres détails — avec des schémas parfois quelque peu effrayants pour les parents « enceints » —

---

41. Carte où est répertoriée l'ensemble des chromosomes d'une cellule.

42. Plusieurs exemples cliniques analysés dans *La Part de la mère*, *op. cit.*, font ressortir cette dimension possiblement anxiogène de l'échographie.

le déroulement de ces examens et leur intérêt potentiel. S'en faisant les chantres en même temps que les prédicteurs du pire. Nous ne sous-estimons évidemment pas le côté positif du suivi de la grossesse, au plan médical, apporté par ces techniques. Notre propos ici est seulement de souligner les effets de système de la vulgarisation qu'elles ont induits dans la littérature puéricultrice : l'obsession d'une médicalisation « de cuisine » (si l'on peut dire).

• L'âge de la « bonne » maternité.

S'il existe une réorganisation des seuils d'âge pour ce qui est de déterminer le moment où on peut dater le début de la vie d'un bébé [43], il en existe sans doute une autre pour ce qui est du moment optimal de la « bonne » maternité. On peut repérer deux temporalités pour les mères qui attendent un enfant de nos jours. Un de ces temps pourrait être qualifié d'archaïque : c'est celui de la fameuse « horloge biologique », temps au terme duquel une future mère de trente-six ans est déjà « vieille » (elle a plus de risques de produire un ovocyte de mauvaise qualité, plus de risques d'avoir un enfant anormal, plus de risques pendant la grossesse pour sa propre santé, etc.). L'autre temps est, lui, un temps social : une femme de trente-six ans est jeune, séduisante, etc., au faîte de ses potentialités personnelles et professionnelles. Mais de la difficulté à gérer ces deux calendriers, peu compatibles en réalité l'un avec l'autre, les manuels ne disent trop rien ; ou plutôt, ils « campent » sur la position médicale qui stigmatise les femmes enceintes passé le « bon âge ». Or les chiffres sont formels, il y a de plus en plus de grossesses tardives : près de 13 % en 1996, contre 6 % en 1981 [44].

Il faut, d'autre part, savoir que nombre de grossesses tardives sont favorisées (voire induites) par la FIV ainsi que par la pratique

---

43. Selon les époques et les sociétés, on peut calculer l'âge d'un bébé soit à partir de sa conception, soit à partir des premiers mouvements supposés dans le ventre de sa mère, soit encore, comme dans les sociétés occidentales contemporaines, à partir de la sortie du ventre de sa mère, soit enfin à partir de sa nomination (moment où on lui donne un nom et/ou un prénom).

44. Avis du Haut Conseil de la Population et de la Famille, 8 juillet 1997 (« Les conditions de la naissance en France »).

de la congélation d'embryons (embryons excédentaires à la suite d'une FIV). La naissance hautement médiatisée, en 1982, d'Amandine, le premier « bébé-éprouvette » français, a amené un certain nombre de femmes, puis d'hommes, considérés jusqu'alors (par eux ou par la médecine) comme stériles, à tenter une dernière chance d'avoir un enfant. Plus de trente mille bébés sont nés ainsi en France depuis quinze ans. La FIV[45], mais aussi le diagnostic pré-implantatoire (DPI), technique d'un grand intérêt quand il y a un risque élevé de maladies génétiques, constituent une industrie florissante, fleuron d'une certaine médecine française, et draînent une clientèle captive de femmes (de couples) censés être stériles[46]. Clientèle qui précisément, du fait de cette offre médicale, a tendance à tenter des grossesses tardives, les grossesses de la dernière chance, ce parfois dans des conditions hasardeuses.

Or on lit, dans le discours des ouvrages de puériculture sur ce sujet, des propos pour le moins ambigus : ces techniques sont, d'une part, abondamment décrites et magnifiées dans leur succès. Et en même temps, les femmes qui s'y mettent tard sont plus ou moins stigmatisées ; et on leur reproche parfois très énergiquement de faire passer leur carrière ou leur vie sentimentale avant l'enfant. Ah ! que n'avez-vous commencé plus tôt, ma pauvre dame ? Heureusement, la « bonne mère médecine » est là pour réparer les dégâts, pour rattraper ces comportements de ces cigales qui ont dansé tout l'été. C'est un fait que, dans les listes d'attente de la FIV, 20 % des femmes ont plus de trente-huit ans. Chiffre fatidique que cette tranche d'âge, car les chances de succès sont minces. En tout cas, quand ça échoue, les livres suggèrent à ces femmes que ce n'est pas la technique qui est en cause, mais plutôt le moment quelque peu tardif auquel elles se sont mises à l'ouvrage. La FIV est alors présentée dans les manuels comme le remède à la fois aux erreurs de la nature et aux erreurs de jugement des mères.

---

45. Et les techniques qui lui sont liées, l'ICSI en particulier (relative à la stérilité masculine), qui consiste à injecter un seul spermatozoïde dans l'ovocyte.

46. Nous disons « censés », car nombre de conceptions arrivent dès l'inscription sur la liste d'attente, nommées joliment par René Frydman « les pochettes-surprises de la FIV ».

Quant aux mères enceintes naturellement à la quarantaine (il en existe une bonne cohorte à l'heure actuelle : ces fameuses *career women*, ainsi que celles, les mêmes parfois, qui ont attendu d'avoir trouvé le bon compagnon avant de s'y mettre), si d'aventure elles lisent ces manuels (parions qu'elles le font encore plus que les jeunes mères), que de propos apocalyptiques ne vont-elles pas entendre ! Risques de fausses couches (30 % après quarante ans), risques augmentés d'avoir un enfant trisomique ; risque d'avoir une grossesse ou un accouchement à risques. Le rose de l'enthousiasme procréatif peut facilement virer au noir.

• Les grossesses multiples.

Les nouveaux livres de puériculture détaillent d'autre part, davantage qu'autrefois les problèmes liés aux grossesses gémellaires et triples qui sont, de fait, bien plus nombreuses. Cela pour deux raisons : à cause de la technique elle-même de la FIVETE qui amène à réimplanter simultanément plusieurs embryons (deux, trois voire quatre) après un transfert, d'une part ; depuis les traitements de stérilité qui hyper-stimulent l'ovulation, d'autre part : quand une femme est poussée à « pondre » une douzaine d'ovocytes, ce n'est pas étonnant qu'il y ait ensuite des grossesses multiples. Heureusement, là encore, pour réparer la bavure — clairement médicale —, on proposera le plus souvent aux parents une « réduction embryonnaire ». Les équipes FIV sont évidemment très sensibilisées à la question des naissances multiples (en raison des risques de prématurité en particulier), et on ne réimplante en général pas plus de trois embryons après une FIV. On comprend en tout cas pourquoi, dans les différents ouvrages, il est désormais bien davantage question du sujet des grossesses multiples. Un seul chiffre pour illustrer cette augmentation : après induction de l'ovulation, on compte 4 à 5 % de grossesses triples, contre une naissance de triplés pour dix mille grossesses « ordinaires ».

• L'anesthésie péridurale.

Autre changement notable dans les manuels postérieurs aux années quatre-vingt : celui qui concerne la relative banalisation de l'anesthésie péridurale (technique qui constitue, à nos yeux, un progrès certain si les mères le souhaitent). Il semble qu'il y ait eu, du fait de l'accessibilité de plus en plus grande de cette technique[47], un déplacement de l'angoisse des mères enceintes, déplacement que les auteurs des livres ont bien perçu et qu'ils orchestrent bien. L'angoisse des futures mères, avant l'ère de la péridurale, se polarisait autour du futur accouchement : comment « bien accoucher » (sans douleur, sans crier, etc.)[48]. Désormais, péridurale aidant, on chapitre moins les femmes sur « comment bien se comporter le jour J » et, du coup, elles ont moins peur de l'accouchement[49]. Et tant mieux. Mais à voir le nombre de pages consacrées dans les livres à la période de la grossesse *stricto sensu*, il semble bien que l'angoisse maternelle se soit focalisée sur la période de la grossesse ainsi que sur le développement du fœtus.

S'agit-il d'un revers de médaille au phénomène de la « transparence du ventre » que nous avons indiqué plus haut ? Il est trop tôt pour en juger. Constatons en tout cas que, sur ce plan, échographie et péridurale vont dans le même sens.

L'engouement pour le nourrisson, ses pompes et ses œuvres n'est pas, on le voit, apparu par hasard à la fin du XXᵉ siècle. Et la passion scientifique des chercheurs semble inversement proportionnelle au maigre produit de nos entrailles. Comme si une des fonctions de cette folie épistémophile était de suppléer à la quantité par la qualité. Finalement, on ne parle pas davantage du nourrisson aujourd'hui qu'à l'époque du bébé Cadum[50], mais on en parle autrement.

---

47. Accessibilité extrêmement variable cependant d'un établissement à un autre ; on peut le déplorer au regard de la publicité qui est faite auprès des futures mères.

48. Cf. Geneviève de Parseval, « Les fées d'aujourd'hui », *Nouvelle Revue de Psychanalyse*, 1979, nº 19, « L'enfant ».

49. L'écoute des femmes enceintes fait apparaître que les mères ont surtout peur qu'on n'ait pas le temps de faire la péridurale, ou que l'anesthésiste ne soit pas là, ou encore que ça ne marche pas ou mal. Crainte, on le voit, qui est loin d'être imaginaire !

50. Les lecteurs de cinquante ans et plus se souviennent peut-être de ces immenses affiches de bébés Cadum géants qui, dans les années 1950-1955, tapissaient les carrefours parisiens.

Puisque nous ne pouvons en faire plus, tâchons de les mieux faire. Tel est le discours bébologique actuel dans son aspect systématique et vulgarisé. Mais là commence peut-être la bébolâtrie. Amen.

Geneviève Delaisi de Parseval,
Suzanne Lallemand,
Février 1998.

Bibliographies

Bibliographie des ouvrages étudiés, par ordre chronologique

Dr A. Donné, *Conseils aux mères sur la manière d'élever les enfants nouveau-nés*, Paris, Baillère et fils, 1869.

Mme Hippolyte Meunier, *Le Docteur au village. Entretiens familiers sur l'hygiène*, Paris, Hachette, 1869.

M. l'abbé Morère, *L'Éducation de l'enfant au XIXᵉ siècle*, Paris, chez l'auteur, 1887.

Mme A. Moll-Weiss, *Le Foyer domestique*, Paris, Hachette, 1902.

Dr G. Surbled, *La Vie à deux. Hygiène du mariage*, Paris, Maloine, 1911.

Mme A. Moll-Weiss, *La Femme, la Mère, l'Enfant, Guide pratique à l'usage des jeunes mères*, Paris, Maloine, 1917.

Dr L. Pouliot, *Hygiène de maman et de bébé. Grossesse, accouchement, allaitement*, Paris, Nouvelle Librairie nationale, 1921.

Dr L. Genest, *Les Maladies des enfants*, Paris, Drouin, 1922.

Mme Francisque Gay et L. Cousin, *Comment j'élève mon enfant*, Paris, Bloud and Gay, 1924 (Iʳᵉ éd.) ; réédd. 1954 et 1960.

Mme M. Boutier, *Éducation ménagère*, Paris, Hachette, 1925.

Mme N. Bressan, *La Puériculture en dix leçons*, Chambéry, Maison d'édition des primaires, 1936.

Leçons élémentaires de puériculture, en dix leçons (pour les fillettes de 10 à 13 ans), édité par le Comité national de l'enfance, 1937.

Mme M. Champendal, *Comment soigner nos enfants ?*, Paris, Flammarion, 1937 (édition posthume de l'auteur, mort en 1928 ; première édition en 1918, utilisée par la Croix-Rouge et la Goutte de lait).

Mme Gauthier-Échard, Mlle Moury, *Mon foyer. Économie domestique, enseignement ménager, hygiène, puériculture (cours complémentaires)*, Librairie Istra, 1938 (?).

P. Bernège, *Encyclopédie de la vie familiale*, Paris ; Horizons de France, 1938.

Pr P. Lerebouillet, Dr J. Dayras, Dr G. Dreyfus-Sée *et al.*, *Le Guide de la jeune mère*, Paris, Éditions sociales françaises, 1939.

Dr M. Ferru, *Pour mieux élever nos tout-petits ; conférences de puériculture appliquée*, Paris, Centre de documentation universitaire, 1943.

Mme Foulon-Lefranc, *L'École du bonheur. Enseignement ménager*, Paris, Magnard, 1944.

Dr J. Grislain et Dr R. Pichon, *Puériculture. Enseignements complémentaires du secourisme de la Croix-Rouge française*, Paris, Flammarion, coll. des manuels d'enseignement de la Croix-Rouge française, 1945.

Mme E. Chouquet, *Savoir soigner les enfants*, Paris, La Maison rustique, 1946.

Dr M. Oria et J. Raffin, *Puériculture, classe de 3ᵉ classique et moderne, cours complémentaire*, Paris, Hatier, 1946.

Dr E. G. Lawler, *Notre bébé. Du premier cri au premier pas*, adaptation de la doctoresse Monsarrat, Paris, Nathan, 1947.

M. Reynier, *Les Enfants, source de joies et de tourments*, Paris, Fleurus, 1947.

Drs A. Costler et A. Willy, *Encyclopédie des connaissances sexuelles*, Paris, Corréa et Cie, 1949 (trad. de l'anglais).

Dr J. Dayras, *Problèmes quotidiens en puériculture*, Paris, Masson, 1950 (préface du Pr J. Cathala).

Petit guide de la jeune maman, Paris, Éditions sociales françaises, 1951 (abrégé du livre du Pr Lerebouillet).

R. Berni, *Guide des jeunes ménages*, Paris, Girard et Cie, 1952.

P. Delthil, *Le Sevrage. Physiologie, méthodes, pratiques*, Paris, Drouin, 1953.

Dr S. Lemaire, *Puériculture*, Paris, Foucher, 1954.

Le Guide des parents. Des problèmes médicaux et pédagogiques, Paris, Larousse, 1955 (ouvrage publié sous la direction de l'École des parents et des éducateurs ; dirigé par A. Isambert ; introduction par le Dr G. Heuyer ; avec S. Lebovici, S. Lamaze, H. Danon-Boileau, J. Caron, L. Kreisler).

Nouveau Larousse ménager, Paris, Larousse, 1955.

H. Roueche, *Diététique de l'enfance*, Paris, Baillière et fils, 1956 (préface du Pr M. Lesné).

L. Pernoud, *J'attends un enfant*, Paris, Horay, 1956 (préface du Dr G. Duhamel) ; l'auteur remet cet ouvrage à jour tous les ans : les dates des éditions citées sont indiquées dans les notes.

L'Enfant du premier âge, de la conception à la naissance et les deux premières années, Paris, édité pour le compte de la Fédération nationale des organismes de Sécurité sociale, 1952 ; cette brochure a été rééditée plusieurs fois : les dates des éditions citées sont indiquées dans les notes. (Pour les éditions de 1972 et de 1976, effectuées pour le compte du Comité français d'éducation pour la santé : conseiller technique, Dr M.-M. Arnaud, préface du Dr X. Leclainche, président de l'Académie de médecine.)

Dr M. Lelong, *La Puériculture*, Paris, PUF, coll. « Que sais-je ? », 1957 ; 2ᵉ éd. 1966.

Dr P. Thibault, *Un enfant grandit. Les petites inquiétudes maternelles*, Paris, ESF, 1956.

Dr B. Spock, *Comment soigner et éduquer son enfant*, Verviers, Gérard et Cie, 1960, 1965, 1972, et Paris, Marabout, 1976 (trad. de l'américain).

Y. Thiry, *Le Conseiller de la femme* (la partie « Puériculture » est rédigée par R. Vincent), Bruxelles, Le Sphynx, 1963.

A.-M. Seigner, P. Ristich de Groote, M. Vuillez, *L'Encyclopédie des parents modernes*, Paris, Denoël, 1963.

H. Arlin, *Préparez-vous à une heureuse maternité*, Paris, Denoël, 1963.

Dr M. Sureau, *La Maternité, la Gestation et l'Obstétrique. Le Nouveau-Né*, Paris, Foucher, 1964.

Dr P. Bouffard, *L'Enfant jusqu'à trois ans*, Paris, Éd. du Seuil, 1965.

M. Hennaux, *La Puériculture. Notions essentielles, applications pratiques*, Paris, Lanore, 1965 (préface du Dr Roueche).

L. Pernoud, *J'élève mon enfant*, Paris, Horay, 1965 (préface du Pr R. Debré) ; l'auteur remet cet ouvrage à jour tous les ans : les dates des éditions citées sont indiquées dans les notes.

Dr P. Blondet, *Soins à donner aux enfants*, Paris, Lamarre-Pointat, coll. « La bibliothèque de l'infirmière », 1966 (préface du Pr R. Debré).

Dr R. Gilly (avec de nombreux collaborateurs), *Guide pratique de mon enfant*, Paris, Laffont, coll. « Bibliothèque pratique de la famille », 1970.

J. Dana et S. Marion, *Donner la vie, neuf mois de la vie du couple*, Paris, Éd. du Seuil, 1971.

T. B. Brazelton, *Votre bébé est unique au monde. Apprenez à le connaître et à le comprendre durant sa première année*, Paris, Albin Michel, 1971 (trad. de l'américain ; avant-propos du Pr J. S. Bruner).

F. Lecanuet et M. Ricourt, *Mon enfant de un à trois ans*, Verviers, Marabout-Flash, 1972.

Dr H. Boissière, *L'Enfant, la Croissance et la Vie. Les mystères du développement de la conception à la puberté*, Paris, Hachette, 1973 (préface du Pr R. Debré).

Spécial Naissance, brochure réalisée sous l'égide du Comité français d'éducation pour la santé, Paris, France-Impression, 1973 ; 2e éd. 1979.

C. Lepage et F. Pagès, *En attendant bébé*, Paris, Mercure de France, coll. « Parents », 1973.

F. Leboyer, *Pour une naissance sans violence*, Paris, Éd. du Seuil, 1974.

F. Dodson, *Le Père et son enfant*, Paris, Laffont, 1975 (trad. de l'américain).

Pr J. L'Hirondel, *Les Règles d'or de la puériculture*, Paris, Comité français d'éducation pour la santé, vers 1972.

Dr L. Kreisler, *Guide de la jeune mère, de la naissance à deux ans*, Paris, ESF, 1975.

Dr J. Cohen-Solal, *Comprendre et soigner son enfant*, Paris, Laffont, 1975.

Drs J.-P. Cohen et R. Goirand, *Mon bébé. La grossesse, l'accouchement, les premiers jours*, Paris, Nathan, 1976.

Le Guide médical des parents (pour la partie « L'enfant » : S. Bonnet-Fischer et M. Caris), Paris, Ozou, 1976.

F. Leboyer, *Shantala, un art traditionnel : le massage des enfants*, Paris, Éd. du Seuil, 1976.

Dr F. Lazard-Levaillant, *Le Petit Enfant, ce méconnu*, Paris, Éditions sociales, 1977.

Notre enfant et nous (sous la direction de M. Cendrars avec 30 collaborateurs), Paris, Hachette, 1977.

Dr J. Ratel (avec la collaboration de plusieurs pédiatres), *Élever notre enfant. De la naissance à douze ans*, Paris, Seghers, 1977.

Dr R. Boschetti, *L'Âge préscolaire (2-6 ans)*, Paris, édité pour le compte du Comité français d'éducation pour la santé, 1977.

Dr N. Azrin et Dr R. Foxx, *Voulez-vous un enfant propre ?*, Paris, Flammarion, 1977 (trad. de l'américain).

Dr M. Bèbe, *Mon enfant, sa première année*, Paris, Hachette, 1978.

Dr B. L. White, *Les Trois Premières Années de la vie*, Paris, Buchet-Chastel, 1978 (trad. de l'américain).

P. Osuky, *Alphabébé*, Paris, Mercure de France, 1979 (préface du Pr R. Mande).

J'ai un an (ouvrage collectif dirigé par C. Collange), Paris, Tchou, 1979.

Premier sourire, avec la collaboration de J. Ratel et J. Cohen-Solal, Paris, PREFAM, 1979.

J. Cohen, J. Kahn-Nathan, C.-H. Verdoux, F. Vidal-Champetier, *Avoir un enfant. De la conception à la naissance*, Paris, Hachette, 1979.

Dr M. Massonnaud, Dr T. Joly, *Les 100 premiers jours de la vie : de la naissance à la maternelle*, Paris, Hachette, 1986.

Dr E. Antier, *100 questions à ma pédiatre*, Paris, Éd. de l'Instant / France-Inter, 1985, 1988, préface de T. B. Brazelton.

Pr É. Papiernik, *Le Guide Papiernik de la grossesse*, Paris, Le Livre de Poche, 1990.

C. Schilte, F. Auzuy, *La Grande Aventure de votre grossesse*, Paris, Hachette, 1991, préface du Pr J. Chavinie.

Dr H. Brant, Dr K. Holt (éds.), *Baby Book, le livre de la mère et de l'enfant*, nouvelle édition, Paris, France-Loisirs, 1993 (édition originale anglaise, London, Conran Octopus Ltd, 1991). Avec quinze collaborateurs anglais et français, pédiatres, gynécologues, obstétriciens, chirugiens, journalistes, psychologues.

Dr Aldo Naouri, *L'Enfant bien portant, de 0 à 2 ans*, Paris, Seuil, 1993.

Dr E. Antier, *Attendre mon enfant aujourd'hui*, Paris, Fixot, 1994.

Pr J.-P. Gallet, Dr J. Valleteau de Moulliac, *La Petite Enfance, de la naissance à quatre ans*, Paris, Seuil, 1994.

Dr E. Antier, *Élever mon enfant aujourd'hui*, Paris, Fixot, 1995.

C. Pillé-Douël, *Bébé-trucs*, Paris, L'Archipel/*Famili*, 1995.

Pr R. Frydman, Dr J. Cohen-Solal, *Ma grossesse, mon enfant*, Paris, Odile Jacob, 1993, 1996.

L. Pernoud, *J'élève mon enfant*, Paris, Pierre Horay, 1985, 1993, 1997, préface du Pr R. Debré.

Bibliographie générale

Pr J. de Ajuriaguerra, *Manuel de psychiatrie de l'enfant*, Paris, Masson, 1972.
—, « L'enfant dans l'histoire. Problèmes psychologiques », in *Psychiatrie de l'enfant*, 1979.
Ph. Ariès, *L'Enfant et la Vie familiale sous l'Ancien Régime*, Paris, Éd. du Seuil, 1973 (2ᵉ éd.).
M. Augé, *Pouvoirs de vie, pouvoirs de mort*, Paris, Flammarion, 1977.
R. Barthes, *Mythologies*, Paris, Éd. du Seuil, 1957.
G. Bataille, *La Part maudite*, Paris, Éd. de Minuit, coll. « Critiques », 1957.
N. Belmont, « Conception, grossesse et accouchement dans les sociétés non occidentales », in *Confrontations psychiatriques*, nᵒ 16, Paris, Éditions Specia, 1978.
J. Bergeret *et al.*, *Abrégé de psychologie pathologique*, Paris, Masson, 1972.
L. Boltanski, *Prime éducation et morale de classe*, Paris, Mouton, 1976.
M. Bouvet, « La clinique psychanalytique », in *La Psychanalyse d'aujourd'hui*, Paris, PUF, 1967.
M. Cartry, in *Systèmes de signes. Hommage à G. Dieterlen*, Paris, Hermann, 1978.
Dr P.-A. Chadeyron, *Petite fantasmagorie pour une femme enceinte*, Paris, Casterman, Poche, 1971.
P. Clastres, *Chronique des Indiens Guayaki*, Paris, Plon, coll. « Terre humaine », 1972.
Dr H. Collomb, « L'enfant qui part et l'enfant qui revient », in *L'Enfant dans la famille*, Paris, Masson, 1974.
G. Delaisi de Parseval, « Les fées d'aujourd'hui », in *Nouvelle revue de psychanalyse*, nᵒ 19, Paris, Gallimard, printemps 1979.
—, *Paternités* (titre provisoire), à paraître aux Éd. du Seuil.
G. Delaisi de Parseval et S. Lallemand, « Essai de mise en perspective psychanalytique de certaines données ethnologiques Mossi », in *Perspectives psychiatriques*, vol. 5, nᵒ 59, 1976.
G. Devereux, *Essai d'ethnopsychiatrie générale*, Paris, Gallimard, 1970 (préface de R. Bastide).

F. Dolto, *Lorsque l'enfant paraît*, Paris, Éd. du Seuil, 1977, t. I.

M. Eliade, *Aspects du mythe*, Paris, Gallimard, coll. « Idées », 1963.

—, *Le Mythe de l'éternel retour*, Paris, Gallimard, coll. « Idées », 1969.

E. Erikson, *Enfance et société*, Neuchâtel, Delachaux et Niestlé, 1966 (trad. de l'américain).

P. Erny, in *L'Enfant en milieu tropical*, n° 32, 1966.

J.-L. Flandrin, *Familles. Parenté, maisons, sexualité dans l'ancienne société*, Paris, Hachette, 1976.

Dr N. Florence, « Parturition. Du jouir génitif d'accoucher », in *Revue de médecine psychosomatique*, t. 18, n° 1, printemps 1976.

J. G. Frazer, *Tabou et les périls de l'âme*, Paris, Geuthner, 1927 (trad. de l'anglais).

S. Freud, *Métapsychologie*, Paris, Gallimard, coll. « Idées », 1968.

—, *Totem et tabou*, Paris, Payot, 1973.

—, *La Vie sexuelle*, Paris, PUF, 1969.

J. Gélis, M. Laget, M.-F. Morel, *Entrer dans la vie. Naissances et enfances dans la France traditionnelle*, Paris, Gallimard-Julliard, coll. « Archives », 1978.

R. Gessain, *Ammassalik, ou la civilisation obligatoire*, Paris, Flammarion, 1969.

Dr B. Grunberger, *Le Narcissisme*, Paris, Payot, 1971.

E. Jones, *Psychanalyse, folklore, religion*, Paris, Payot, 1973 (trad. de l'américain).

S. Lallemand, *Une famille Mossi, Recherches voltaïques*, n° 17, 1977, Paris, Ouagadougou, CNRS-CVRS.

—, « L'enfant dédoublé », in *Nouvelle revue de psychanalyse*, n° 19, Paris, Gallimard, printemps 1979.

S. Lallemand et G. Delaisi de Parseval, « Les joies du maternage de 1950 à 1978, ou les vicissitudes des brochures officielles de puériculture », *Les Temps modernes*, n° 387, octobre 1978.

A. Langevin, « Images masculines et féminines du désir d'enfant », *Le Groupe familial*, n° 84, juillet 1979.

Dr S. Lebovici et Dr R. Diatkine, « Les obsessions chez l'enfant », in *Revue française de psychanalyse*, n° 3, Paris, PUF, 1957.

C. Lévi-Strauss, « La famille », in *Claude Lévi-Strauss*, Paris, Gallimard, coll. « Idées », 1979.

I. Lézine, *Propos sur le jeune enfant*, Paris, Mame, 1974.

F. Loux, *Le Jeune Enfant et son corps dans la médecine traditionnelle*, Paris, Flammarion, 1978.

G. Lukács, *Histoire et conscience de classe*, Paris, Éd. de Minuit, 1960 (trad. de l'allemand).

Mary Mac Carthy, *Le Groupe*, Paris, Stock, 1965.

M. Mauss, « Essai sur le don », *Sociologie et anthropologie*, Paris, PUF, 1950.

C. Meillassoux, *Femmes, greniers et capitaux*, Paris, Maspero, 1975.

Dr G. Mendel, *Anthropologie différentielle*, Paris, Petite Bibliothèque Payot, 1972.

P. Menget, « Temps de naître, temps d'être ; la couvade », in *La Fonction symbolique*, Paris, Gallimard, 1979.

J. Rabain, *L'Enfant du lignage. Du sevrage à la classe d'âge chez les Wolofs du Sénégal*, Paris, Payot, 1979.

A. Retel Laurentin, *La Natte et le Manguier*, Paris, Mercure de France, 1978.

G. Roheim, *Psychanalyse et anthropologie*, Paris, Gallimard, coll. « Tel », 1967 (trad. de l'anglais).

—, *Origine et fonction de la culture*, Paris, Gallimard, coll. « Idées », 1972 (trad. de l'anglais).

Dr R. A. Spitz, *De la naissance à la parole. La première année de la vie*, Paris, PUF, 1968 (trad. de l'américain).

A. Van Gennep, *Les Rites de passage*, Paris, Noury, 1909.

D. Winnicott, *L'Enfant et la Famille. Les premières relations*, Paris, Petite Bibliothèque Payot, 1971 (trad. de l'anglais).

—, *L'Enfant et le Monde extérieur. Le développement des relations*, Paris, Petite Bibliothèque Payot, 1972 (trad. de l'anglais).

—, *De la pédiatrie à la psychanalyse*, Paris, Petite Bibliothèque Payot, 1975 (trad. de l'anglais).

Les auteurs remercient Nathalie Savary de son aide à la relecture du manuscrit, et tous ceux qui, à Paris et à Poitiers, leur ont communiqué certains éléments des bibliographies.

Index

Table

TABLE   321

CHAPITRE VI : Petit guide des recettes idéologiques
du puériculteur

Imprimé en France par
Maury Imprimeur - 45330 Malesherbes
en août 2014

N° d'impression : 191868
N° d'édition : 7381-0939-2
Dépôt légal : février 2001